KB232301

경제를 궁리한 조선의 선비들

경제를 궁리한 조선의 선비들

청빈과 이익 사이, 조선 선비들의 머니 스토리

곽재식 지음

전설이 알려준 경제의 길, 조선 선비들의 현실 감각

모든 것은 푸른 소에서 시작되었다. 소설가로서 좋은 이야기를 쓰고자 다양한 소재를 찾으려 애를 쓰던 나는 10여 년 전부터 한국의 옛 기록 속 괴물 이야기들에 관심을 갖기 시작했다. 그래서 나는 그 무렵부터 꾸준히 한국의 다양한 괴물들을 조사하고 정리하는 일을 했다. 그렇게 쌓아온 내용을 바탕으로 몇 편의 논문을 쓰고 몇 편의 책도 낼 수 있었다.

그 와중에 나는 '청우靑牛'라는 짐승에 관한 전설을 알게 되었다. 말뜻을 그대로 옮기면 푸른 소가 된다. 현실에선 소의 털 색이 선명한 파란색인 경우는 없다. 그런데 『어우야담』 같은 조선 중기의 옛 책을 보면, 이지번과 같은 당대 명망가가 청우를 타고 다녔다는 전설이 실려 있다. 나는 도대체 청우가 어떤 소를 말하는지 궁금했다. 이 책의 주제는 아니지만, 조선 시대 전설에 나오는 청우의 정체에 대해서도 그 나름의 긴 사연이 있다.

청우에 대해 궁금증을 갖고 조사하던 중, 나는 이지번이 청우를 타고 다닌 것 외에도 다른 신비로운 전설을 남긴 사람이라는 사실을 알게 되었다. 그리고 이지번이 그 자신보다 훨씬 더 유명한 토정 이지함의 형이라는 사실도 알게 되었다. 이지함이야말로 조선 시대에 신비로운 일화를 많이 남긴 유명한 인물이라는 점은 나도 예전부터 어렴풋이 알고 있었다. 그래서 나는 이지번의 푸른 소 이야기의 실체를 이해하기 위해서라도 이지함과 그 주변 사람들에게까지 관심을 갖고 여러 기록을 살펴보려 했다.

자료를 살펴보다 보니, 이전엔 몰랐던 사실 한 가지를 알게 되었다. 현대에 이지함은 이상한 전설과 신비로운 행적으로 유명하지만, 정작 조선 시대 기록 속 실제 이지함의 행적은 그와 정반대로 대단히 현실적이고 실용적인 쪽으로 확 치우쳐 있었다는 점이다. 그의 실제 행적에 관한 기록을 보면, 이상한 기운을 느낀다거나 미래를 예언하는 부류의 이야기들보다 오히려 돈 버는 방법을 궁리하고 가난한 사람들을 위해 경제 개발 방안을 찾는 이야기들이 훨씬 더 많다. 현대의 관점으로 보자면, 이지함은 점

들어가며

을 치는 역술인이나 기 수련을 하는 도사라기보다는 오히려 증권회사의 애널리스트와 더 공통점이 많은 사람이라고 할 정도다.

그런데도 왜 이지함이 그렇게 신비로운 인물로 여겨지는 이야기가 많이 생겼을까? 내가 처음 받았던 느낌은 이렇다. 이지함이 돈과 경제 개발에 대해 탁월한 식견을 가졌던 모습이 그 시대 양반들의 눈에는 오히려 특이하고 이상하게 보였을 가능성이 있다는 것이다. 양반이라면 고전을 공부하고 한문으로 글을 쓰고 시 짓는 재주를 익혀 과거에 합격에 높은 벼슬을 얻는 게 인생에서 가장 중요한 길이라고 여겨지던 시대에, 이지함은 사람들이 먹고사는 문제와 산업에 관심을 가졌으니 다른 사람들이 보기에 괴상하게 보였을지 모른다. 그래서 그런 괴상한 생각을 가진 이지함은 분명 다른 신비로운 술수에도 능했을 거라는 전설이 쉽게 달라붙었던 것 같다.

그렇게 생각해 보니, 우리가 너무나 익숙하다고 여기는 조선 시대조차 실제 그 시절 사람들이 살아간 현실은 잘 알려져 있지 않다는 생각이 들었다. 사극이나 역사 소설 속에선 어떤 임금이 궁녀를 총애해 벌어진 일이나, 전쟁이 나자 영웅이 어떻게 싸웠다는 이야기 같은 건 많이 알려져 있다. 그렇지만 정작 조선 시대의 보통 사람들이 무엇을 해서 어떻게 먹고살았는지에 대한 이

경제를 궁리한 조선의 선비들

야기는 훨씬 적다. 그리고 그런 살림살이에 대해 조선 사람들이 어떤 점을 특히 문제로 느꼈는지, 거기에 대해 어떤 해결책을 궁리했는지에 대해서도 덜 알려진 부분이 많다.

그래서 나는 괴물이나 신비로운 전설에 대한 조선 시대 기록을 수집하는 동안 함께 모인 경제와 돈의 이야기를 따로 정리해 보기로 했다. 이야깃거리 중심으로 내용을 모으다 보니 자연스럽게 그 이야기들의 주인공을 중심으로 글을 구성하게 되었다. 그렇게 해서 이 책 『경제를 궁리한 조선의 선비들』에선 조선 역사의 시작부터 조선의 끝에 가까운 시기까지, 시대순으로 일곱 명의 선비들을 중심으로 그들의 삶을 다뤘다. 그러며 그들이 바라본 조선의 먹고사는 문제들과 해결 방안을 소개해 보고자 했다.

나는 경제에 대해 깊은 통찰력을 갖추지도 못했고, 조선 경제사를 전문적으로 연구한 학자도 아니다. 그렇기에 이 책에 실린 일곱 명의 선비들의 이야기를 이용해 무리하게 특정 경제 정책이 옳다고 주장할 생각도 없다. 또한 지금의 한국 경제를 함부로 단정하거나 현대의 문제 해결책을 조선 시대 이야기에서 찾으려는 목적도 없다. 그보다는 편안하고 재밌게 이어지는 이야기 속에서 경제와 돈에 관한 여러 주제를 돌아보는 기회를 갖자는데 초점을 맞췄다. 그렇게 해서 조금 더 가깝고 친숙하게 느낄 수

들어가며

있는 한국의 옛 사연을 통해, 오래 고민되어 온 경제와 현실의 문제들을 각자 다시 생각해 볼 수 있는 기회를 만들어 보고자 했다.

투자 거품을 이야기할 때 흔히 네덜란드의 튤립 투기 열풍이 예로 등장한다. 화폐 가치를 설명할 때는 과거 미국의 금 태환 제도를 소개하는 경우도 많다. 그런데 나는 그와 비슷하게 인플레이션과 화폐 가치의 하락을 이야기할 때 조선 초기 하륜의 저화 발행 사례를 들어도 좋고, 자유 방임 경제의 지지자를 이야기할 때 조선 후기 박제가의 주장을 소개해도 좋다고 생각한다. 이런 이야기는 한국인이 과거에 겪었던 경험에 관한 것이고, 그에 대한 대책을 한국인이 고민했던 기록이다. 그렇기에 한국인이 보기에 현실 문제가 어떻게 생겨나고 악화되는지, 또 그것을 해결하려 할 때 어떤 논쟁과 찬반이 나타나는지 살펴보기에도 더 생생한 사연이 된다.

그런 만큼 이 책의 다음 장부터 펼쳐지는 일곱 명의 선비들 이야기를 재미난 일대기로 읽어 주시길 바란다. 그리고 그들이 살던 시대에 내가 가서 살고 있다면, 어떤 일을 하며 어떤 방식으로 먹고살았을지를 보셔도 좋다. 조선의 그들이 떠안았던 고민을 현대의 입장에서 어떻게 해결할 수 있을지, 독자님 각자의 관점에서 함께 떠올려 보며 읽는다면 더욱 좋을 거라고 생각한다.

경제를 궁리한 조선의 선비들

끝으로, 대학원 시절 은사이신 연세대학교 박준홍 교수님께
감사의 인사를 올리고자 한다. 또한 학자로 살아가는 데 여러 방
면에서 도움을 주신 연세대학교 조영상 교수님과, 귀한 행사에서
함께할 기회를 주신 한국고전번역원 이혜지 선생님께도 감사의
마음을 전하고 싶다.

2025년, 서울에서

조선 시장질서를 흔든 혁신의 설계자

×

정도전

'조선의 설계자' 정도전의 머릿속은

정도전을 소개해 놓은 글들을 보다 보면 '조선을 설계한 사나이'라는 수식어가 눈에 띈다. 어울리는 말이다. 무엇보다 정도전은 조선의 첫 번째 임금인 태조 이성계의 심복이었다. 게다가 이성계가 고려를 무너뜨리고 조선을 세울 때, 정도전의 머리에서 나온 생각을 믿고 따라 성공했다는 이야기도 정말 많다. 요즘도 많이 알려졌거니와 오래전부터 널리 퍼져 있던 이야기다.

그렇다면 조선이 탄생했을 당시, 새로 세우는 나라를 어떤 모습으로 만들 것인가 구상했을 때도 정도전의 뜻이 반영된 일들이 많긴 많았을 것이다. 쉽게 눈에 띌 만한 것으로는, 서울 한복판에 있는 조선 대표 궁전 경복궁부터 정도전의 흔적이라고 할 수 있다. 일단 '경복궁'이라는 이름부터 정도전이 붙인 거라고 보는 게 중론이다.

『조선왕조실록』 1395년 음력 10월 7일의 기록을 보면, 경복궁 내 건물들인 근정전, 강녕전, 사정전 같은 이름도 모두 정도전이 지었다. 서울의 상징으로 온갖 영상이나 광고 등에 등장하는 남대문의 정식 명칭이 숭례문인데, 그 이름도 정도전이 붙였다고 한다. 이런 식으로 조선 시대의 온갖 시설, 관청, 제도, 주소, 행정 구역 등에 정도전의 손길이 닿지 않은 사례를 찾기 힘들 정도다.

그보다 더 중요한 것은, 조선이라는 나라의 운영 방식이나 사람들의 사고방식에 정도전이 끼친 영향이 무척 커 보인다는 점이다. 21세기 한국인이 생각하는 한국의 전통문화란 아무래도 가장 가까운 시대인 조선의 문화에서 이어진 것들이 많다.

"한복을 입었다"라고 하면, 보통 조선 시대 옷차림과 닮은 모습을 가장 먼저 떠올린다. '한복 차림'이라고 했을 때 고려나 신라 시대 의상을 입은 모습을 상상하는 한국 사람은 드물 것이다. 그런데 그 조선의 문화를 만들어 낼 때 정도전이 절대적 영향을 끼쳤다면, 결국 21세기 한국인이 생각하는 전통의 많은 부분이 정도전의 머릿속에서 나왔다고 할 수 있겠다.

한국 문화가 갖고 있는 어쩔 수 없는 특징으로, 소위 말하는 유교 문화를 빼놓을 수 없다. 고대 중국의 사상가인 공자, 맹자 같은 인물의 생각을 존중하는 사상으로부터 시작된 유교는 예의 범절과 서열을 중시하는 문화로 발전했고, 나라에 대한 충성과

경제를 궁리한 조선의 선비들

충북 단양군 도담삼봉의
정도전 동상
©Steve46814

정부의 역할을 강조하는 문화로도 피어났다. 또한 유교 문화에 관한 지식을 평가하는 과거 제도를 중요하게 여기는 문화도 깊게 자리 잡았다. 그렇게 조선 시대부터 이미 시험을 중요하게 여기고 시험 공부가 인생에서 갖는 의미가 크다는 생각이 퍼졌다.

이 모든 것들이 지금도 남아 있다. 한국 사람 중에는 서열을 따지면서 아랫사람이 윗사람을 모시는 걸 중요하게 생각하는 이들이 많다. 같은 결로, 윗사람에 대한 온갖 의전에 정성을 기울이는 걸 좋아하는 사람도 많다. 교육에서 입시와 시험 점수를 가장 큰 가치로 여기는 사람들을 발견하는 것도, 21세기 한국에서 별

1장 조선 시장질서를 흔든 혁신의 설계자: 정도전

로 어렵지 않다. 이 모든 게 조선 시대 문화의 영향이다.

그렇다면 조선이 탄생할 때, 나라의 중심에 유교 문화에 두겠다고 결정한 사람은 누구였을까? 여러 이름을 말해볼 수 있겠지만, 역시 정도전이야말로 많은 이가 고를 만한 이름이다.

좀 과장하자면 음식이 나왔을 때 가장 나이 많은 사람이 먼저 먹기 전까진 젓가락을 들지 않고 기다리고 있을 때, 관공서에서 높은 사람이 나오면 90도로 허리를 굽혀 인사할 때, 그 이유는 어느 정도 정도전 때문인 셈이다.

물론 정도전이 밥 먹을 때 나이 많은 사람부터 먼저 먹게 하고 싶어 새 나라를 일으켜 세우진 않았을 것이다. 그는 자신이 살고 있던 시대, 고려에 여러 문제가 많아 사람들이 잘 살아가기 어렵다고 여겼다. 그 문제를 해결하고자 새로운 제도에 따라 운영되는 새로운 정부, 새로운 문화를 가진 새로운 나라를 만들어야 한다고 생각했다. 그렇게 하기 위해선 고려를 무너뜨리고 그 위에 전혀 다른 임금을 세운 새로운 나라를 만드는 '혁명'이 필요하다는 결론을 내렸다.

그러고 보면 정도전은 혼란한 시대에 사람들을 모아 혁명을 일으키고 성공시킨 주역이라고 할 수 있다. 그래서 '혁명가'라는 말이 무척 어울리는 인물이기도 하다. 천재적인 재능을 지녔지만 사회의 한계 때문에 고난을 겪었고, 그러다 혁명을 결심한 후에는 온갖 난관을 돌파하며 꾸준히 사람을 모으고 세력을 키운 뒤 과감한 결단으로 혁명을 성공시켰다. 하지만 정도전은 결국 인간

경제를 궁리한 조선의 선비들

적 한계 때문에 동료들과의 내부 다툼에서 패배해 비참한 최후를 맞이했다. 마지막 모습도 극적인 혁명가의 이미지에 어울린다면 어울리는 느낌이다.

이런저런 이야기하기 좋아하는 사람들이 정도전을 두고 공산주의 볼셰비키 혁명으로 소련을 건국한 주요 인사 중 한 명인 레온 트로츠키와 견주는 경우를 종종 봤다. 뛰어난 두뇌로 상대를 공격하고 세력을 키워 혁명을 이뤘을 때 큰 공을 세웠지만, 한때 동지였던 이오시프 스탈린의 공격으로 하루아침에 암살당했다는 점이 정도전의 인생과 닮았다는 것이다. 굳이 그렇게 비교하자면, 나는 정도전이 트로츠키보다 한 수 위라고 생각한다. 소련은 불과 70여 년 만에 붕괴해 해체되고 말았지만, 정도전이 사라진 후에도 조선은 500년이나 이어졌다.

정도전의 '천한 출신'과 혁명의 역설

정도전은 지금으로부터 약 700년 전, 고려가 망해가고 있던 1342년 지금의 충청북도 단양에서 태어났다. 아버지가 벼슬을 지냈다는 기록이 있으므로 어린 시절 형편은 그런데로 괜찮았을 것이다. 그렇지만 그가 노비 자손이라는 이야기는 평생 그를 따라다니며 그를 공격하는 빌미가 되었다. 정도전의 외할머니가 노비의 자식이라는 이야기가 돌았는데, 『고려사』「정도전 전」

을 보면 "정도전은 천한 신분으로 높은 벼슬을 훔친 자다"라고 비판하는 사람들도 있었다고 한다.

지금 시선으로 보면, 부모가 노비의 삶을 살았던 것도 아니고 외할머니가 노비의 딸이었다는 것 정도가 무슨 비판 거리가 될까 싶다. 하지만 신분제 사회에선 그 따위 문제로 사람을 차별하는 일이 대단히 흔했다. 사람은 신분의 차이 같은 것 없이 모두 평등하다는 사실은 21세기 한국에선 당연한 상식이다. 21세기 시각으로 보면, 누군가 양반의 자손이라 그 조상이 노비를 소유하고 또 부려 먹고 살았다는 게 오히려 부끄러운 일 아닐까?

그러나 그 옛날, 신분제 사회의 시각은 달랐다. 그 시절, 신분이 노비라는 것은 태어날 때부터 누군가의 대표가 되거나 남들을 이끌 수 있는 자격이 없는 부끄러운 몸이라는 뜻이었다. 지금의 사고방식으로 최대한 말을 만들어 보면, "공무원이 될 수 있는 능력의 유전자를 전혀 물려받지 못한 채로 태어난 사람이다" "가난한 신세로 살 수밖에 없는 유전자를 타고났고, 남이 시키는 대로 일하며 살지 않으면 인생이 불행할 수밖에 없는 적성으로 태어나, 가난하게 살 수밖에 없는 인간이다" 정도의 의미였다. 그래서 그 시절에는 노비 출신인 이가 타인을 지도하거나 명령하려 하면, "노비 따위가 어디 사람을 가르치려 드냐"라고 따르지 않는 게 당연할 정도였다.

그런데 한국의 노비 제도는 복잡하게 변화하는 과정에서 한때 일천즉천의 원칙, 즉 '부모 중 한 쪽이라도 노비면 그 자식은

경제를 궁리한 조선의 선비들

고려 왕조의 역사를 저술한 역사서
『고려사』

무조건 노비'라는 원칙이 적용된 시절이 있었다. 정도전의 외할머니가 노비의 딸이라면, 시대와 제도에 따라선 정도전도 노비 취급을 받을 수 있었다는 말이 된다. 그러므로 누군가 정도전에게 노비 문제로 시비를 걸며 놀림거리로 삼을 수 있는 게 당시 분위기였다. 이런 사실을 지적하는 것은 그 시대에는 심각한 조롱이자 멸시였고 아버지, 어머니 욕을 하는 것과 비슷한 정도의 공격이었다.

그럼에도 찬찬히 짚어 보면, 정도전이 신분 문제 때문에 일을 처리하는 데 큰 곤란을 겪었던 적은 거의 없었던 것 같다. 가끔 적수들에게 "저놈의 노비 자손"이라고 욕먹었던 적을 제외하면, 결정적인 피해를 입진 않았다. 정도전은 고려 시대에도 과거

1장 조선 시장질서를 흔든 혁신의 설계자: 정도전

에서 좋은 성적을 거둬 성공했고, 자신을 믿고 따르는 동지들을 여럿 얻었으며, 무엇보다 혁명이 성공을 거둬 태조 이성계의 오른팔로 온 나라에 두려울 사람이 없을 만한 자리에 올랐다.

나는 천한 신분이 오히려 정도전의 생각을 깊게 하는 데 득이 되었을 거라고 생각한다. 중산층 이상의 집안에서 태어나 일찍 출세한 인물이라면, "역시 세상에서 내가 가장 똑똑하고 내 말이 가장 맞고 나와 생각이 다르면 멍청한 놈 아니면 나쁜 놈이다"라는 잘못된 믿음을 품을 수도 있다. 그러나 나는 그렇게 고귀한 삶을 살 수 있었던 정도전이 노비의 자손이라고 욕을 먹었던 일이 그가 가난한 사람, 신분이 낮아 무시당하던 사람들을 조금 더 가깝게 느낄 수 있는 계기가 되었을 거라고 상상해본다.

조금 더 상상을 멀리해서, 정도전이 '나도 노비라고 놀림 받았던 적이 있는데'라는 생각을 품다가 가난한 사람들의 문제를 해결하는 게 중요하다는 고민으로 그를 이끌었다고 보면 어떨까? 그렇게 가난한 사람들 편에서 생각했던 덕택에, 많은 제도를 개혁해 여러 백성을 자기 편으로 만들어 혁명을 성공시킨다는 구상을 훨씬 더 진지하게 생각할 수 있었던 게 아닐까?

혁명의 날이 오기 전까지 정도전을 성공으로 이끌었던 것은 일단 그의 뛰어난 두뇌였다. 그는 많은 지식을 활용하고 뛰어난 문학적 재능을 결합해 글을 잘 쓰기로 유명했다. 글이 어찌나 뛰어난지, 정도전은 태종 이방원의 적수였기에 조선 시대 대부분의 기간 죄인 취급을 받았지만 『동문선』에 그의 글이 여럿 실려 있

경제를 궁리한 조선의 선비들

을 정도다. 『동문선』은 1478년 성종의 명령으로 서거정이 펴낸 책으로, 잘 쓴 글들을 모아 놓았다. 이런 사실을 놓고 보면, "정도전은 임금님이 나쁘다고 한 사람이니 나쁜 놈은 나쁜 놈이지만, 그래도 글을 잘 썼다는 것은 어쩔 수 없는 사실이다"라고 후대의 선비들이 인정했다고 볼 수 있겠다.

귀양지에서 혁명을 준비하다

정도전의 글 중에 나는 특히 '도깨비에게 주는 편지'라는 뜻의 「사리매문」을 좋아한다. 정도전은 1375년 지금의 전남 나주로 귀양을 가서 3년을 보냈다. 그때 너무 외딴 산골로 오게 되어 주변에 아무도 없고 도깨비가 튀어나올 것 같으니, 이왕이면 도깨비와 친구가 되어 신세 한탄도 하며 지내는 와중에 편지를 써서 보낸다는 내용을 담고 있다. 전체적으로는 농담 형태로 되어 있는 웃긴 편이나, 괴물 이야기를 하는 등 신비롭고 무서운 운치가 서려 있는 데다가 상세하게 들여다보면 사회 비판이나 신세 한탄도 잘 드러나 있다. 나는 웃음과 눈물, 사실과 환상, 개인 문제와 사회 문제가 절묘하게 조화를 이루는 글이라고 생각한다.

정도전은 글을 아름답게 쓰는 재주뿐만 아니라 예술 분야 전반에서도 재능이 뛰어났다. 『고려사』에서 정도전이 처음 주목 받은 사건으로 언급하고 있는 게, 다름 아닌 임금의 지시에 따라 악

1장 조선 시장질서를 흔든 혁신의 설계자: 정도전

기를 만들었다는 것이다. 그렇다는 것은, 정도전이 음악적 재능도 상당히 뛰어났다는 뜻이다. 나중의 일이지만 『국조보감』에 실린 일화를 보면, 태조가 신하들과 밤새 술을 마시며 놀다가 음악 소리가 들리자 정도전에게 "이 곡은 그대가 지은 것이니, 그에 맞춰 춤을 춰보라"라고 말하자 정도전이 즐겁게 춤을 췄다고 한다.

그 외에도 정도전은 머리를 사용하는 일이라면 여러 분야에서 두루 뛰어났다. 군대를 조직하는 일에 참여하고 군대를 훈련시키는 책을 지은 사실을 보면 알 수 있듯, 그는 군사를 지휘하고나 전쟁에 대비하는 면에도 재능이 있었던 것으로 보인다. 그가 젊은 시절 조정에서 편찬한 책으로 『진맥도결』이란 것도 있는데, 맥을 짚는 방법, 즉 의학에 관한 책이었을 것으로 보인다.

그는 수학에도 뛰어났던 것 같다. 『조선왕조실록』 1398년 음력 8월 26일 기록을 보면, 정도전이 젊은 시절 한창 일을 열심히 할 때 『태일산법』 『상명산법』 같은 책도 가르쳤다고 한다. 『상명산법』은 몽골제국 시대, 원나라에서 개발된 수학 서적이다. 『태일산법』은 수학 책이라기보단 점술과 미래를 내다보는 신비로운 술수에 관한 책으로 보이는데, 이런 방법에 따라 점을 치려면 복잡한 계산을 잘해야 했다. 그러니 정도전은 분명 각종 수학 문제를 풀이하는 데도 당시의 보통 선비들보다 훨씬 더 뛰어난 재주가 있었을 것이다. 이런 정도의 책을 타인에게 가르치는 일을 했다면 정도전을 수학자 출신 혁명가라고 불러도 과장은 아니다.

정도전과 직접적으로 관련 있는 사건은 아니지만, 1406년

경제를 궁리한 조선의 선비들

음력 11월 15일 『조선왕조실록』 내용을 보면 『태일산법』을 잘 익힌 어떤 이가 미래의 날씨를 알 수 있다고 주장하는 대목이 보인다. 그렇다면 그런 『태일산법』을 가르쳤을 정도의 정도전은 한때 기상학, 날씨에 관련된 화학이나 물리학 지식을 탐구했을지도 모른다. 물론 정도전은 혁명을 다룬 인물인 만큼 비현실적인 점술이나 운수 따위는 한심한 일로 여기곤 했다.

그러나 그렇게 많은 재주를 갖췄으면서도 그의 삶은 쉽고 부드럽게만 풀리지 않았다. 정도전은 잘못된 문제를 발견하면 반드시 해결하려는 성격을 지닌 사람이었던 듯하다. 말을 만들어 보자면, 혁명가 기질이 강했던 것 같다. 이런 기질이 정치판 다툼으로 발전하면 어떻게 될까? 적을 만들고 원한을 만들기 쉽다.

심지어 정도전은 스승 이색이 잘못되었으니 처벌해야 한다고 공격한 적도 있다. 고려 시대 말기와 같은 혼란스러운 시절에 처벌을 크게 받으면 자칫 목숨을 잃을 수도 있었다. 그러니 이런 류의 공격은 무서운 일이었다. 많은 사람이 정도전을 껄끄럽다고 생각할 만했다. 스승을 배신한 것처럼 보인다는 점에서도 '정도전은 어째 기분 나쁜 사람'이라는 인상을 줄 만했다.

게다가 이색은 선비들의 존경을 두루 받는 인물이었다. 그러니 그를 공격한 정도전은 날카롭고 무서운 사람이라는 인상을 주변에 심어 주기 쉬웠을 것이다. 반대로 생각하면, 공격적이고 싸움을 두려워하지 않는 성격 덕분에 고려의 임금을 몰아내고 이성계를 새 나라의 임금으로 세운다는 혁명의 전쟁에서 누구보다 과감하게 나설 수 있었을 것이다.

결국 정도전은 고려 시대 말 조정에서 의견 충돌을 넘어 심한 싸움을 벌이다 벌을 받기에 이른다. 그 때문에 이곳저곳을 귀양살이로 전전하는데, 와중에 삼각산 밑에 조그마한 학당을 차리기도 했다. 그의 글솜씨는 누구나 인정할 만했기에 그가 차린 학당은 상당히 인기가 있었던 듯하다.

지금으로 치면, 한때의 유명 정치인이 정치판에서 쫓겨난 후 학원 강사로 활약하기 시작했는데 말도 잘하고 강의도 잘해서 남녀노소할 것 없이 찾아왔다는 이야기다. 그렇게 가난하고 오갈 데 없는 처지로 지내던 정도전은 보통 사람들, 가난한 사람들과 어울리면서 세상 문제와 관련해 충격적인 일도 많이 겪었을 것이다. 화려한 궁궐을 드나들며 높은 벼슬을 지닌 부유한 사람들만 상대하던 정도전은 갑자기 먹고살 길도 찾기 힘든 처지로 내몰리면서 여러 가지 개혁, 나아가 혁명에 대한 생각을 더욱 굳혔을지도 모른다.

땅의 독점은 왜 나라를 망하게 하는가?

고려 말, 많은 이가 심각한 경제 문제로 지적했던 일은 바로 '겸병兼幷'이었다. 겸병은 '혼자서 여럿을 겸하고 있다'는 뜻으로, 보통 한 사람이 지나치게 많은 땅을 독차지한 상태를 일컫는

경제를 궁리한 조선의 선비들

말로 쓰였다. 즉 땅을 독점, 과점하는 걸 말한다.

한참 나중의 일이긴 하지만, 『조선왕조실록』 1781년 음력 11월 1일 기록을 보면 물건을 사고파는 일에서 독과점이 일어나는 경우에도 '겸병'이라는 말을 쓴 사례가 있다. 그렇다면 아마도 겸병은 지금 우리가 '독과점'이라고 말하는 현상과 비슷한 옛 표현이라고 할 수 있을 것이다.

물건을 파는 사람이 독점에 성공하면 가격을 올려 받기에 유리하다. 어떤 사람이 사과를 판매한다고 해 보자. 사과 가게가 여러 군데 있고 사과 파는 사람이 여럿 있다면, 물건값을 함부로 올릴 수 없다. 물건값을 올리면, 사과를 더 저렴하게 파는 가게로

손님들이 몰려갈 것이기에 자칫 물건을 팔지 못해 이익을 올릴 수 없다. 그래서 사과 장수는 사과 값을 적당한 가격에 팔 수밖에 없다. 이와 같은 현상을 스코틀랜드 출신의 경제학자 애덤 스미스는 가격이 갖고 있는 '보이지 않는 손'의 힘이라고 했다. 누가 강제로 가격을 낮추라고 지시하지 않았지만, 돈을 벌려면 일정한 가격으로 낮춰 팔 수밖에 없다는 뜻이다.

장사하는 일에 직접 나서 보지 않은 사람들은 경쟁과 보이지 않는 손의 무서움을 잘 모르는 경우가 의외로 많다. 평생 월급을 받으며 살아온 공무원들이 쓸데없이 복잡한 제도를 만드는 바람에 한국 회사들의 제품 가격이 5천 원에서 5,100원으로 올랐다고 해 보자. 100원 올랐으니 회사들은 2% 정도 힘들어질 거라 막연히 생각한다. 그러며 2%가 그렇게 큰 수치는 아닌 것 같으니, 공무원들이 그 제도를 따르라고 주장하면 회사들이 감내하고 따를 수 있을 거라고 생각한다.

장사하는 입장에서 생각해 보자. 똑같은 사과를 파는데, A 가게에선 5천 원에 팔고 B 가게에선 5,100원에 판다면 B 가게의 사과는 얼마나 팔릴까? 정답은 0개다. 2%에 불과한 100원 차이라지만, 벌 수 있는 돈은 조금 줄어드는 게 아니라 아예 사라져버린다. 경쟁과 '보이지 않는 손'의 무서움이다.

그런데 세상에 사과 장수가 한 사람밖에 없다면 어떻게 될까? 다른 사과 장수가 사과를 얼마에 파는지 신경 쓸 필요가 없다. 경쟁의 무서움이 사라진다. 혼자서 값을 정하면 되는 것이다.

경제를 궁리한 조선의 선비들

그럴 때 사과를 먹고 싶으면 설혹 사과를 비싼 값에 판다고 해도 사 먹을 수밖에 없다. 그러니 사과를 비싼 값으로 팔아 큰돈을 벌 수 있다. 이것이 바로 독점이고, 옛말로 완전한 겸병이다.

그렇다고 사과 값을 무한정으로 올릴 수 있는 것은 아니다. 사과 값이 너무 심하게 비싸면, 아무리 사과를 먹고 싶다고 해도 아무도 사 먹지 않을 것이다. 그러면 독점을 하더라도 큰돈을 벌 수 없다. 그보다는 사과 값을 일정 정도까진 낮춰 많은 사람이 사과를 사 먹도록 하는 편이 낫다. 그렇기에 설령 독점 상태라고 해도, 가격이 갖고 있는 힘이 독점의 횡포를 막을 수 있다. 그러나 소비자 입장에선 비싼 대가를 치러야 할 때가 많다.

1950년대 미국의 경제학자 아놀드 하버거는 독점 상태에서 물건을 파는 쪽이 이익을 얻고자 소비자들에게 얼마나 더 많은 돈을 얻어 내는지 계산하는 방법을 개발했다. 그의 방식대로 계산을 해 보면 독점이 일어났을 때 사람들의 이익이 얼마나 희생되는지 알 수 있다. 그 줄어든 이익을 '사중손실dead weight loss'이라고 한다.

사중손실은 단순히 소비자가 손해 본 액수를 뜻하지 않는다. 독점 상황에선 소비자들이 손해를 보겠지만 독점 판매자는 이익을 본다. 그런데 보통의 경우, 독점 판매자의 이익보다 소비자들의 손해의 합이 더 크다. 다시 말해, 판매자와 소비자들의 이익을 합쳐 전체적으로 이익이 남더라도 독점이 발생하면 그 합계 이익이 줄어든다는 것이다. 즉 독점 판매자까지 감안해 사회 전체

1장 조선 시장질서를 흔든 혁신의 설계자: 정도전

를 볼 때 독점이 일어나면 독점이 일어나지 않을 때보다 이익이 줄어드는데, 이를 사중손실이라고 한다. 독점이 일어나면, 독점자가 조금 더 이익을 보려고 소비자들에게 그보다 훨씬 더 많은 피해를 입히는 일이 생기곤 한다. 그 이익과 피해의 차이가 바로 사중손실이다. 심각한 독점, 겸병 상황에선 사중손실이 굉장히 커지기도 한다.

사중손실은 본래 배에 물건을 실을 때 쓰던 말이다. 배에 물건을 실을 때는 많으면 많을수록 좋다. 그런데 배에 함께 실린 잡다한 가구나 시설물 때문에 물건을 그만큼 못 실으면 전부 손해다. 그런 식으로 생기는 손해를 사중손실이라고 했다. 다시 말해, 별 의미도 없이 손해만 보는 정도를 뜻한다.

하버거는 1950년대 미국의 상황을 살펴본 결과, 심각한 독점 상태는 아니라고 발표했다. 그러나 정도전이 살펴본 1380년대의 고려의 경우, 토지 겸병이 심각한 상태였다. 그가 사중손실이라는 말을 쓰진 않았겠지만, 몇몇 사람의 겸병으로 고려 전체에 막대한 사중손실이 발생하고 있다고 판단했다.

몇몇 사람이 땅을 독차지하고 있으면, 농민들은 비싼 임대료를 내고 땅을 빌리는 수밖에 없다. 옛날에는 지금처럼 타 지역으로 이사를 가거나 타국으로 이민을 가는 게 쉽지 않았다. 그러니 한 지역의 땅을 한두 사람이 차지하면, 그 지역민들에게 꼭 필요한 땅을 쉽게 독점할 수 있었다. 이런 일이 심각해지면 최악의 경우, 곡식을 추수한 뒤에 목숨을 이어갈 정도의 쌀만 농민이 차지

경제를 궁리한 조선의 선비들

하고 나머지는 모조리 땅 주인에게 임대료로 바치더라도 별 수가 없었다. 겸병하는 사람, 즉 독점자가 농사 지을 모든 땅을 갖고 있는 이상 목숨을 이어가기 위해선 어쩔 수 없이 비싼 임대료를 받아들이는 수밖에 없었다.

땅 주인은 일고여덟, 곡식은 반타작

정도전은 조선이 건국될 무렵 『경제문감』과 『경국전』을 썼다. 21세기 시각으로 책 제목들을 보면, 『경제문감』이야말로 경제 제도에 대한 이야기가 많이 들어 있을 것 같다. 하지만 과거에 경제라는 말은 '경세제민經世濟民', 즉 세상을 다스리고 백성을 구한다는 뜻의 줄임말로 쓰였다. 하여 『경제문감』에는 경제 이야기보다 나라를 다스리는 제도와 방침에 대한 내용이 훨씬 많이 실려 있다. 오히려 『경국전』에 경제와 돈 문제에 대한 정도전의 생각이 더 많은 실려 있다. 말이 나와서 말인데, '나라 다스리는 책'이라는 뜻을 지닌 『경국전』을 썼다는 것만 봐도 정도전이 혁명에 대해 품고 있었던 자신감을 느낄 수 있다.

정도전은 바로 그 『경국전』의 '경리經理' 항목에서 고려 말의 겸병 문제를 다뤘다. 그는 세력이 강한 사람이 땅을 겸병해 차지하는 문제가 너무 심각해지다 보니, 땅 부자는 땅에서 벌어들이는 돈으로 더 많은 땅을 사들여 더욱 부유해지고 부자에게 땅을

1장 조선 시장질서를 흔든 혁신의 설계자: 정도전

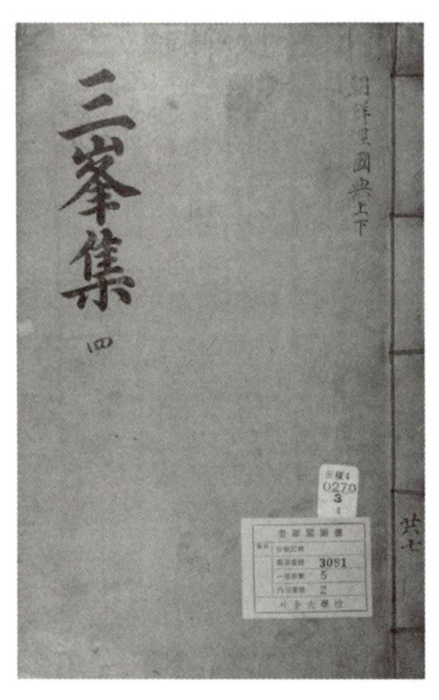

정도전의 『경국전』(『삼봉집』 7, 8권)

조금씩 팔아 치우는 빈자는 더욱 가난해진다고 썼다. 또한 땅을 빌려 농사를 짓는 사람들은 땅 주인에게 추수한 곡식의 절반을 줘야 한다고 언급하면서 굉장히 심각한 수준이라고 서술했다.

그 외에도 정도전은 땅을 독점적으로 차지하고 있는 사람이 일으키는 두 가지 문제를 추가로 지적했다. 첫 번째 문제는 당시의 토지 제도가 복잡했기 때문에 땅에 대한 여러 복잡한 권리를 행사하는 사람들이 너무 많다는 점이었다. 조선 초기 이전의 토지 제도를 보면, '수조권을 나눠준다'라고 하여 땅에서 세금을 걷을 수 있는 권리를 나눠준 적이 있다. 이런 제도가 땅을 사고파는 제도와 뒤섞이면, 곡식을 추수했을 때 누구에게 얼마씩 나눠 바쳐야 하는지 혼란스러워질 수 있다.

경제를 궁리한 조선의 선비들

　지금이라면 농사를 지어 얻은 농산물 중 얼마의 세금을 어디에 내야 하고 얼마의 임대료를 어디에 내는지 불분명하면, 명확한 계산을 요구할 수도 있고 민원을 제기할 수도 있으며 계약서를 제시해 정확한 액수를 따져 보자고 요구할 수도 있다. 그런데 고려 시대에는 그렇게 해결하기가 어려웠다. 세금 걷을 권리를 가진 사람들이나 임대료를 받기로 계약한 사람들은 대개 세력이 강하고 신분이 높았다. 높은 신분의 사람들에게 농민이 손해를 본 것 같다고 함부로 따지기 어려운 것은 자명한 사실이다.

　그렇다 보니 『경국전』에서 정도전은 땅 하나에 주인이라고 할 만한 사람이 일고여덟 명 되는 혼란스러운 일까지 생겼다고 지적했다. 요즘도 대규모 부동산 개발 사업이 진행되다가 일이 잘못 꼬이기 시작하면 땅 주인, 투자자, 건설사, 입주민, 임차인, 채권자, 유치권자, 공공기관 등이 어지럽게 다투며 끝도 없는 소송을 벌이는 일이 종종 발생한다.

　이런 일이 생길 때 가장 큰 손해를 보는 사람들은 누구일까? 보통은 당장 먹고살 일이 바빠 변호사를 선임하거나 긴 시간 재판을 하며 다툴 힘이 없는, 돈도 없고 시간도 없는 가난한 사람들이 가장 큰 피해를 본다. 그렇다면 지금보다 제도가 훨씬 더 난잡했던 고려 말에 혼란스러운 권리 문제는 더욱 심각했을 것이고, 가난한 사람들이 입는 피해는 더욱 컸을 것이다. 바로 그런 문제를 정도전은 지적한 것이다.

　『경국전』에서 정도전이 지적한 그 시절의 독점, 겸병이 일으

1장 조선 시장질서를 흔든 혁신의 설계자: 정도전

킨 두 번째 큰 문제는 이렇다. 높은 신분의 권력자들이 토지를 독점하면, 그 독점으로 더 큰 이익을 얻고자 부당한 압박을 가하고 나라의 제도를 좌지우지하며 정부와 결탁해 판결을 자신들에게 유리하게 조종하는 일이 자주 생긴다는 것이다.

이런 일은 정부가 함부로 힘을 휘두르면 현대에도 얼마든지 벌어질 수 있다. 예를 들어, 사과 판매 독점자라면 다른 누군가가 사과나무를 심어 사과를 수확한 뒤 판매해 자신의 독점을 깨뜨리는 상황을 매우 싫어할 것이다. 그러므로 사과 판매 독점자가 정부에 건의하고 요청하길, 사과나무를 새로 심기 위해선 굉장히 복잡한 자격증을 따야 하고 또 오랜 시간이 걸리는 사과나무 심기 심사 제도를 만들어 달라고 할 수 있다.

왜 그런 복잡한 절차를 거쳐야 하는지에 대한 핑계는 적당히 만들면 된다. "사과는 건강에 중요한 과일이므로, 사람에게 필요한 영양 지식과 사람의 신체 구조에 대한 의학 지식이 풍부한 사람만 사과나무를 기를 수 있게 해야 한다" 정도로 이유를 대면 충분하다. 그런 이유를 만들어 줄 머리 좋은 사람들은 정부의 힘으로 얼마든지 구할 수 있다. 그렇게 복잡한 제도를 만들어 두면, 사과 판매 독점자와 경쟁하고자 사과 사업에 뛰어들려다가도 자격증을 따고 심사를 받기 어려워 사업을 포기하고 말 것이다.

정부가 사과 사업을 시작하려는 이들을 방해할 생각이 없었다고 해도 달라지는 것은 없다. 정부 입장에선 사과 판매 독점자가 사과에 대해 잘 안다는 이유로 사과에 대해선 일단 그들의 말

경제를 궁리한 조선의 선비들

을 주로 듣는다. 게다가 부유하고 힘센 사람은 말 잘하는 전문가를 고용해 자신에게 유리한 말을 정부에 많이 해 달라고 주문할 수도 있다. 그러면 정부에선 그 요청 사항에 귀를 기울이기 쉽다.

만약 고려 말처럼 부정부패가 심한 세상이라 공무원이 뇌물이라도 받는다면 어떻게 될까? 독점 업체가 정부를 끌어들여 경쟁자를 괴롭히는 일은 매우 쉽게 일어날 것이다. 혹시라도 어떤 독한 경쟁자가 모든 난관을 뚫고 사과나무를 심는 데 성공하더라도, 사과 판매 독점자는 경쟁자가 불량 사과나무를 심은 것 같다고 소송을 걸어 괴롭힐 수도 있다. 정부를 움직여 새로 심은 사과나무에 벌레가 꼬이진 않는지, 단속을 자주 하도록 만들어 경쟁자로 하여금 사업을 제대로 하지 못하도록 할 수도 있다.

『경국전』은 독점이 생기면 단지 돈을 많이 받아 낼 뿐만 아니라 그 이상의 부당한 힘까지 휘두르는 사례가 많아진다는 문제까지 지적하고 있다. 정도전은 땅을 독점한 쪽에서 사람을 보내면 그를 접대하며 기쁘게 해 주느라 비용이 들며, 땅을 독점한 사람이 협박하면서 강제로 물건을 사라고 하면 물건을 살 수밖에 없어 비용이 든다고 썼다. 생산한 곡식을 운반하는 데 드는 비용을 제멋대로 정한 후 그 금액도 내놓으라고 협박하는 바람에 고생하는 일도 무척 많았다고 설명했다. 이 모든 게 겸병으로 강한 힘을 가진 독점자가 강한 힘으로 횡포를 부리고 나라의 제도까지 마음대로 조종해 생긴 문제라는 것이 정도전의 주장이다.

1장 조선 시장질서를 흔든 혁신의 설계자: 정도전

정도전의 마지막 승부수, '땅의 국유화'

1380년대 고려에서 겸병 문제로 악명 높았던 인물 가운데 하나가 바로 '임견미'다. 그는 조정에서도 손꼽히는 고위 관리였고, 동시에 넓은 땅을 보유하고 있어 심각할 정도로 겸병을 일삼던 사람이었다. 그는 주변 사람들의 먹고사는 문제를 손에 틀어쥐고 있었거니와 그렇게 번 돈으로 수많은 사람을 끌어들여 탄탄한 지지층까지 갖추고 있었다. 더군다나 본인 스스로 정부의 제도를 이리저리 주무를 수 있는 높은 벼슬에 있었기에 그의 겸병이 더욱 확대되는 걸 말릴 사람이 없었다.

임견미가 땅을 갖고 싶으면, 마구잡이로 땅 주인을 잡아다가 물푸레나무 몽둥이로 두들겨 패면서 땅을 내놓으라고 한다는 소문까지 돌 정도였다. 그런 식으로 행동해도 아무도 항의할 생각을 못할 정도로 임견미가 겸병으로 쌓은 힘은 막강했다. 『고려사』를 보면, '수정목공문'이라는 말까지 유행할 정도였다고 한다. 수정목이란 물푸레나무라는 뜻이므로, 곧 임견미의 부하들이 휘두르던 물푸레나무 몽둥이를 말한다. 그러니까 수정목공문은 임견미의 부하들이 휘두르는 물푸레나무 몽둥이가 조정에서 내려온 공문과 같은 효과를 낸다고 풍자하는 말이다. 나라의 법령이나 제도가 사람을 공평하게 도와주는 게 아니고, 고위 관리인 임견미가 몽둥이를 휘두르면 곧 법이 되는 세상이라는 뜻이다.

조금 더 살펴보자면, 고려 말의 겸병 문제는 임견미의 시대

경제를 궁리한 조선의 선비들

보다 몇십 년 전부터 골칫거리였다. 1360년대 말에는 신돈이 임금의 스승 격에 해당하는 높은 자리에 앉아 '전민변정도감'이라는 정부 기구를 만들어 겸병 문제를 해결하려고 했지만, 결국 실패로 끝나고 말았다. 겸병 문제를 해결하겠다고 여기저기 들쑤시며 애쓰다가 일이 제대로 해결되지 않은 사이, 도리어 수많은 사람의 미움을 받았다. 결국 1371년 신돈은 처형되었다.

신돈이 실패했을 무렵 어찌나 인기가 없었는지, 신돈이 사실 요사스러운 여우로부터 탄생한 도깨비 같은 것이라서 개를 무서워했다는 소문이 있었다는 따위의 황당한 이야기가 『고려사』에 실려 있을 정도였다. 어지럽게 꼬인 겸병 문제를 해결하기란 이렇게나 어려웠다.『경국전』에서 정도전은 고려는 겸병 문제를 해결하지 못한 채 사람들이 마구잡이로 싸움만 벌이다가 멸망에 이르렀다고 지적했다.

그렇다면 정도전은 겸병 문제를 어떻게 해결하려 했을까? 현대의 경제 교과서에선 독점이 심각한 문제를 일으킬 때 세 가지 정도의 방법을 쓴다고 말한다.

첫 번째는 경쟁을 촉진하는 방법이다. 독점을 깨뜨리고자 경쟁자가 등장하도록 도와주고, 경쟁자가 등장하기 어렵게 하는 장애물을 제거한다. 정부에서 직접 나서 독점하는 회사를 강제로 쪼개는 경우도 있다. 한 회사가 모든 사업을 독점하고 있으면 딱히 열심히 하지 않아도 얼마든지 돈을 벌 수 있으니 상품을 개선하려 들지 않을 것이다. 그러나 회사를 쪼개 놓으면 서로 상대방

1장 조선 시장질서를 흔든 혁신의 설계자: 정도전

의 몫을 놓고 경쟁하기 때문에 가격을 낮추고 상품을 개선하려 할 것이다. 그렇게 소비자에게 이익이 될 거라는 발상이다.

두 번째는 독점을 그대로 두는 한편 가격을 함부로 올리지 못하도록 정부에서 통제하는 방법이다. 한국의 경우, 담배나 전기를 판매하는 곳은 한 군데다. 대신 담배 회사나 전기 회사에서 이익을 얻고자 마음대로 값을 매기지 못하도록 정부 정책이 강제하고 있다. 정부에서 정해 준 가격만 받아야 한다. 설령 임견미 같은 이에게 땅을 빼앗기더라도 그가 추수된 곡식의 20% 이상을 가져가지 못한다는 식으로 나라에서 임대료를 정해 둘 수 있다. 그렇게 하면 농민의 생활도 어느 정도는 나아질 수 있다.

세 번째는 정부가 독점 사업을 그대로 가져가 공공의 통제하에 두는 방법이다. 독점 사업을 국유화해버리는 방안이라고도 볼 수 있다. 가장 강력한 조치라고 할 수 있을 것이다.

정도전은 바로 이 세 번째 방법이 고려 말의 겸병 문제를 단숨에 해결하는 근본 방안이라고 봤다. 일단 나라가 주인에게서 모든 땅을 거둬들인 뒤, 나라가 만든 새로운 법령에 따라 땅을 다시 백성에게 나눠 농사를 짓게 하자는 발상이다. 나라에서 땅을 제대로 나눠주기만 하면 백성은 먹고살 수 있을 만큼의 땅을 얻어 훨씬 더 잘살 수 있게 된다. 독점에 따른 사중손실은 0에 가깝게 줄어들 것이다.

경제를 궁리한 조선의 선비들

피가 넘쳐 흐르는 개혁

분위기가 무르익자 이런 식으로 겸병 문제를 해결하자는 발상에 찬성하는 사람들이 점차 모여들었다. 『조선왕조실록』 1398년 음력 8월 26일에는 '혁사전赫私田'이라는 표현으로 정도전의 토지 제도 개편 방법을 설명하고 있는데, 사람들이 사적으로 갖고 있는 논밭에 혁명적 조치를 취했다는 뜻이다. 그때 정도전의 동지 조준도 함께였다. 『경국전』에는 토지 제도를 바꾼 게 이성계의 공적이라고 설명하고 있으므로, 아마도 정도전을 비롯한 이성계 무리 대부분이 나라에서 땅을 다시 나눠주는 일에 어느 정도는 찬성했던 것으로 보인다.

물론 이성계 무리가 다들 착하고 너그러웠으며 사중손실을 줄여 소비자와 백성 모두에게 더 많은 이익을 주길 바랐기 때문이라고만 볼 수는 없다. 이성계 무리 입장에선 임견미 무리의 땅을 빼앗아 정부에서 나눠준다고 했을 때 바로 그 정부를 자신들이 움직일 수 있다고 생각했기 때문에, 결국 그 땅의 상당 부분을 자신들의 손에 들어오도록 할 수 있었다. 물론 임견미의 땅을 이성계가 50%, 이방원이 30% 하는 식으로 대놓고 나눠 먹는 짓을 하지야 않을 것이다. 그러나 임견미 같은 고위 관리들의 땅을 모두 빼앗아 나눠주는 작업을 이성계 무리가 할 수 있다면, 그것만으로도 큰 권한을 얻는 것이고 막대한 이익을 차지하는 일이다.

이런 일을 성공시키기 위해선 어떻게 해야 했을까? 정도전

조선 태조 이성계 어진

은 신돈이 실패한 이유를 나름대로 분석했을 것이다. 거기에 특유의 과감함, 싸움을 두려워하지 않는 성격 등이 겹쳐 문제에 걸림돌이 되는 적을 제거하기 위해선 혹독한 공격을 펼쳐야 한다고 봤다. 그야말로 혁명과 같은 거센 변화를 일으켜 완전히 뒤엎어야 한다고 생각했다.

『고려사』에는 임견미의 몰락 과정이 상세히 실려 있다. 처음에는 임견미를 체포하고 조사해 벌을 주는 일반적 방법을 사용하려 했던 것 같다. 그런데 임견미는 워낙 높은 벼슬을 오래 차지하고 있었기에 조정 사람들과 두루 친했다. 심지어 임견미의 아들 임치는 임금과 어릴 적부터 친구 사이였다. 그렇다 보니 임견미의 죄를 따지는 일이 제대로 진행되지 않았다. 그래서 이성계 무리는 조사 담당자를 이성계의 아들인 이방원으로 바꿔버린다.

조사 결과는 어땠을까? 당연히 임견미를 처형하라는 게 결론이었다. 혹시나 이성계의 반대파들이 저항할 수 있었으므로 임견미의 처형은 신속히 이뤄졌다. 우물쭈물하다가는 임견미의 원한을 갚겠다고 덤벼드는 자들도 있을 거라 봤을 것이다. 또한 임견미와 가깝던 사람들이 위협을 느끼고 저항할 가능성도 생긴다. 하여 이성계 무리는 임견미 무리뿐만 아니라 그와 친한 다른 무리들도 정신을 차리기 전에 신속히 체포해 처형해버렸다.

그 결과 이성림, 왕복해, 염흥방, 도길부, 염정수, 김영진과 임견미의 아들까지 체포되어 처형되었다. 그 후 이성계 무리는 임견미의 친척과 심지어 임견미와 가까운 자들의 친척인 김용휘, 이존성, 서신, 임제미, 홍징, 임헌, 이송, 임공위, 임공약, 임공진, 왕덕해, 정각, 박인귀, 이희번도 모두 체포해 처형했다. 무거운 벌을 내려 혹독히 처벌해야만 악한 자들을 완전히 몰아낼 수 있고, 그에 겁을 먹은 자들이 말을 잘 들을 거라고 봤다.

아무리 그래도 이렇게나 많은 사람을 일시에 처형하면, 분명 반대하는 사람들이 생길 수 있고 복수를 결심하는 사람들이 나타날 수도 있다. 이런 문제를 해결하고자 이성계 무리는 어떤 방법을 선택했을까? 그들은 임견미와 조금이라고 관련이 있는 사람들을 모조리 찾아내 체포해 처형했다. 마땅히 처형할 죄목이

1장 조선 시장질서를 흔든 혁신의 설계자: 정도전

없는 이들은 감옥에 가둔 뒤 수사를 철저히 진행했다.

옛 시대의 조사와 수사라는 것은 고문으로 진행하기 마련이므로, 수사한다면서 고문을 심하게 하면 죄를 정확하게 정해 놓을 수 없어도 사람의 목숨을 잃게 할 수 있었다. 『고려사』에는 임견미와 친분이 있던 집안의 갓난아기조차 처형당했다고 되어 있다. 임견미의 여섯 살짜리 손자는 임진강에 던져졌다고 한다.

정도전을 비롯한 고려 말의 혁명파들은 임견미 같은 사람들이 순순히 자기 재산을 내주거나 독점을 포기할 리 없으니 이런 방법밖에 없다고 생각했던 것 같다. 정부가 강제로 휘두르는 힘을 이용해 단숨에 아주 엄하고 과격한 조치를 취하는 것만이 겸병을 해결하는 유일한 방법이라고 본 것이다. 결국 정도전은 1392년 고려라는 나라 자체를 지상하게 지워버린다.

그렇다고 해도 새 나라 조선에서 정도전이 생각한 것처럼 정부에서 모든 사람의 땅을 거둬들여 관리하고 다시 나눠주는 일이 뜻대로 이뤄지진 못했다. 그래도 그는 조선이 건국된 후 토지 제도를 대거 개편했고, 그 후에 겸병 문제가 어느 정도 해결되었다고 봤다. 『경국전』에서 정도전은 조선 시대 사람들이 땅을 나눠 갖고 농사짓는 상황이 "고려 시대 때보단 훨씬 낫다"라고 평가했다. 어느 정도는 뿌듯해했던 것 같기도 하다.

정도전의 꿈이 허공에 흩어진 이유

그렇다면 정도전이 정말로 겸병 문제를 만족할 만한 수준으로 해결했다고 볼 수 있을까? 나는 정도전의 삶에서 그 후에 벌어진 일들을 살펴보며, 그가 독점과 겸병 문제를 제대로 풀었다고 평가하기에는 부족한 점이 있다는 생각을 갖게 되었다.

첫 번째로 정도전은 정부가 극히 '지혜롭고 정의로운 곳'이라는 꿈을 꿨다는 점이다. 정부가 아주 깊게 관여해 겸병을 해결하게끔 하는 정도전의 방법은 당연히 정부가 일을 잘해야만 좋은 결과가 나온다. 하지만 그 자체로 한계가 명확하다.

정도전은 『경제문감』에서 착하고 똑똑하며 훌륭한 사람을 높은 벼슬에 앉혀 그가 일을 성실하게 하면 된다고 했다. 그렇게 똑똑하면서 훌륭한 사람이 나라를 다스려야 한다고 강조했다. 그러면 모든 일이 잘 돌아갈 거라는 주장했다.

조정의 고위 관리가 갖춰야 할 훌륭한 모습에 대해 서술한 글을 읽다 보면, 조금은 감동적이기도 하다. 조선 후기의 박세채는 정도전이 고위 관리에 대해 서술한 글을 보고 "재상이란 무엇인가에 대해 깊이가 있는 내용이다. 후세에 반드시 배울 점이 있을 것이다."라고 평가하기도 했다.

그러나 막상 현실에선 조정 관리들이 결코 모든 일을 멋지게 잘할 수 없다. 그들도 장점과 단점이 있는 보통 사람들일 뿐이기 때문이다. 관리들이 공평하게 일을 나눠주겠다고 뛰어들어 하는

1장 조선 시장질서를 흔든 혁신의 설계자: 정도전

일이 오히려 일을 망치는 경우도 자주 생긴다. 일을 잘 몰라 실수하거나 재주가 부족해 일을 그르치기도 한다는 것이다.

그럼에도 불구하고, 정도전의 뜻을 이어받은 조선 시대 사람들은 선비의 나라 조선에서 훌륭한 선비들이 벼슬을 하는 정부가 나서면 정의롭고 현명하게 일을 할 거라고 막연히 믿었던 것 같다. 그들의 머릿속에서 조정 관리가 아닌 사람들은 대부분 탐욕에 물들고 자기 이익만 추구한다. 그들을 다스리고자 정부의 고결한 관리가 암행어사 이몽룡처럼 나서서 육모 방망이를 휘두르는 게 멋지다고 생각했을 것이다. 그러나 실제로는 이몽룡뿐만 아니라 변 사또 또한 조정 관리의 한 모습이다. 겸병을 해결하겠다며 조정에서 큰 힘을 발휘하다 보면 자칫 더 잘못된 결과를 만들 가능성은 얼마든지 있다.

조선 시대 선비들은 태어나면서부터 세상을 뜰 때까지 쉼 없이 "선비란 자고로 너그러워야 하고 의로워야 하며 욕심부리지 말고 고고하게 살아야 한다"라는 말을 듣고 살았다. 그런데 그런 조선 선비들 중에서 얼마나 많은 탐관오리가 나왔고 또 부정부패가 얼마나 심각했는지 세월이 흐른 후의 우리는 잘 알고 있다.

말하자면 이런 이야기다. 조선 시대 사람들은 정도전이 겸병을 무너뜨린 일을 보면서 '독점의 피해를 막아야겠다'라는 교훈을 얻기도 했지만, 동시에 '벼슬에 올라 세력을 만들어 나라를 주무를 수만 있으면 나라의 힘으로 땅은 얼마든지 빼앗을 수 있겠구나' 하는 생각도 했을 것이다.

경제를 궁리한 조선의 선비들

누군가는 정도전의 삶을 보면서 '돈으로 재산을 아무리 모아 봐야 정부의 고위 관리가 지시 한 번만 내리면 다 빼앗긴다'라고 생각했을 것이다. 그렇게 생각하는 사람들이 많아지면, 일을 열심히 해 돈을 벌고 더 좋은 기술을 개발해 더 많은 물자를 벌어들여 성공할 결심을 하기보다, 정부의 높은 벼슬을 차지하는 경쟁이 더 중요하다고 여기게 될 것이다. 일을 열심히 해 재산을 많이 모으고 훌륭한 기술을 개발해 귀한 물건을 만들어도, 어느 날 갑자기 고위 관리가 나라의 힘으로 명령을 내리면 재산을 모두 갖다 바쳐야 할 수도 있다. 이것이 선비의 나라 조선이라면, 세상 사람들이 모두 높은 벼슬을 차지하는 일에만 매달리는 세상으로 흘러갈지도 모른다.

두 번째 문제는 겸병 문제를 해결하고자 '혁명'이라는 과격하고 피 튀기는 방법을 사용한 게 정도전의 반대파 쪽에도 똑같이 '위기에 몰렸을 때는 과격하고 피 튀기는 방법을 쓸 수도 있나'라는 생각을 심어줬다는 사실이다. 정도전은 사회를 개혁하고자, 법과 제도를 조금씩 고쳐 나가는 방법이나 사람들의 생각을 바꾸는 글을 널리 퍼뜨리는 방법을 사용하지 않았다. 대신 칼과 창으로 단번에 나라를 뒤엎는 방법을 사용했다. 그러니 정도전과 다른 생각을 가진 사람 또한 칼과 창으로 세상을 다시 뒤엎으려 할 수도 있다.

정도전만 훌륭한 사람이라서, 그의 생각대로 사람들을 체포하며 나라를 손에 쥐고 흔들어야 한다는 법이 있는가? 힘 있는

1장 조선 시장질서를 흔든 혁신의 설계자: 정도전

누군가 자신이 정도전보다 더 낫다고 생각해 하루아침에 군사를 동원해 정도전이든 누구든 체포하고 나라를 뒤엎을 수 있지 않겠는가? 그런 위험은 그의 인생이 끝나기 전에 현실이 되었다.

조선이 시작된 지 고작 6년이 지난 1398년, 이방원은 아버지 이성계가 자신이 아닌 동생 이방석을 후계자로 지목한 데 반발했다. 곧 그는 이방석의 자리를 빼앗고자 군사를 일으켰다. 이 사건을 역사에선 '왕자의 난'이라고 부른다.

정도전은 이방원 편이 아닌 이방석 편이었는데, 이방원 쪽에선 왕자의 난을 일으킨 직후 전략가이자 군사 전문가인 정도전을 먼저 제거해야 한다고 봤다. 그렇게 그를 최우선 공격 목표로 지목했다. 일련의 군사들은 방심하고 있던 정도전의 집에 쳐들어갔고, 현장에서 체포된 정도전은 절차도 조사도 재판도 없이 처형되었다. 얼마 지나지 않아 이방원은 고작 열여섯 살쯤이었던 동생 이방석도 암살해버렸다.

이방원은 훗날 임금 자리에 올랐고 그의 자식이 그 유명한 세종이다. 이후에도 그 후손들이 계속 임금 자리에 올랐다. 그러므로 이방원이 공격해 제거한 정도전은 조선의 많은 선비들에게 평가가 좋지 못했다. 정도전은 선비의 나라, 조선을 건설한 장본인이었으면서도 긴 세월 간신배 내지 악당 취급을 당했다.

『조선왕조실록』에도 정도전의 최후는 매우 비굴하게 묘사되어 있다. 겁에 질려 걷지도 못하고 기어 나와선 이방원에게 "예전에 선생님이 저를 살려주셨는데, 이번에도 살려주십시오."라며

경제를 궁리한 조선의 선비들

빌다가 처형되었다고 적혀 있다.

나는 그의 최후가 결코 그런 모습이었을 거라고 생각하진 않는다. 만약 그 비슷한 일이 있긴 했다면, 정도전이 이방원을 향해 "우리는 함께 목숨을 걸고 싸운 동지였는데 어떻게 갑자기 이럴 수가 있는가."라고 한탄하는 말 정도를 했을 듯싶다.

정도전이 말년에 남긴 것으로 추정되는 시가 한 편 있다. 그런데 마치 자신의 최후를 예감한 것 같은 느낌이다. 하여 그가 처형당하기 직전에 쓴 것 같다면서 종종 회자되기도 한다. 『삼봉집』에는 이 시의 제목이 '스스로를 비웃다自嘲'라고 되어 있다.

操存省察兩加功　마음을 지키고 스스로를 돌아보며 애썼고
不負聖賢黃卷中　귀중한 책 속에 내려오는 옛 성현의 말씀을
　　　　　　　　　잊지 않았으며
三十年來勤苦業　30년이 지나는 동안 고생하며 쌓아 온 일이
　　　　　　　　　었건만
松亭一醉竟成空　소나무 아래 정자에서 한 번 취해 있는 사이
　　　　　　　　　모두 허공에 흩어졌구나

2장

국가의 돈 흐름을 새로 그린 유동성 개혁론자

×

하륜

혁명가와 관상쟁이의 대결

이방원은 어떻게 왕자의 난을 일으켜 정도전 등을 제거하고 조선을 손아귀에 넣을 수 있었을까? 이방원 본인 스스로가 명석한 인물이었다는 사실을 우선 짚어볼 만하다.

이방원의 아버지이자 조선을 건국한 이성계는 장군 출신으로, 활을 잘 쏘고 말을 잘 타며 싸움을 잘했다. 그런 만큼 선비들 사이의 미덕이었던 글쓰기나 공부 등에서 특출난 면모를 선보인다든가 하는 일과 이성계의 삶은 거리가 있었다. 그런 이성계는 선비의 나라 조선에선 흠결이 될 수도 있었을 텐데, 그의 자식 중에 이방원이 고려 시대에 문과 시험을 쳐서 과거에 급제했다. 그러니 이방원이야말로 이성계에게 공부 잘하는 똑똑한 아들로 자

2장 국가의 돈 흐름을 새로 그린 유동성 개혁론자: 하륜

랑거리였을 것이다. 나아가 이성계는 이방원이 자신을 보완해 줄 수 있는 아들이라고 여겨 믿음직스럽게 생각하기도 했을 것이다.

조선 시대가 시작되고 이성계가 임금 자리에 오르자, 그 똑똑한 아들 이방원 곁에도 유능한 선비들이 여럿 모이기 시작했다. 그렇게 모여든 사람들 중에서 꾀 많은 인재를 잘 활용한 게 이방원이 나라를 차지할 수 있었던 가장 중요한 이유였다고 나는 생각한다. 그 인재들을 대표할 만한 사람이 바로 하륜이다.

하륜은 이방원의 오른팔이라고 할 수 있다. 아버지 이성계에게 정도전이 있어서 책사 역할을 했다면, 아들 이방원에겐 하륜이 정도전 같은 역할을 했다고 할 만하다.

그렇다면 정도전과 하륜 중에 누가 더 뛰어난 재주를 갖췄을까? 정치판의 다툼과 음모가 올림픽 경기는 아니니 누가 더 위라고 깔끔하게 결론 내리긴 어렵다. 그런데 왕자의 난에서 이방원은 하륜의 도움으로 이성계의 뜻을 꺾으며 승리했고 정도전은 그 와중에 목숨을 잃었다. 이성계의 오른팔 정도전을 이방원의 오른팔 하륜이 꺾었다고 말해 볼 수도 있지 않을까? 적어도 이방원이나 하륜 자신은 그렇게 생각하지 않았을까 추측해 본다.

막상 정도전과 하륜 두 사람의 삶을 돌아보면, 비슷한 배경을 가졌다. 우선 둘 다 이색의 제자뻘이므로 동문이었다고 할 수 있다. 선후배 관계나 어린 시절의 친구 관계였다고 해도 될 만한 사이다. 하륜 역시 정도전처럼 조상의 신분이 낮아서 출신을 부끄러워할 때가 있었다고 한다. 비교해 보자면, 정도전의 조상 중

경제를 궁리한 조선의 선비들

에 노비가 있었다는 사실이 놀림거리가 되었던 것에 비하면 하륜의 경우 그만큼 널리 퍼져 있진 않다. 그러나 하륜 역시 고귀한 신분 출신은 아니었을 가능성이 높다.

그리고 하륜 역시 정도전처럼 고려 말의 선비로 학식과 글솜씨가 뛰어나 과거에 급제하며 성공가도를 달렸다. 무엇보다 하륜과 정도전의 가장 큰 공통점은 이성계 일파와 친해 고려를 뒤엎어버린다는 생각에 이끌렸다는 것이다.

반면 초창기부터 둘은 운명에 대한 태도가 달랐다. 정도전은 강인한 혁명가로서 인간의 의지를 중시했다는 느낌이 들고, 운명을 부정하는 관점을 갖고 있었던 것 같다. 치밀한 준비와 사람들

경상도 진주 하륜 묘역의 비석 ⓒKang Byeong Kee

2장 국가의 돈 흐름을 새로 그린 유동성 개혁론자: 하륜

의 격렬한 노력으로 세상을 뒤엎을 수 있다는 게 정도전다운 태도였다. 젊은 시절에는 점술에 활용될 수 있는 『태일산법』 같은 책을 가르친 적이 있다. 하지만 그가 잡술을 싫어했던 걸 고려하면 점술에 심취했다기보단 지식과 수학 실력이 워낙 뛰어났기에 그런 책조차 가르칠 수 있었다는 정도로 보는 게 옳을 듯하다.

하륜의 경우 조선 초기를 대표하는 선비였으므로 주술에 심취했다고 할 정도는 아니었다. 그러나 고려 말, 당시 사람들 대부분이 꽤 그럴듯해 보이는 학설이라고 동의하던 풍수지리, 관상 등에는 관심이 많았다. 뿐만 아니라 연구도 꽤 많이 해서, 주변 사람들이 하륜은 풍수지리를 잘 알고 관상도 많이 안다고 말할 정도의 명성까지 얻었다. 하륜은 사람들의 마음을 돌리고 환심을 사고자 잡다한 지식 또한 종종 활용했을 것이다.

하륜은 어떻게 이방원의 사람이 되었나

정도전에 비하면 하륜은 꾀가 많다고 할까, 미끌미끌하게 실리를 따진다고 할까 싶은 느낌이 있다. 정도전과 비교해 보자면, 하륜은 가장 유리한 길을 찾아 가장 쉽게 일을 벌일 수 있는 꾀를 지닌 느낌이다.

하륜이 이성계 일파와 특히 가까워졌던 계기도, 따지고 보면 그가 관상에 관심이 많았던 것과 관계가 있다. 고려 시대 말

경제를 궁리한 조선의 선비들

1389년에 '영흥군 사건'이라는 이상한 사건이 있었는데, 다름 아닌 하륜이 얽혀들었다.

1389년 왕환이라는 인물이 일본에서 바다를 건너왔다. 그는 고려 임금의 팔촌쯤 되었기로서니 고귀한 신분을 이용해 널리 교제하며 어느 정도 세력을 갖추고 있었다. 하여 그를 영흥군이라고도 불렀다. 그런데 그는 신돈과 관련된 사건에 휘말려 멀리 무릉도로 추방되어 귀양살이를 하게 된다. 워낙 멀리 떨어진 섬이라 소식을 잘 들을 수 없던 사이, 왕환은 실종되어 행방불명되고 만다. 동해 어디인가에서 물에 빠져 사망했다고 짐작했다.

그런데 19년 만에 갑자기 자기가 왕환이라며 한 인물이 고려에 나타났다. 그는 어찌저찌하다 보니 바다 건너 일본에 건너가 살아남았다는 놀라운 이야기를 들려줬다. 19년이라는 긴 세월이 흐르는 사이, 한국어도 잘하지 못하게 되었고 기억도 많이 잊었으며 외모도 달라졌기에 왕환이 아닌 다른 사람처럼 보였다. 하지만 그는 기어코 자신이 왕환이라고 주장했다.

곧 그가 진짜 영흥군 왕환이 맞느냐 아니냐가 큰 화젯거리로 번졌다. 그가 남겨 놓은 재산이나 권리 관계에 걸려 있는 이들이 많았기에 다툼 거리가 되어 세간의 관심을 더 끈 게 아닌가 싶다. 예를 들어, 왕환이 죽은 것으로 처리되면 그의 유산은 대부분 큰아들이 물려받지만 왕환이 살아 돌아와 재산을 둘째 아들이나 부인에게 주겠다고 할 수도 있지 않겠나.

그래서 많은 사람이 달려들어 그가 진짜 영흥군 왕환인지 아

2장 국가의 돈 흐름을 새로 그린 유동성 개혁론자: 하륜

닌지 판정하려 했다. 그중에 하륜도 끼어 있었다. 짐작해 보자면, 하륜이 관상 지식이 많다 보니 세월이 흐르는 사이 사람의 얼굴이 얼마나 바뀔 수 있는지 또는 얼굴의 특징을 어떻게 기억하는지 등에 대한 지식도 갖추고 있을 거라고 본 듯싶다.

하륜과 동료들은 그가 가짜 왕환이라고 판단했다. 그런데 하필 왕환의 부인이었던 신씨 부인이 나서서 그가 진짜 왕환이라고 주장했다. 신씨 부인은 "남이 가짜라고 하지만, 부인인 내가 진짜라고 느낀다면 믿어야 하지 않느냐?"라고 말했다. 그 때문에 왕환 논쟁은 더욱 격렬해졌다. 결국 왕환이 진짜라고 보는 의견이 승리를 거뒀고, 하륜과 동료들은 처벌을 받을 상황에 놓였다.

왕환은 진짜였을까, 가짜였을까. 하륜에게 왕환이 진짜인지 가짜인지 판별할 능력이 있었을까. 그의 판단은 정직했을까. 중요한 것은, 당시 궁지에 몰린 하륜과 동료들이 처벌을 피하고자 조정의 실력자들에게 도움을 요청했다는 점이다.

『고려사절요』 등의 기록에 따르면, 그때 하륜을 불쌍히 여겨 도와준 인물이 다름 아닌 이성계였다. 그렇게 둘은 끈끈한 관계를 맺는다. 그저 재미로 해보는 이야기인데, 나는 당시 하륜과 이성계 일파는 왕환이라고 나타난 인물이 가짜여야만 이익을 얻을 수 있었기에 한 편이 된 것일 수도 있겠다는 상상을 해 본다.

『연려실기술』 등의 기록을 보면, 하륜이 이방원과 가까워질 수 있었던 계기 역시 관상 덕분이었다고 한다. 하륜은 민제를 만나 "관상을 보니 선생님의 둘째 사위 관상이 어마어마하게 좋습

경제를 궁리한 조선의 선비들

니다"라고 신기한 듯 말했다. 민제의 둘째 사위란 다름 아닌 이방원이었다. 하륜이 관상에 뛰어나다는 소문을 알고 있었던 민제는 그 이야기를 이방원에게 전했고, 기분이 좋을 뿐더러 신기하기도 한 이방원은 곧 하륜과 가까워진다.

이방원이 정녕 왕이 될 관상이었고, 하륜은 정말로 그걸 알아봤을까? 나는 그럴 가능성은 낮다고 본다. 꾀 많은 하륜이 이성계의 아들 중 똑똑한 편이었던 이방원과 가까워지는 구실을 만들고 싶어 민제에게 일부러 그런 말을 던졌을 거라고 본다.

관상이란 게 맞을 리도 없거니와, 이후의 역사를 보면 민제에게 "둘째 사위의 관상이 좋다"라고 말할 만한 상황이 아니었기 때문이다. 이방원이 임금의 자리를 차지하는 것까진 맞다. 하지만 곧 이방원이 민제의 아들들을 모조리 죽음으로 몰아넣는다. 관상으로 운명을 알 수 있다면, 민제에게 "둘째 사위의 관상이 좋다"라고 할 게 아니라 "둘째 사위 때문에 당신의 아들들이 줄줄이 목숨을 잃을 수 있으니 조심해야 한다"라고 말해야 맞다.

이성계가 조선을 건국하는 과정에서 과격하고 급박한 일들은 이방원이 맡곤 했다. 정몽주 제거는 가장 널리 알려진 사례에 불과하다. 그때 하륜도 일정 정도의 역할을 했을 수 있다.

전설로 남아 있는 사연 중에는 소위 '두문동 72현' 이야기도 있다. 고려 시대의 뛰어난 선비 72명이 고려에 끝까지 충성하고자 조선을 위해 일하지 않고 두문동에 숨어 살았다는 것이다.

어디까지나 전설일 뿐이지만, 조선 조정은 이 72명의 선비

2장 국가의 돈 흐름을 새로 그린 유동성 개혁론자: 하륜

들이 위험하다고 보곤 다방면으로 공격했고 그렇게 두문동 72현 대다수가 목숨을 잃었다고 한다. 그때 하륜이 공격을 진두지휘했다는 것이다. 두문동 72현 중에 하륜의 신분이 미천한 점을 지적한 이가 있었기에, 하륜이 원한을 품고 그런 짓을 저질렀다는 이야기가 덧붙는 경우도 있다.

사실 두문동 72현 전설이 완성된 시점은 세월이 한참 흐른 조선 후기다. 그러니 상기한 일이 전설 그대로 벌어지진 않았을 것이다. 다만 하륜이 무시무시한 일을 벌일 정도로 이방원과 가까웠다는 사실을 반영하는 이야기로 볼 수 있을 듯싶다.

냉혈한 처세술과 왕자의 난 뒷거래

하륜과 정도전은 젊은 시절에는 동문 친구였고 이후에는 고려를 멸망시키고 조선을 건국하는 데 힘을 모은 혁명 동지였다. 그런데 둘은 왜 멀어져 원수지간이 되어버린 걸까?

둘 사이가 멀어진 이유로 자주 언급된 사건은 조선 초기, 명나라와의 외교 갈등이었다. 고려는 원나라 말기와 명나라 초기 무렵의 혼란을 이용해 고구려와 발해의 땅이었던 요동 지역을 공격했던 적이 있다. 최영의 요동 정벌처럼, 명나라를 공격하는 대규모 전쟁을 준비한 일까지 있었다. 그러니 조선이 건국된 후에도 명나라는 한반도 쪽을 경계했다. 조선이 명나라를 깎듯이

경제를 궁리한 조선의 선비들

큰 나라로 대우하겠다고 한 후에도, 명나라는 조선의 태도를 믿지 않았다. 그런 상황에서 명나라 태조 주원장은 정도전을 명나라로 보내 외교 문서의 내용을 직접 상세하게 해명하라고 조선에 요구했다.

정도전이 주원장을 찾아간다면 어떤 일이 벌어질까? 주원장은 의심이 많고 처벌을 갑작스럽게 내리기로 악명 높았다. 하여 정도전이 갑작스레 처형당할 위험도 고려해야 했다. 하물며 정도전은 조선의 태조가 가장 아끼는 신하였으니, 조선으로선 주원장의 요구대로 그를 보낼 수는 없었다. 고로 조선 조정의 신하들 중에서 정도전을 주원장에게 보내자고 주장하는 이는 드물었다.

그런데 그때 하륜이 나서서 정도전을 명나라에 보내 문제를 정면돌파하자고 주장했다. 명나라에서 정도전 정도 되는 인물을 함부로 처형하긴 어렵지 않겠냐고 본 듯싶다. 혹시라도 주원장이 정도전을 처형한다면 명나라가 조선과 원수질 각오를 했다는 뜻이니, 명나라와 평화롭게 지내는 건 더 이상 불가능하다고 보고 전쟁을 준비하면 될 것이었다.

정도전과 임금의 친분을 생각하지 않고 실용적으로만 생각한다면, 하륜의 주장은 꺼내볼 만했다. 깨끗하고 간편한 문제 해결 방법이라고 볼 수도 있을 것이다. 그러나 정도전 입장에선 '하륜이 나를 죽음의 구렁텅이로 몰아넣으려 한다'라는 원한을 품었었을 수 있다. 친구였고, 동문이었고, 혁명 동지였던 그에 대한 배반감도 상당했을 것이다. 머리 좋은 하륜 역시 정도전이 자신

2장 국가의 돈 흐름을 새로 그린 유동성 개혁론자: 하륜

명나라 홍무제 주원장 어진

에게 강한 적대감을 품었다는 사실을 알았을 것이므로, 이후 둘은 서로를 경계하기 시작한다.

세월이 흘러 하륜은 이방원이 임금 자리를 탐낸다는 걸 알게 되었다. 하륜은 이방원에게 임금에 오르는 방법은 군사를 동원해 하룻밤 사이에 반대파와 동생을 살해하고 조정을 무력으로 장악하는 것밖에 없다고 제안했다. 『조선왕조실록』 1416년 음력 11월 6일 기록을 보면, 깊은 밤 몰래 하륜은 이방원을 찾아갔다고 한다. 어떤 기록에선 이방원의 집에서 열린 술자리를 무대 삼아 하륜이 술에 취한 척 술을 쏟고 난리를 피워 모두를 떠나 보내곤 이방원과 둘만 남았을 때 이렇게 이야기했다고 한다.

"이제 다른 계책은 없고, 선수를 쳐서 정도전 무리를 쳐 없애는 방법만 있을 뿐입니다."

하륜은 얼마나 큰일을 벌이는 것인지도 분명히 밝혀 말하면서, 이방원이 마음을 굳게 다지도록 했다.

"아들이 아버지를 두고 군사를 활용해 농락하는 짓입니다. 윗전에서 놀라더라도 어쩔 수 없는 일 아니겠습니까?"

효도를 목숨만큼 중시하는 선비의 나라 조선에서, '아들이 아버지를 농락하는 짓'이라는 말은 온 나라를 뒤엎는 것 같은 대

2장 국가의 돈 흐름을 새로 그린 유동성 개혁론자: 하륜

단히 위험한 짓을 하려는 것이니 단단히 각오하라는 의미였을 것이다. 이방원은 하륜의 제안을 받아들여 정말로 나라를 뒤엎었다. 그렇게 왕자의 난이 일어났다. 당연히 그때 목표물로 지목되어 신속히 제거된 이는 정도전이었다.

이렇게 보면 이방원과 하륜은 오랜 친분을 갖고 있었으면서 서로 다른 이유로 함께 난리를 일으켜 끈끈한 관계로 굳어진, 반란군 동지라고도 볼 수 있겠다.

하륜이 꿈꾼 유동성 혁명

이방원이 나라를 손에 틀어쥐고 얼마 지나지 않아 하륜은 나라 운영 제도를 본인의 구미에 맞게 뜯어고쳤다. 고려 시대 때부터 내려오던 업무 조직으로, '도평의사사'는 나라의 가장 높은 벼슬의 신하들이 가장 중요한 결정을 하는 조직이었다. 그런데 하륜이 폐지해버리고 대신 '의정부'를 만든다. 의정부는 영의정, 좌의정, 우의정의 세 정승이 이끄는 조직이다. 이렇게, 조선 시대 제도라고 친숙하게 알고 있는 것들 중에는 하륜의 수정을 거쳐 탄생한 경우가 많다. 하륜은 곧이어 경제 제도 개편에 착수했다.

여기서 그는 놀라운 생각을 현실로 이뤄보려 한다. 지금 식으로 말하자면, 경제를 발전시키고자 '유동성liquidity 공급 방안'을 개발하려 했다. 유동성을 가장 단순하게 설명하자면, 내가 갖고

경제를 궁리한 조선의 선비들

있는 재산을 다른 재물로 얼마나 쉽게 바꿀 수 있느냐는 것이다.

신라 시대에 어느 부자가 자식에게 재산을 물려주면서, 당대 최고의 화가였던 솔거의 대단히 값비싸고 아름다운 그림 한 장으로 대신했다고 가정해 보자. 그 그림의 가치가 지금 돈으로 100억 원 정도 된다고 치자. 그렇다면 재물을 물려받은 부자의 자식은 굉장히 많은 재산을 갖고 있는 셈이다.

그 부자의 자식이 어느 날 너무 배가 고파 쌀밥을 사서 먹고 싶어졌다고 치자. 그러려면 100억 원짜리 그림을 팔아 쌀로 바꿔야 한다. 그런 거래를 하려면 100억 원치 만큼의 쌀이 있는 사람이 있어야 하고, 마침 그가 솔거의 그림을 갖고 싶어 해야 한다. 그런데 그런 사람을 만나기가 쉽지 않다. 솔거의 그림을 물려받은 부자의 자식은 재산은 많을지 모르지만 그 재산으로 원하는 물건을 당장 구하기가 어렵다. 유동성이 떨어지는 상황이다. 즉 솔거의 그림은 유동성이 매우 떨어지는 자산인 것이다.

혹은 부자가 훌륭한 칼을 100만 자루쯤 만들어 자식에게 물려줬다고 치자. 그런데 부자의 자식이 쌀밥을 사서 먹고 싶어졌다면, 100만 자루의 칼 중 한 자루만 가져다가 쌀로 바꾸면 된다. 작은 칼 한 자루가 필요한 사람은 어렵지 않게 구할 수 있을 테고, 칼 한 자루의 값을 쌀로 치를 수 있는 사람도 많을 것이다. 그렇기에 재산을 칼로 갖고 있으면 비교적 쉽게 물물교환이 가능하다. 즉 솔거의 그림보다 칼이 더 유동성 높은 자산이다.

그러므로 거래를 활발히 하고 상업이 발달해 원하는 물건을

2장 국가의 돈 흐름을 새로 그린 유동성 개혁론자: 하륜

쉽게 구할 수 있으려면, 유동성 높은 물건이 많아야 한다. 무슨 물건이든 만들어 필요한 곳에 수월하게 판매하기 위해서라도 유동성이 많이 확보되어 있어야 한다.

예로부터 사람들은 누구나 어느 정도는 갖고 싶어 하고 누구든 그 가치를 높게 여기는 물건을 주거래 수단으로 활용했다. 고대 그리스인들은 금화나 은화를 만들어 거래에 사용했고, 고대 중국인들은 구리로 엽전 모양의 돈을 만들어 거래에 사용했다. 금, 은, 구리 같은 쇳덩어리는 누구나 귀한 자원이라고 생각했거니와 장신구나 도구를 만들기도 용이하다. 그렇기에 누구나 다른 물건과 바꾸려고 했다. 곧 유동성 높은 물건 취급을 받은 것이다.

비슷한 이유로 고대 한국에선 철덩어리가 거래 수단으로 활용되곤 했다. 중국의 『삼국지』 같은 기록을 보면, 약 2천 년 전 한반도 남부에 있던 한국, 즉 삼한 시대의 나라들은 '중국인들이 돈을 쓰듯' 철덩어리로 거래를 한다고 했다. 고대 한반도 남부에선 철을 생산하고 가공하는 산업이 발달해 한반도 북부, 일본인, 중국인들에게 철을 수출할 정도로 활발히 거래했다. 그러니 일정한 크기의 철덩어리가 돈처럼 사용된 것이다.

고대 가야 지역의 무덤을 발굴해 보면, 일정 크기의 철덩어리가 귀중품처럼 무덤 한 편에 깔려 있는 곳들이 제법 여럿 보인다. 지금 장례 풍습 중에도 저승길 노잣돈으로 쓰라고 무덤에 돈을 좀 넣어 주거나, 지전이라고 하는 가짜 돈을 불사르는 경우가 있다. 2천 년 전에도 비슷한 일이 벌어진 셈이다.

경제를 궁리한 조선의 선비들

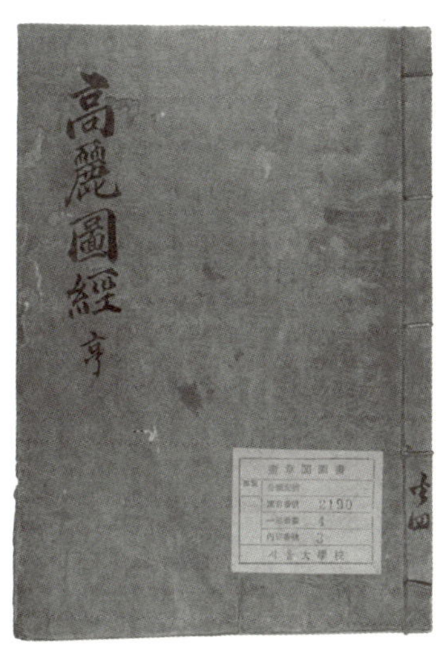

북송의 사신
서긍의 『선화봉사고려도경』

고려 시대에는 본격적으로 엽전 형태의 돈이 발행되어 유통
되기 시작했다. 거기에 엽전 이상으로 거래에서 더 중요한 역할
을 한 '활구'도 등장했다. 활구는 은덩어리가 주성분인 금속 재질
로 술병 모양을 띄고 있어 은병이라고 부르기도 했다. 활구는 보
통의 병과 달리 주둥이 부분이 널찍했고, 전체 모양은 한반도와
비슷한 형태였다.

중국 송나라의 서긍은 사신으로 고려를 방문해 이것저것 보
고들은 풍문을 『선화봉사고려도경宣和奉使高麗圖經』이란 책으로 정
리했다. 이 책에 보면 고려인들이 은병으로 시장에서 거래한다
는 구절이 보인다. 활구는 상당히 널리 사용된 고려의 화폐였던
것 같다. 활구는 1근 정도의 무게였다고 한다. 1근은 미터법이 적

2장 국가의 돈 흐름을 새로 그린 유동성 개혁론자: 하륜

용되기 이전 시대의 수준 낮은 단위이니 정확한 무게를 알 수 없지만, 미터법으로 대략 600g 정도라고 치고 국제 시세에 따른 은 가격을 g당 1,400원 정도라고 하면 활구 하나의 가치는 지금 돈으로 80만 원이 조금 넘는다고 봐야 할 것이다.

그렇게 생각하면, 고려 시대의 활구 하나를 들고 다니는 감각은 지금으로 보면 100만 원짜리 자기앞수표를 들고 다니는 것과 비슷하다. 좀 더 현실적으로 계산해 보면, 현대 사회는 고려 시대에 비해 각종 금속 자원이 훨씬 더 풍부하게 대량 채굴되는 세상이라는 점을 고려해야 한다. 아마도 고려 시대 사람들이 체감하는 활구 하나는 지금 돈으로 몇백만 원 정도였을 것이다.

그렇다면 고려의 장터에서 소나 말 같은 꽤 비싼 물건을 사고팔 때 혹은 상인들이 대량의 물건을 거래할 때, 활구를 주고받으며 계산을 했을 것이다. 그러나 활구처럼 귀금속으로 된 돈이 널리 유통되는 세상에서도 유동성 문제는 발생할 수 있다. 가장 흔하게 생기는 문제는, 돈의 재료가 되는 귀금속 자체가 너무 부족해 사람들이 편하고 쉽게 돈을 주고받을 수 있을 정도로 돈을 만들 수 없는 일이 생기는 것이다.

인구가 늘어나고 기술이 발달해 더 많은 사람이 더 많은 일을 하면 물자가 늘어나며 거래할 물자의 양도 많아진다. 예를 들어 삼국 시대 초기와 같은 고대에는 음식이라면 잡곡이, 옷감이라면 삼베가 주로 생산되었다. 하지만 고려 말, 조선 초가 되면 벼농사가 널리 이뤄지고 목화가 본격 재배되면서 면으로 된 옷

경제를 궁리한 조선의 선비들

이 쉽게 생산되기 시작했다. 음식도 옷감도 더 많아지고 풍족해진 것이다. 그런데 더 많아진 물건을 사고팔기 위해 써야 하는 돈을 더 만들 수 없다면 거래를 불편하게 할 것이다.

정부 입장에서도 귀금속을 이용해 돈을 만들어야 한다는 것은 답답한 일로 느껴질 때가 있었을 것이다. 정부가 한번 작심하고 힘을 휘두르면 대단히 막강하다. 정부가 전쟁이라도 한번 일으키면, 국민이 가장 소중히 여기며 가장 큰 가치를 매기는 사람의 목숨조차 허무하게 대량으로 파괴된다. 긴 세월 많은 돈을 투자해 만든 집, 건물, 시설 따위도 단숨에 사라진다. 정부라는 곳은 그런 어마어마한 일을 벌일 힘이 있다. 임금이 나라를 다스리는 옛 왕조 시대에는 정부가 가진 힘의 크기가 엄청났을 것이다. 그런데 그 정도로 막강한 힘을 가진 정부라더라도 유동성이 부족해 은으로 만든 활구, 구리로 만든 엽전을 구할 수 없다면 사소한 일조차 하기 어려워질 수 있다.

고려 시대, 정부에서 궁궐 주변을 꾸미고자 꽃나무를 몇 그루 사서 심고 싶어졌다고 치자. 그런데 온 나라를 뒤져봐도 은이 더 이상 나올 곳이 없어 활구를 더 만들 수 없다면 어떻게 될까? 그러면 정부는 더 이상 꽃나무를 사서 쓸 수 없다. 임금은 여차하면 온 나라를 잿더미로 만들고 수많은 백성의 목숨을 사라지게 할 수 있는 어마어마한 힘을 갖고 있다. 하지만 은을 허공에서 만들 수는 없다. 그렇기에 당장 꽃나무 몇 그루 살 돈을 구할 수 없는 것이다. 즉 유동성 확보가 어려운 상황이다.

2장 국가의 돈 흐름을 새로 그린 유동성 개혁론자: 하륜

이후의 역사를 살펴보면, 조선은 귀금속 부족으로 경제 발전에 상당한 곤란을 겪었다. 조선 후기 자주 사용된 상평통보 같은 엽전을 만들기 위해선 재료가 되는 구리가 필요했다. 그런데 조선에서 구리는 결코 넉넉한 자원이 아니었다. 광산이 부족할 뿐더러 광산이 잘 개발되지도 못했기 때문이다.

결국 조선은 이웃 중국이나 일본에서 구리를 수입해 돈을 만들어야 했는데, 그조차 쉽게 이뤄지지 못했다. 물자를 자유롭게 수입하고 수출할 수 있는 세상도 아니었던데다가 조선 사람들의 문화도 문제였다. 조선은 외국에 진출해 무역으로 돈을 버는 사람들이 있으면, 칭찬하기보다 오히려 의심스러운 사람으로 취급하는 경우가 더 많은 나라였다. 그러니 구리를 구할 쉬운 방법이 없었고, 그 바람에 경제의 기본이랄 수 있는 돈 자체를 누구나 편리하게 쓰게 하는 것부터 쉽지 않았다.

그런 와중에 조선 초기, 지식이 풍부한 하륜은 이런 문제를 단숨에 풀 수 있는 파격적인 생각을 갖고 있었다. 그는 지폐를 '만들면' 된다고 봤다. 종이에 돈 모양만 찍어 내면 돈이 되니 광산에서 은을 캐 오거나, 일본에서 구리를 캐 와 활구나 엽전 같은 돈을 만들 필요가 없다. 게다가 지폐는 가볍고 부피를 적게 차지하며 다양한 가치를 지닌 돈을 여러 종류 만들기도 편리하다.

지금이야 전 세계 어느 곳에서든 거의 모든 사람이 지폐가 뭔지 알고 또 가치 있는 돈이라는 걸 쉽게 이해하고 받아들인다. 심지어 지금은 비트코인처럼 정체를 이해하기가 어려운 가상 자

경제를 궁리한 조선의 선비들

산이라는 것도 많은 사람이 가치 있다고 여겨 투자하고 있다.

그럼에도 한발 물러서서 밑바닥부터 다시 한번 생각해 보자. 지폐가 가치가 높은 물건이라고, 누구나 믿는다는 게 쉬운 일만은 아니다. 별 쓸모도 없어 보이는 종이쪽지에 이런저런 그림, 글자, 숫자 몇 개를 써놓은 게 쌀 몇 바가지쯤 되는 가치가 있다거나, 누군가에게 몇 시간 동안 일을 시킬 수 있는 가치가 있다고 생각할 수 있을까? 더군다나 시장에 오는 수많은 사람이 모두 똑같이 믿을 수 있단 말인가?

냉정하게 물건 그 자체의 가치만 생각하면, 지폐는 메모지로도 쓸 수 없다. 이미 그림이 그려져 있는 종이다. 보통 지폐는 뻣뻣한 재질인 경우가 많다는 점을 생각해 보면, 지폐는 화장지로도 쓰기 어렵다. 땔감이나 포장할 때 완충재로 쓸 수 있을까? 지폐 자체의 실용적인 용도는 거의 없다. 그런데도 사람들이 지폐를 돈으로 인정하고 가치 있다고 느끼는 것은, 지폐를 발행하는 기관 또는 지폐를 관리하는 정부가 그 지폐에 그만한 가치가 있다고 내세우며 사람들이 그들의 말을 믿어 주기 때문이다.

상당히 이해하기 어려운 생각이다. 그 때문에 경제가 발달하고 기술이 빠르게 발달한 르네상스 이후 유럽에서도 지폐가 쉽게 퍼지지 않았다. 프랑스에서 지폐가 등장해 널리 쓰이기 시작한 것은 1716년의 일이다. 스코틀랜드 출신의 풍운아 존 로가 프랑스 정부에 나타나 급박한 상황을 해결하기 위한 기이한 정책을 제안하는 상황에서 벌어진 특별한 일이었다. 그런데 그보다

2장 국가의 돈 흐름을 새로 그린 유동성 개혁론자: 하륜

300여 년 앞서 『조선왕조실록』 1401년 음력 4월 6일 기록을 보면, 하륜은 국가 기관을 설립해 체계적으로 지폐를 찍어 내는 사업을 추진했다.

조선의 지폐는 어떻게 300년을 앞섰을까

조선에선 어떻게 이리도 일찍 지폐를 찍어 낼 수 있었을까? 가장 먼저 생각해 볼 수 있는 이유로, 조선의 이웃 나라인 중국에서 지폐와 비슷한 방식의 상거래 방안을 진작부터 시행한

경제를 궁리한 조선의 선비들

적이 있었다는 것이다.

하륜의 시대보다 몇 세대쯤 앞선 때 송나라에선 상업이 빠르게 발전하면서 부자들이 높은 가격의 물건을 거래하는 일이 많았다. 예를 들어, 상하이에 살고 있는 부자가 홍콩에 살고 있는 부자에게 널찍한 농장 하나를 사면서 그 값으로 광저우의 창고에 보관되어 있는 황금 한 상자, 은덩어리 한 상자를 치르는 식의 거래가 자주 있었다.

무협 영화를 보면, 큰 액수의 거래를 하고자 금은보화를 운반하는 외중에 물건을 지키려는 사람들과 습격하려는 강도들이 서로 싸우는 장면 따위가 많이 등장한다. 금은보화를 담아둔 상자들을 운반해 주는 표국이나 물건을 호위하는 표사를 무협물에선 쉽게 찾아볼 수 있다.

그런데 상인들은 굳이 힘들게 황금과 은덩어리를 직접 배달해 줄 것 없이, 광저우 창고에 보관되어 있는 황금과 은이 홍콩 부자의 것이라고 확인하는 서류만 한 장 작성하면 되겠다는 생각을 했다. 어차피 어딘가에 황금과 은을 보관하고 있어야 하니 광저우의 창고에 계속 보관해 두는 대신 주인만 바뀌었다는 사실을 잘 작성한 문서가 있으면 되지 않겠냐는 이야기다. 나중에는 금덩어리를 실제로 주고받는 대신 금덩어리 주인이 바뀌었다는 사실을 나타내는 문서를 주고받는 거래를 더 간편하게 여기게 되었다. 그러다 보니 문서가 변형되고 발전해 돈과 같은 역할까지 하게 된 것이다.

2장 국가의 돈 흐름을 새로 그린 유동성 개혁론자: 하륜

지금 상황에 조금 더 맞게 비유하자면, 쌀과 고기를 직접 주고받으며 물물교환 거래를 하는 대신 쌀과 고기로 만든 요리를 먹을 수 있는 권리 증서인 구내식당 식권으로 거래를 하는 것과 비슷한 일이 벌어진 셈이다.

예를 들어 옷 한 벌을 팔아 먹고살려고 하는 사람이 있다고 치자. 그는 장터에 가서 "이 옷을 사려면 내가 일주일 동안 먹을 쌀을 주시면 됩니다"라고 제안한다. 옷을 사려는 사람은 일주일 치의 쌀을 구해 힘들게 짊어지고 와서 그에게 주고 옷을 받으면 된다. 그런데 누군가가 "일주일치 밥을 먹을 수 있는 식당 식권 30장을 줄 테니까, 그 옷을 내게 넘기세요"라고 하면 어떨까? 그때도 그는 옷을 넘길 수 있다. 일주일치 쌀을 무겁게 구해 가져갈 필요 없이 식권 30장만 들고 가니 간편해서 좋다. 이런 식으로 거래가 많이 이뤄지면 식당 식권이 돈의 역할을 하게 될 것이다.

송나라 시대에 종이 증서로 거래하는 일이 활발해지자, 정부에서도 비슷한 방식으로 종이를 주고받으며 거래하는 방식을 받아들였다. 원나라 시대에는 이런 방식이 상당히 널리 퍼져 사람들은 돈처럼 사용하는 종이를 '교초交鈔'라고 불렀다. '교환용으로 쓰는 가치 있는 물건'이라는 뜻이다. 고려는 몽골 제국으로부터 많은 간섭을 받았으므로 교초 문화에 어느 정도 익숙했을 것이다. 아닌 게 아니라 이성계, 정도전, 이방원, 하륜 같은 인물들이 활동하던 고려 말기에도 교초 비슷한 걸 고려에서도 만들어 보려고 궁리했다는 기록이 있다.

경제를 궁리한 조선의 선비들

원나라 시대 교초 ©PHGCOM

따지고 보면, 지폐는 이후에도 상당히 긴 시간 물건의 가치를 나타내는 증서처럼 사용되었다. 현대에 들어와서도 마찬가지다. 1971년까지만 해도 미국 1달러는 약 0.9g의 황금으로 바꿀 수 있는 증서 역할을 했다. 이런 제도를 '금태환 제도'라고 했고, 금이 가치의 기준이 된다고 하여 '금본위 제도'라고도 했다.

그 시절 미국 정부는 달러를 사용하는 모든 경제 활동을 유지하고자, 지폐를 들이밀면 금을 내주려는 목적으로 막대한 양의 황금을 보관하고 있었다. 황금이 많이 있는 창고로 유명한 곳이 바로 포트 녹스Fort Knox다. 1964년 영화 〈007 골드핑거〉를 보면, 악당이 세계 경제를 어지럽히고자 포트 녹스를 공격한다. 당

2장 국가의 돈 흐름을 새로 그린 유동성 개혁론자: 하륜

시 달러가 금태환 제도로 유지되고 있었기 때문이다.

조선에서 지폐 사용을 추진할 수 있었던 두 번째 이유로 비록 크게 중요한 것은 아닐지라도 짚어 보고 싶은 이야기가 있다. 조선 시대에 종이라는 물건의 의미가 지금과는 달랐다는 점이다. 조선 시대에 종이는 그냥 종잇조각이 아니라 더 가치 있다는 느낌을 줄 수 있었다는 뜻이다.

21세기에는 종이가 워낙 쉽게 대량 생산되니 대단찮게 여길 수 있지만, 종이는 결코 쉽게 만들 수 있는 단순한 물건이 아니다. 충분한 지식과 기술, 그리고 작업장을 갖추고 있지 않으면 생산하기 어려운 공업 제품이다. 캠핑이나 야생 생활을 좋아하는 사람이라면 물고기를 직접 잡아 불을 피워 먹는 게 재미라고 하겠지만, 그렇다고 산에서 맨손으로 종이를 만들 수 있는 이는 드물 것이다. 종이는 나무껍질 중 종이의 원료가 될 성분을 적절히 함유한 재료를 선별해 가공하고 염기성 약품으로 처리해 셀룰로스, 헤미셀룰로스, 리그닌 등의 성분을 단단하게 결합시켜 얇은 판 형태로 만들어야 비로소 생산할 수 있다.

과거에는 잘 만든 종이가 특별히 가치 있는 물건으로 인정받는 일이 종종 있었다. 『성호사설』 등의 기록을 보면, 많은 이가 '백추지' 등의 이름이 붙은 한국산 옛 종이를 조선 시대 이전부터 외국에서도 보물로 쳐 줄 만큼 아주 질 좋은 물건이라고 여겼다. 아닌 게 아니라, 2016년에 이탈리아 로마 국립도서병리학연구소에서 『로사노 복음서』 등의 이탈리아 유물을 수리하기 위한 용도

경제를 궁리한 조선의 선비들

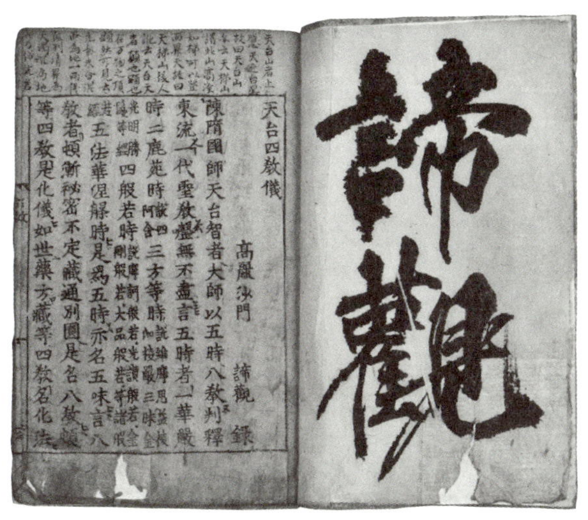

고려 시대 백추지로 만든 서적『천태사교의』

로 한국의 전통 한지를 사용한다는 소식을 발표했다. 분명 옛날 방식으로 만든 한국 종이 중에 독특한 품질을 지니고 있어 높은 가치를 지닌다고 평가받는 제품이 있었을 것이다.

조선 시대 기록을 보면, 좋은 종이를 보물처럼 취급한 사례도 보인다.『조선왕조실록』1437년 음력 10월 1일 기록을 보면, 세종이 북방 이민족 우두머리에게 선물을 내리는 장면이 있다. 선물을 받으러 온 이들의 이름은 우장아, 오영응합 등으로 그들이 받은 물건이 바로 종이였다. 지금에야 정부 최고위층에서 주는 선물이 A4 용지 한 묶음이라면 '장난인가?' 하는 생각부터 들 것이다. 그러나 수백 년 전 기술이 부족한 타민족 입장에서 보면,

2장 국가의 돈 흐름을 새로 그린 유동성 개혁론자: 하륜

어떻게 만드는지 짐작조차 하기 힘든 새하얀 고품질 종이는 분명 신기한 물건으로 보였을 것이다. 그런 때 종이로 만든 돈, 지폐를 가치 있게 여기면서 거래 수단으로 쓰려는 생각을 떠올리기 쉬웠을 수 있다.

조선 최초의 지폐는 왜 실패했나

1401년 하륜의 의견은 정부 정책으로 추진되었다. 그렇게 조선 조정은 지폐를 만들기 시작했다. 당시 조선에서 사용하던 용어는 '저화楮貨'로, 중국에서 사용했던 교초와는 조금 다르다. 저화에서 '저楮'는 닥나무를 뜻하는데, 조선에서 종이를 만드는 원료로 쓰던 나무다. 그리고 '화貨'는 화폐를 뜻한다. 그러므로 저화는 지금 쓰는 '지폐'라는 말과 거의 동일한 느낌을 준다.

『조선왕조실록』 1415년 음력 7월 25일의 기록을 보면, 지폐를 만드는 기관은 '조지서'였다. 서울 지하철 3호선 홍제역 1번 출구에 가 보면 조지서 터 비석이 있다. 그 근처가 한국 역사상 최초로 돈을 찍어 낸 곳일 가능성이 높다.

증권 거래하는 곳 근처에 보면 돈을 많이 벌 수 있길 기원하는 의미로 황소 동상 같은 것을 세워 놓곤 하는데, 조지서 터도 돈을 많이 벌 수 있길 기원하는 이들에게 의미 있는 장소가 될 수 있을 것 같다. 조선 시대 저화를 찍어 내던 장비의 모습을 전

경제를 궁리한 조선의 선비들

시물처럼 만들어 세워 둔다거나, 돈이 잘 벌리길 바라는 조각상을 세워 두는 것도 의미 있을 것이다.

조선 초기 저화에 대해 이야기하다 보면, 빠뜨릴 수 없는 신기한 이야깃거리가 바로 '휴지休紙'다. 이정 박사의 연구에 따르면, 휴지라는 말은 비록 한자어지만 중국에서도 일본에서도 거의 쓰지 않고 한국에서만 많이 쓰였다고 한다. '다 쓰고 버리는 종이'를 뜻하는 말인데, 그런 쓰레기를 왜 '쉴 휴休' 자를 써서 휴지라고 부른 걸까? 버린 종이를 재활용하는 기술이 일찌감치, 조선 시대부터 발달했기 때문이라고 한다. 즉 버리는 종이도 곧 재활용되어 새 종이로 다시 태어날 것이기 때문에, 종이 쓰레기를 영원히 사라지는 거라고 보지 않고 잠시 쉬고 있다고 여겨 휴지라는 말을 썼다는 이야기다.

앞서 언급한 『조선왕조실록』 1415년 기록에서 저화를 찍어 내고자 사용한 기본 원료도 다름 아닌 휴지였다. 그러니까 재활용 원료인 종이 쓰레기를 가공해 상당히 독특한 질감이 날 만한 지폐로 완성한 게 조선 시대 저화였다. 가치 있었던 물건이 가치가 없어지면 "휴지 조각이 되었다"라는 말을 쓰곤 하는데, 조선 초기 지폐를 처음으로 만들어 내던 때는 정반대로 "휴지 조각이 돈이 되었다"라고 말할 수 있을 것이다.

야심 차게 만든 하륜의 지폐, 저화는 성공을 거뒀을까? 지폐 덕택에 누구나 쉽게 물자를 거래하며 상업이 발달하고 부유한 상인들이 많이 등장해 나라의 경제가 윤택해지면서, 기술 투자도

2장 국가의 돈 흐름을 새로 그린 유동성 개혁론자: 하륜

더 활발히 이뤄져 결국 국력까지 강해질 수 있었을까?

안타깝게도 저화는 실패하고 말았다. 문제가 많았다. 일단 단순하면서도 와닿을 만한 문제로, 저화가 갖고 다니며 쓰기 불편하다는 점부터 짚어볼 만하다. 저화는 한 쪽 면만 30cm가 넘는 크기로 제작되었다. 돈을 많이 써 보지 않은 사람들이 돈을 만들다 보니, 지폐를 특별한 가치를 지닌 소중한 문서 같은 느낌이 나도록 만들었던 것 같다. 그러니 그때의 지폐는 지갑에 간편하게 넣어 다닐 수 있을 만한 물건이라기보단 집 안 금고에 한 장, 두 장 소중하게 보관해 두는 물건 혹은 두루마리 모양으로 말아 귀중한 편지처럼 들고 다녀야 하는 모양에 가까웠다. 이래서야 이곳저곳 들고 다니며 생각날 때마다 쉽게 쓰기란 어려웠다.

조선 초기의 저화가 너무 고액권이라는 문제도 있었다. 저화를 처음 만들었을 때 당국에선 돈의 가치를 쌀 2말에 맞췄다고 한다. 알기 쉽게 미터법으로 바꿔서 쌀 1말을 8kg 정도로 본다면, 그 시절 저화 한 장의 가치는 쌀 16kg 정도였다. 쌀 1kg을 4천 원 정도로 본다면, 저화 한 장의 가치는 3만 원이 조금 넘는 정도다. 조선 시대에는 먹을 게 지금보다 훨씬 더 귀했다고 본다면, 저화의 가치는 지금의 5만 원짜리 지폐와 비슷했거나 높았을 것이다.

서로 다른 금액의 다양한 저화를 따로 발행했다는 기록은 없으므로, 아마도 당시 조선에서 사용할 수 있는 돈은 오직 5만 원짜리 혹은 10만 원 정도 가치의 지폐밖에 없다는 느낌이다. 이래

경제를 궁리한 조선의 선비들

서야 일상생활에서 다양한 거래를 하기에는 불편하다.

짐작해 보기에 정부의 지체 높은 사람들과 부유한 사람들 입장에서 세금을 낸다거나 소와 말을 사고 땅, 논, 밭, 집 같은 부동산 거래를 하기 위해선 5만 원짜리 지폐 같은 게 가장 쓰기 좋다고 생각했을 듯싶다. 고려 시대에 자주 쓰인 활구로 거래하던 고위 관리와 부자들은 은덩어리로 된 돈과 비슷한 느낌으로 편하게 쓸 수 있는 지폐가 필요하다는 생각을 먼저 했을 테니, 아마도 가치가 높은 돈을 가장 먼저 찍어 낸 것일 수도 있다.

그러나 평범한 보통 사람이 돈을 쓰기 위해선 그보다 더 적은 금액의 돈이 필요했다. 종잇조각이 돈이 될 수 있다는 사실에 익숙하지도 않은데, 갑자기 "이 종이는 5만 원의 가치가 있으니 믿고 써라"고 하면 아무래도 쉽게 받아들이기 어려웠을 것이다.

1천 원짜리, 심지어 500원이나 그 이하 가치의 가벼운 금액의 돈을 먼저 만들어 사람들이 부담 없이 친숙하게 쓰게 하면서 "종잇조각이 가치 있는 돈으로 취급될 수 있구나" 하는 사실에 익숙해지는 과정이 필요하지 않았을까? 그렇게 사람들이 지폐, 저화를 많이 쓰기 시작한 후 차차 금액이 높은 돈을 찍었다면 어땠을까? 사람들이 더 높은 금액의 돈도 믿고 활발히 쓰려 들었을지도 모르겠다.

하지만 조선에선 대뜸 높은 가치를 가진 저화, 한 종류만 써야 한다는 정책을 추진했다. 너무 과감했다. 사람들이 저화를 잘 믿지 않자, 저화를 관공서에 가져오면 쌀이나 고기, 생선 따위를

2장 국가의 돈 흐름을 새로 그린 유동성 개혁론자: 하륜

내 주는 방법으로 사람들이 저화의 가치를 믿게 하려고 애썼다. 그러나 그런 정도의 일을 몇 번 벌이는 것으로 사람들로 하여금 두루두루 저화를 쓰게 하기란 어려웠다. 1402년 음력 4월 6일에는 급기야, 시장에서 거래할 때 저화를 반드시 일정 정도 이상 사용해야 하며 저화를 갖고 있지 않은 사람이 물건 거래를 하면 물건 자체를 몰수한다는 무시무시한 정책까지 추진했다.

그렇게까지 했는데도 사람들은 정부의 기대만큼 저화를 많이 쓰려 하지 않았다. 사람들이 돈을 믿고 쓰지 않아 돈을 내밀어도 "그 돈은 안 받습니다"라고 한다면, 돈으로 물건을 사고파는 일을 편리하게 하는 일은 불가능해진다. 왜 그랬을까? 조선 사람들이 저화를 좋아하지 않은 또 한 가지 이유가 있었다. 그리고 따지고 보면, 조정이 스스로 불러들인 재앙이었다. 돈 가치가 떨어지도록 방치한 것이다.

정부가 돈을 찍어 낼 때 벌어지는 비극

지폐, 즉 종이 돈이 갖고 있는 장점은 유동성을 공급하기 쉽다는 것이다. 달리 말하면, 나라에서 돈이 부족할 때 돈을 찍어 내기만 하면 돈이 그냥 생긴다는 이야기다. 조금 우아한 방식으로, 나라에서 중앙은행이라고 하는 특별한 은행을 운영하고 그 은행에서 돈이 필요한 이에게 돈을 빌려주는 방법을 써도 된다.

경제를 궁리한 조선의 선비들

중앙은행의 핵심 업무는 누군가에게 예금을 받아 돈을 빌려주는 게 아니다. 중앙은행은 아무것도 없어도 돈이 있다고 치고 정부에 돈을 빌려주면 된다. 여차하면 빌려주는 돈만큼 돈을 찍어주면 되기 때문이다. 컴퓨터로 온라인 거래가 이뤄지는 현대에는 종이에 돈을 찍을 필요도 없다. 컴퓨터에 저장된 계좌의 숫자를 살짝 고쳐 주기만 하면 된다. 그러면 메모리 반도체에 기록된 숫자를 표현하는 전기 전압이 살짝 바뀌며 숫자 역시 바뀔 것이다. 그것만으로 100억 원이든 1천억 원이든 어마어마한 돈이 생긴다.

이리도 간단하게 정부에서 쓸 돈을 구할 수 있다니, 얼마나 편한가? 예나 지금이나 정부가 더 많은 돈을 쓸 수 있는 가장 좋은 방법은 경제 성장뿐이다. 정부가 좋은 정책으로 나라의 발전을 도울 수 있다면, 그래서 나라가 더 안정되어 마음 놓고 일할 수 있고 기술이 발전되어 일을 더 잘할 수 있다면, 국민은 더 많은 돈을 벌 것이다. 그렇게 많이 버는 만큼 세금도 많이 낼 것이다. 그러면 정부로서도 더 많은 돈을 쓸 수 있을 것이다. 이 방법이 가장 간단하고 명쾌하다.

나라 경제를 운영하다 보면 유동성 공급이 급히 필요해져 일단 해결해야 하는 일이 생길 수 있다. 예를 들어 어떤 나라 사람들이 미래를 위해 최신식 공장을 짓고, 더 좋은 제품을 생산하기 위한 기계 설비를 만드는 데 돈을 아주 많이 투자했다고 치자. 좋은 공장에서 좋은 설비를 사용해 좋은 제품을 만들어 낼 수 있을 것이다. 그렇기에 앞으로 이 나라는 돈을 많이 벌 것이다.

2장 국가의 돈 흐름을 새로 그린 유동성 개혁론자: 하륜

그런데 그 과정에서 공장과 기계에 돈을 다 써서 당장 현금이 없다고 치자. 당장 외국에서 밀가루를 수입해 올 돈도 없다. 그러면 돈을 어디서 구해야 할까? 잠깐 밀가루 좀 사 먹자고, 어렵게 만들어 놓은 기계 설비를 다시 해체해 외국에 급하게 팔고 그 돈으로 밀가루를 사와야 하나? 그러면 너무 아깝지 않은가? 그럴 때, 정부에서 돈을 찍어 그 돈으로 밀가루를 사온다는 방법을 생각해 볼 수 있다.

그런데 이런 방법을 아무렇게나 막 사용하다 보면 돈의 가치가 너무 떨어져버릴 수 있다. 반대로 생각하면 물가가 오른다고 봐도 좋다. 물가가 오르는 현상을 '인플레이션'이라고 하는데, 돈을 찍어 내 쓰기 시작하면 자칫 인플레이션이 심각해질 수 있다는 뜻이다.

나라에 사람들이 가진 돈이 100만 원이고, 쌀이 100만 원치 팔리고 있다고 치자. 그런데 갑자기 정부에서 돈을 더 쓰고자 100만 원을 더 찍어 내면, 그 나라 사람들은 200만 원을 갖게 될 것이다. 만약 그들이 모두 쌀을 사려고 하면 어떻게 될까? 모두 쌀을 사려고 하는 사이에 쌀값은 올라간다. 본래 100만 원 하던 쌀이 200만 원에 팔리는 일이 생기면, 100만 원으로 쌀을 절반밖에 사지 못한다는 뜻이고 곧 돈의 가치가 절반으로 줄어든다는 뜻이다.

이런 일이 최근까지도 일어났다. 많은 피해가 발생한 나라의 예시로, 가장 자주 언급되는 곳은 몇몇 남아메리카 국가들이다.

경제를 궁리한 조선의 선비들

그곳에선 군인들이 반란을 일으켜 권력을 차지하려 들고, 내란과 폭동이 일어나 정치판이 엎어지는 일도 비일비재하다. 하여 정부가 돈 쓸 일이 생길 경우, 경제를 착실하게 발전시켜 더 많은 세금을 걷어 더 많은 돈을 쓴다는 생각을 하기가 훨씬 어려워진다. 돈이 필요하면 당장 필요한 만큼 돈을 찍어 내 사람들에게 "이게 돈이니까 받으라"고 하면서 돈을 써버리는 것이다.

그런 곳에선 1년에 돈의 가치가 절반씩 떨어지는 일이 정말 자주 벌어진다. 물가가 1년 만에 두 배로 오른다는 뜻이다. 물가가 이 정도로 빠르게 오르면 국민의 생활은 힘들어지게 마련이다. 또한 모든 돈 계산이 혼란스러워진다. 5억 원짜리 집을 사기 위해 10년 동안 저축해야겠다고 생각하고 고생고생해서 우선 5천만 원을 모았다고 치자. 새해를 맞이하면서 9년만 더 돈을 모으면 집을 살 수 있다고 희망을 품는다. 그런데 집값을 살펴봤더니 1년 사이에 물가가 두 배 올라 10억 원이 되어 있었다. 10년을 계획하고 1년간 노력했는데, 9년만 더 기다리면 되는 게 아니라 19년을 기다려야 하는 것이다.

물가가 오르고 돈 가치가 떨어진다는 이야기는 외국 돈과 비교했을 때, 환율이 오른다는 뜻도 된다. 예전에는 우리나라 돈 1천 원을 내면 미국 돈 1달러를 구할 수 있었는데 지금은 우리나라 돈 2천 원을 내야 미국 돈 1달러를 구할 수 있다면, 우리나라 입장에서 환율이 두 배로 올랐고 우리나라 돈 1천 원의 가치는 과거에 비해 절반으로 줄었다고 할 수 있다.

2장 국가의 돈 흐름을 새로 그린 유동성 개혁론자: 하륜

그럴 때는 저축한 사람이 바보가 되는 일도 흔히 벌어진다. 허리띠를 졸라매고 열심히 일해서 돈을 모아도 1년만 지나면 물가가 올라 모아 놓은 돈이 절반 이하의 가치로 쪼그라들고, 또 1년이 지나면 다시 그 절반 이하의 가치로 쪼그라든다. 그러니 돈을 모을 이유가 없어진다고 생각하기 쉽다. 미래를 계획하며 착실하게 노력하거나 장래를 고민하면서 긴 계획에 따라 열심히 일을 진행하기도 어려워진다. 그러다 보면 온 나라 사람들의 사고방식이 다 같이 망가지기도 쉽다.

농담 같지만, 실제로 충분히 일어날 수 있는 일로 자주 언급되는 이야기 중에 '주정뱅이 형과 동생 이야기'가 있다. 돈의 가치가 떨어지는 인플레이션이 심각할 때, 형은 돈을 버는 족족 술이나 마시면서 놀았다. 동생은 어떻게든 절약해 살면서 최대한 아끼고 돈을 조금이라도 모으려고 노력했다. 세월이 흐르는 사이에 돈 가치가 너무 쪼그라들어 동생이 고생해 모아 놓은 돈은 빵한 조각 살 만큼의 가치도 없어졌다. 반면 주구장창 술만 퍼마신 주정뱅이 형의 경우 술 먹고 쌓아 놓은 빈 병을 팔았더니 빵 두 조각 정도 살 돈은 되었다고 한다. 인플레이션이 심각해지고 물가가 오르고 돈 가치가 떨어지며 환율이 폭등하는 세상에선 열심히 절약한 사람보다 마구잡이로 산 사람이 더 많은 돈을 남긴다는 기괴한 이야기다.

경제를 궁리한 조선의 선비들

폴란드 망명 정부의 지폐처럼

돈의 가치가 떨어지고 있을 때 사람들이 실감하고 있다면, 어떻게 될까? 그래서 돈의 가치가 더 떨어지기 전에 하루라도 더 빨리 돈을 쓰고 싶어 한다면, 어떻게 될까? 돈의 가치가 점점 더 빠르게 떨어질 것이다.

누군가 한국 돈의 가치가 떨어지고 있을 때 더 떨어지기 전에 재빨리 미국 달러로 바꾸고 싶어 한다고 치자. 이런 바람이 한 번 불기 시작하면, 너도나도 한국 돈을 내밀면서 달러로 바꿔달라고 할 것이기 때문에 달러는 점점 더 귀해지고 반대로 한국 돈은 하찮아질 것이다. 사람들은 한국 돈이 더욱더 가치가 없어지고 있다고 생각할 것이고, 한국 돈의 가치가 더 없어지기 전에 조금이라도 빨리 한국 돈을 미국 달러로 바꾸고자 할 것이다. 한국 돈을 뭉텅이로 주면서 미국 달러를 조금이라도 달라고 하는 사람도 생길 것이다. 그렇게 한국 돈은 더더욱 가치가 없어진다.

나아가 돈을 찍어 내는 정부가 너무 불안해 그 나랏돈의 가치를 아무도 믿지 못하게 되면, 매우 심각해진다. 하륜과 태종 이방원이 저화를 찍어 냈는데, 어느 날 갑자기 세상이 또다시 뒤집혀 다른 일파가 하륜과 이방원을 제거하고 새롭게 임금을 세우며 나라를 틀어쥐었다고 상상해 보자. 새로 왕의 자리에 오른 이가 "예전에 하륜과 이방원이 찍어 낸 돈은 다 무효다"라고 한다면, 저화는 아무 가치 없는 휴지 조각이 될 뿐이다.

뒤집어 보면, 어떤 나라의 화폐 가치가 점점 떨어지고 환율이 점점 오르고 있다면 사람들은 그 나라 정부를 믿지 못하고 그 나라의 법과 제도가 흔들려 결국 화폐 자체의 의미가 사라질 가능성이 높다고 느끼게 된다는 것이다. 종이로 만든 돈을 가치 있다고 믿는 이유는 정부에서 그 종이에 가치가 있다고 보장하기 때문인데, 정작 정부를 믿을 수 없다면 돈도 믿을 수 없으니 가치는 떨어질 것이다.

만약 어느 날 갑자기 일본에 전쟁이 일어나 거리에 온통 폭탄이 떨어지고 있다면, 아무리 일본 돈을 많이 갖고 있어도 쓸 수 없다. 그러면 일본 돈의 가치는 빠르게 떨어지고 환율은 빠르게 높아진다. 그렇기에 설령 당장 내란이 일어나거나 전쟁이 터지지 않아도 사람들이 그 나라에 난리가 날 확률이 높다고 걱정하기 시작하면, 돈의 가치는 떨어지고 환율은 높아지기 쉬운 것이다.

이런 상황을 가장 낭만적으로 표현한 문학 작품이 바로 김광균의 시 「추일서정」이다. 이 시의 첫머리에 '낙엽은 폴란드 망명 정부의 지폐'라는 구절이 나온다. 나라가 망해 독일군과 소련군에게 폴란드 정부가 점령당했으니, 폴란드 정부에서 찍어 내는 돈은 낙엽 정도의 가치밖에 인정받지 못하는 쓸쓸한 상황이 벌어진다는 뜻이다.

돈 가치의 추락 속도가 일정 수준을 넘어서면 사람들이 돈을 휴지 조각처럼 가치가 없다고 평가하니, 곧 상상을 초월할 정도의 초인플레이션이 발생할 수도 있다. 가장 잘 알려진 사례는 제

경제를 궁리한 조선의 선비들

🌿 1923년 바이마르 공화국, 초인플레이션 기간 동안
국가은행에서 배포되길 기다리는 지폐 더미

1차 세계대전 이후의 혼란기에 독일에서 발생한 초인플레이션일 텐데, 1마르크짜리 동전 하나만 내면 살 수 있었던 감자 한 알이 한 달 사이에 한 가족이 한평생 저축한 돈을 모두 털어도 살 수 없을 정도로 물가가 올랐다. 그 정도로 돈의 가치가 폭락했다. 그런 곳에선 부동산 같은 물건을 차지한 사람만 살아남을 수 있을 뿐, 전 국민이 저축해 놓은 돈이 모조리 휴지 조각으로 변해 온 나라가 빈털터리로 전락한다.

초인플레이션이 일어나면 경제는 우스꽝스러울 정도로 파괴된다. 돈이 아무리 많아도 살 수 있는 물건이 없으니 사람들은 돈 더미를 자루에 담아 들고 과일 한 개, 생선 한 마리를 사려고 분주하게 돌아다닌다. 연탄 한 개, 석유 한 통보다도 돈뭉치의 가치가 낮으니, 난로에 돈을 집어넣어 불쏘시개로 활용하는 일도 벌

2장 국가의 돈 흐름을 새로 그린 유동성 개혁론자: 하륜

어진다. 돈뭉치를 손수레에 가득 싣고 다니다가 잠시 세워 두고 다른 곳을 보고 있을 때, 도둑이 돈뭉치가 아닌 손수레를 들고 도망치는 식이다. 현금 수송차를 강도가 습격하는 데 돈은 손도 대지 않고 자동차 타이어만 떼어 사라지는 식이다. 돈은 가치가 없고 무겁기만 하기 때문에 범죄자조차 훔치려 하지 않는다.

현대 역사상 기록된 가장 극심한 초인플레이션은 1946년 헝가리에서 있었던 13,600,000,000,000,000%의 인플레이션이었다. 1년 사이에 돈의 가치가 1경 3,600조 분의 1로 쪼그라들었다는 이야기다. 즉 1946년 초 헝가리에서 지폐 한 장으로 살 수 있었던 물건을 그해 말에는 1경 3,600조 장을 내야 살 수 있었다는 뜻이다. 대략 계산해 보면, 헝가리 국민이 살고 있던 모든 집과 보유하고 있던 모든 땅을 전부 다 팔아 헝가리 돈으로 바꾼다고 해도 1년만 지나면 너무 무가치해져서 50원짜리 사탕 한 알과도 바꾸지 않을 정도가 되었다는 뜻이다.

그러므로 돈이 더 필요하다고 함부로 돈을 찍어 쓰는 일은 위험하다. 돈이 꼭 필요해 돈을 찍어야 한다면, 돈의 가치가 너무 심하게 떨어지지 않도록 각별히 조심하고 여러 조건을 조심스럽게 살펴가며 움직여야 한다. 그러나 그렇게 조심조심 행동하는 일은 어렵다. 경제를 잘 아는 사람들이 넘쳐난다는 현대 사회에서도 돈 찍는 일에 실패해 환율이 폭등하고 나랏돈의 가치가 폭락해 엉망이 되는 나라들이 가끔 나타난다.

600년 전, 태종 이방원 시대의 조선 조정은 그런 일을 제대

경제를 궁리한 조선의 선비들

로 할 수 없었다. 저화 한 장의 가격이 쌀 8kg와 비슷했다고 했는데, 얼마 지나지 않아 쌀 4kg 정도로 떨어지고 말았다. 반토막이 난 것이다. 나아가 저화 발행 후 20여 년이 지난 1423년에는 저화 한 장이 쌀 0.4kg 가치밖에 되지 않을 정도가 되었다. 최초의 가치에 비해 20분의 1로 떨어진 셈이다. 그 와중에 저화 사용을 중단하겠다고 발표하는 일도 있었다. 그러면 사람들은 돈이 휴지 조각이 될 두려움을 느끼고 최대한 쓰지 않으려 할 수밖에 없다. 그렇게 조선의 저화 사용 계획은 실패로 돌아갔다.

저화는 실패했지만 권력은 얻었다

태종 이방원이 아무리 하루아침에 형제의 목숨까지 처단해버릴 수 있는 무시무시한 인물이었더라도, 사람들이 돈의 가치를 인정해 주지 않는데야 별 수가 없다. 가난은 나라님도 못 구한다는 말이 있는데, 아무리 힘이 강한 정부더라도 경제를 마냥저냥 좋게 만들 수는 없다. 태종 이후 세종 시대에도 저화를 다시 사용하고자 시도한 적이 있는데, 그때조차 사람들은 저화를 활발하게 쓰려 하지 않았다. 결국 저화가 정착되어 상인들이 편리하게 거래하면서 나라의 경제가 쑥쑥 발전하는 시대는 조선에 영영 오지 못했다.

저화를 처음 제안했던 하륜은 이 모든 도전을 지켜보면서도

2장 국가의 돈 흐름을 새로 그린 유동성 개혁론자: 하륜

꾸준히 벼슬살이를 이어갔다. 그는 1416년에 세상을 떠나기 직전까지도 이런저런 나랏일을 조금씩 맡아 보는 등 끝까지 태종의 신임을 잃지 않았다. 세상을 떠나기 3년 전, 하륜은 뇌물을 받고 높은 벼슬에 앉아 권력을 이용해 이익을 탐한다는 지적을 받은 적이 있지만 그때도 태종은 그를 심하게 벌하지 않았고 오히려 그의 편을 드는 쪽에 가까웠다. 그러니 조선을 우리가 아는 그 조선으로 만들어 놓은 하륜은 세상을 떠나는 마지막까지 조선을 좀 더 바꿔 놓을 힘을 갖고 있었다고 할 만했다.

하륜은 저화가 성공할 수 있다고 생각했을까? 그의 생전만 하더라도 조선이 저화 제도를 완전히 포기하기 전이었다. 그러므로 하륜은 조금만 더 노력하면 저화가 널리 사용될 거라는 희망을 품었을 수도 있다. 혹시 그가 좀 더 오래 살아서 돈을 돌게 하는 방법을 찾아내고자 노력했다면, 저화가 성공할 수도 있었을까? 만약 그의 꿈이 이뤄졌다면, 급한 일이 있을 때면 언제든 돈을 찍어 내 유동성을 얼마든지 공급할 수 있는 위험한 마법 같은 힘을 조선이 얻을 수 있었을까?

『청파극담』 같은 책을 보면, 하륜을 평가하면서 '경제대략經濟大略', 즉 "경제에 대해 큰 계략을 갖고 있다"라고 말하고 있다. 조선 시대의 경제라는 말은 지금과는 뜻이 많이 다르겠지만, 여러 현실적인 문제 해결 방법에 있어 하륜이 뛰어났다는 평가를 받았다는 뜻은 통한다. 비록 하륜이 개인의 도덕에 있어선 흠결이 있었더라도 그때그때의 위기를 넘어서는 데 있어선 기발한

경제를 궁리한 조선의 선비들

방법을 잘 짜낼 줄 알았던 사람이었던 듯하다.

확실히 말할 수 있는 것은 하륜이 떠난 후 다음 세대인 세종 대에 이르러 조선의 살림살이는 확실히 더 나아졌다고 할 만했다는 점이다. 사람들이 정부를 믿기 시작했고, 조정과 세종이 하는 일이 두루두루 존경을 받았다. 정부가 혼란스럽게 이리저리 흔들리거나 누군가 갑자기 나라를 하룻밤 사이에 뒤집는 일 따위가 일어나지 않을 거라는 믿음이 퍼져 나갔다. 충실한 군사력으로 나라를 잘 지키니 전쟁이 일어날 가능성도 낮아졌다.

사람들은 안심하며 열심히 일할 수 있었고 미래 계획을 세우며 준비할 수 있었다. 농사 기술 개발 투자가 진행되었고, 의학과 과학기술 발전 투자 또한 이어졌다. 예전보다 더 쉽게, 더 많은 물자를 생산할 수 있었다. 확실히 경제 성장이 이뤄진 것이다.

세종은 아버지의 나이 든 동료였던 하륜과 어린 시절부터 알고 지냈다. 『조선왕조실록』에는 세종이 직접 보고 겪은 하륜에 대해 인간적인 평을 남긴 대목이 있다. 그런데 그 내용이 묘하다.

1431년 음력 3월 8일 기록을 보면, 학식이 뛰어났던 세종은 하륜에게 심오한 경전에 나오는 철학에 대해 물어봤는데 깊이 알지 못하더라 했다. 그러면서 "글 쓰는 재주는 짧았지만 관리로서 일처리하는 재주는 뛰어났다"라고 덧붙였다.

2장 국가의 돈 흐름을 새로 그린 유동성 개혁론자: 하륜

3장

인간 심리로 부를 해석한 조선의 사업 철학자

×

이지함

토정비결과 토정 이지함의 연관 관계

세상 모든 이의 운명을 알고 있는 사람이 있을까? 한국에는 한때 그 비슷한 사람이 있다는 이야기가 많이 돌았다. 지금은 거의 사라진 풍속이지만, 1990년대 초까지만 해도 매년 초에 들어서면 『토정비결』을 보곤 했다. 그런 『토정비결』을 쓴 장본인이라면서 이런저런 풍문이 돈 인물이 바로 조선 전기의 실존 인물, 토정 이지함이다.

예로부터 스스로를 예언자라고 주장하는 사람들은 많았다. 1999년 지구가 멸망한다는 예언으로 유명했고 그 예언이 완벽히 틀렸지만 여전히 예언자 하면 가장 많이 언급되는 노스트라다무스가 대표적이다. 한국에서도 조선 후기 이래로 『정감록』이

3장 인간 심리로 부를 해석한 조선의 사업 철학자: 이지함

라는 예언서를 지은 수수께끼의 인물을 대단한 예언자로 떠받드는 이들이 많았다. 심지어 지금도 자신이 코로나-19를 예언했다느니, 어디에 언제 지진이 일어나는 걸 예언했다느니 하는 괴상한 주장을 하는 사람들이 있다.

그런데 이런 예언들은 특이한 사건을 미리 언급할 뿐이다. 정작 사건이 일어났을 때, 사람들이 각자 어떤 삶을 살지는 알 수 없다. 누군가 코로나-19를 예언했고 그 예언이 적중했다고 해도, 코로나-19 덕택에 갑자기 음식 사업이 엄청나게 어려워질지 아니면 배달 사업이 엄청나게 잘될지는 알 수 없다.

그러나 『토정비결』은 다르다. 금년에 나에게 무슨 일이 벌어질지 알 수 있다. 이론상으로는 80억 명의 지구인 모두 각각의 금년 운수가 어떤지 알아내는 방법이 『토정비결』에 실려 있다.

그렇다고 "금년에 주식 투자로 특정 종목을 살 텐데, 연간 기준으로 22.5%의 수익을 거둘 것이다"라는 식으로 상세하고 명확한 예언이 실려 있진 않다. 대신 "이슬이 내렸으니 가을이면 부채를 접어야 한다"라는 식으로 적혀 있다.

옛날 예언서는 이런 식이다. 이게 무슨 뜻인가? 이슬은 깨끗하고 좋은 것이니 좋은 일이 생기고 그 때문에 여름철 더위 같은 힘든 일은 사라진다는 뜻일까? 이제 가을이 되어 날씨가 점점 추워질 것이니 부채를 접고 혹독한 추위와 같은 미래에 대비할 준비를 해야 한다는 뜻일까?

예언서에는 여지없이 애매하고 상징적인 말이 실려 있으니,

경제를 궁리한 조선의 선비들

좋게도 해석할 수 있고 나쁘게도 해석할 수 있다. 갖다 붙이기 나름이다. 여러 해석의 여지가 있다는 점은 한때 유행했던 타로와 비슷한데, 『토정비결』의 인기는 21세기 들어와 식은 반면 타로는 오히려 인기를 얻었다는 점을 생각해 보면 이런 식의 예언, 주술, 신비한 생각에 관한 문화도 유행을 타나 싶다.

현대의 학자들은 『토정비결』을 이지함이 전부 썼을 가능성은 적을 거라고 본다. 『토정비결』이 본격적으로 유행하기 시작한 때는 20세기부터이고 비슷한 내용이 퍼지기 시작한 시점을 봐도 19세기 무렵일 것이기 때문이다.

그에 비해 이지함은 16세기 사람이다. 16세기 기록 중에선 이지함이 『토정비결』을 썼다는 내용조차 찾아보기 어렵다. 그런데 이지함이 세상을 떠난 지 300년이 지나 그가 지은 책이 큰 인기를 끌었다는 이야기는 좀 어색하다. 하여 『토정비결』은 이지함이 아닌 다른 누군가의 손에서 탄생했을 가능성이 높아 보인다.

충남 보령시의
이지함선생묘

3장 인간 심리로 부를 해석한 조선의 사업 철학자: 이지함

누군가 운수 책을 지은 다음 당대 유명인 이지함의 호를 따다가 『토정비결』이라고 지었을 수도 있다. 비유해 보자면, '임꺽정 삼겹살'이라는 가게가 있다고 치자. 그렇다고 그 가게를 임꺽정 본인이 운영하진 않을 것이다. 혹은 이지함이 개발한 방법이나 이지함의 사상을 열심히 연구하고 발전시켜 나름대로 응용해 만든 운수 책이라는 뜻으로 『토정비결』이라는 제목을 붙인 것인지도 모른다.

이지함이 조선 최고의 점쟁이가 되기까지

이지함은 살아생전 신비로운 일화로 유명했다. 그는 재주가 뛰어나고 많은 지식을 갖춘 사람으로 널리 알려졌다. 그 명성이 아주 높아, 이지함이 과거에서 높은 성적을 거둔 것도 아닌데 특채 선발 혹은 특별 계약처럼 조정에서 벼슬을 내릴 정도였다. 동시에 공부를 잘한 인물, 글을 잘 짓는 인물로만 유명한 게 아니라 특별하고 이상한 사람이라는 인상이 강했다.

『조선왕조실록』「선조수정실록」1573년 음력 5월 1일 기록을 보면, 이지함을 소개하는 일환으로 "욕심을 내지 않고 고통을 견디며, 짚신에 대나무 삿갓 차림으로 세상을 떠돌아다니다가 뛰어난 선비를 사귀었다" 같이 이야기하면 기발해 사람들이 귀를 기울였는데, 동시에 수수께끼 같은 농담을 하여 이상한 모습을

경제를 궁리한 조선의 선비들

보이기도 하므로 사람들이 그를 헤아릴 수 없었다"라고 한다. 이런 기록을 보면, 이지함은 살아생전 신비로운 이야기를 읊조리며 이곳저곳 돌아다니는 떠돌이라는 소문이 퍼져 있었던 것 같다.

1578년 음력 7월 1일 이지함이 세상을 떠났다는 소식을 기록한 실록의 내용을 보면, 그에 대해 더욱 신비로운 소문이 실려 있다. 이지함은 열흘을 굶고도 견딜 수 있었다고 하며, 무더운 여름철에도 물을 마시지 않았다고 한다. 단순히 실력이 뛰어났다는 이야기가 아니라, 신선이나 도인처럼 초능력에 가까운 신비한 재주가 있었다는 것이다.

애초부터 신비한 모습으로 유명했다 보니, 이지함이 세상을 떠난 후 세월이 흐르는 사이 그에 대한 소문이 점점 과장되고 또 신비한 이야기에 살이 덧붙으며 그를 무슨 마법사처럼 여긴 게 아닐까? 그러다 그 정도로 신비로운 힘을 갖고 있던 이지함이 쓴 『토정비결』이라는 책을 보면, 과거와 미래의 모든 사람이 매년 자신의 운명을 알 수 있다는 놀라운 말까지 만들어진 게 아닐까?

이지함은 신비로운 행적을 남긴 조선 시대 전설 속 인물들보다 더 유명해질 수 있는 이유를 하나 더 갖고 있었다. 세월이 흐르며 조선은 과거에 합격해 높은 벼슬에 오르는 걸 가장 큰 영예로 보고 모두가 경쟁에 일임하는 나라로 바뀌어 간다. 그러다 보니 누구의 제자인지, 누구의 후배인지, 누구와 동문인지가 점점 중요해지기 시작했다. 벼슬에 오른 후에도 선후배 관계와 동문으로 엮여 있는지 따지게 되었고, 그들끼리 뭉쳐 선후배와 동문끼

3장 인간 심리로 부를 해석한 조선의 사업 철학자: 이지함

리 더 잘 승진할 수 있도록 이끌어 주는 문화도 짙어졌다. 그렇게 시간이 흐르면서 선명하게 파벌을 만들며 무리를 짓게 된 것이다. 곧 '붕당'이며, 어떤 선비나 그 선비의 가문이 어느 붕당에 속하는지를 '당색'이라고 했다.

이후 조선에 붕당 정치가 본격적으로 시작되었고 대부분의 정치인과 선비들이 각자 자기의 붕당에 소속되어 소위 '누가 누구의 라인이냐'를 따지며 살게 되었을 때, 서인의 선비들은 본받을 만한 훌륭한 선배 학자로 조헌을 받들었다. 그런데 바로 그 조헌이 이지함을 스승으로 여겼다. 그랬기에 당색이 서인 쪽인 선비들은 이지함 또한 대단한 인물로 보게 된 것이다.

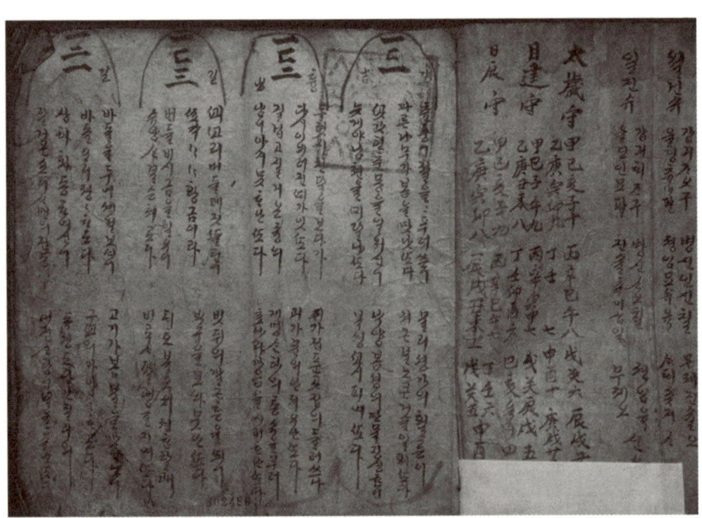

❧ 토정 이지함의 『토정비결』

경제를 궁리한 조선의 선비들

또한 수많은 선비가 조선의 가장 위대하고 뛰어난 학자라고 여긴 율곡 이이가 이지함과 살아생전 꽤 가깝게 지냈다. 이지함이 이이에 대해 좋은 말을 남긴 게 화제가 된 적도 여러 번 있었다. 그렇다 보니 서인들은 위대한 이이가 얼마나 훌륭한 사람인지 설명하고자 "이지함도 이이를 좋게 말했다"라는 말을 덧붙이곤 했다. 그렇게 이지함은 뛰어난 안목을 가진 인물, 미래를 내다보며 누가 진짜 좋은 사람인지 아는 인물로 포장되었다.

조선 선비들 대부분은 신선처럼 되는 술법에 관심을 갖는다든가 운명을 점치는 방법을 생각하는 것 따위를 허황된 일로 여겼다. 반면 이지함은 비록 신비로운 소문을 많이 남겼지만 서인 입장에선 선배의 스승이자 선배를 칭찬한 인물로 높여 줄 만한 사람이었다.

그 덕택에 이지함은 도술과 운명을 잘 알면서도 양반, 선비들에게 널리 존경을 받았다. 나는 그것이 운명을 내다볼 수 있는 엄청난 책 『토정비결』에 그의 이름이 붙을 정도로, 그가 대단한 인물이라는 소문이 생긴 이유라고 본다.

이지함에게 신비로운 소문이 생기는 동시에 선비들 사이에서 존경도 받을 수 있었던 까닭을 좀 더 구체적으로 살펴보면, 사뭇 다른 사연도 보인다.

3장 인간 심리로 부를 해석한 조선의 사업 철학자: 이지함

가난을 피하려다 역적의 사위가 되다

이지함의 인생은 불운과 고난, 빈곤과 실패로 가득했다. 그런 외중에도 이지함은 가난에서 벗어나는 방법, 백성들 모두가 빈곤에서 탈출하는 방법을 고민하고 또 고민했다. 그 결과, 그는 운명의 신비에 관한 이야기의 주인공으로 등장할 수 있었다.

이지함은 1517년에 좋은 집안의 둘째 아들로 태어났다. 그가 충청도에서 많이 활동했고 지금의 충남 보령으로 찾아간다는 이야기를 다룬 전설 등이 많은 것으로 미뤄보면, 태어난 곳도 보령 또는 인근의 충남 지역으로 보인다.

태어났을 때만 해도 그의 집안은 대단한 갑부까진 아니었어도 부유한 편이었던 것 같다. 가문에 벼슬살이를 한 사람이 있고 나중에 이지함이 좋은 가문으로 장가간 걸 보면, 어린 이지함은 먹고살 걱정이 없었을 정도의 환경에서 살았을 것이다.

이지함은 어려선 공부에 관심을 두지 않았고 나이가 한참 들어서야 공부를 시작한 것으로도 유명한데, 나는 그가 과거에 절박하게 매달릴 필요가 없었기 때문이라고 추측해 본다. 형이 가문의 중심으로 출세하면 되는 것이고, 자신은 적당히 부유한 삶을 누리며 편안하게 살면 된다고 봤을 것이다. 그러니 골치 아프게 머리 싸매고 과거 공부를 한다거나, 벼슬을 얻어 더 높이 올라가려고 다투며 머리 아파할 생각이 없었지 싶다.

그렇다 보니 이지함은 시골의 일상에서 만나는 농민들이나

경제를 궁리한 조선의 선비들

가난한 사람들의 삶에 관심이 생겼던 것 같다. 여타 선비들처럼 과거 공부에 뛰어들었다면 경쟁 상대들, 이를테면 양반 가문의 자손들과 주로 어울렸을 것이다. 항상 과거를 고민하고 승진을 고민하는 양반들과 어울리며 비슷한 고민을 주제로 대화하고 생각했을 것이다. 그러나 이지함은 그런 길을 생각하지 않았고, 어느새 가난한 사람들을 향한 동정심까지 깊게 느끼기 시작했다.

『조선왕조실록』에 이런 이야기가 실려 있다. 이지함이 결혼식을 올리고 신방을 차린 지 얼마 되지 않아, 자신은 신랑이라 좋은 새 옷을 입고 있는데 길가의 어린 거지 세 명이 입을 옷도 없어 얼어 죽어가고 있는 모습을 목격했다. 그는 곧 자신의 새 옷을 벗어 셋으로 잘라 나눠줬다. 돌고 도는 소문이 실록에 기록된 것이니 과장된 면도 분명 있을 테지만, 그가 일찌감치 가난한 사람들의 현실에 관심이 많았던 것은 사실인 듯하다.

이렇듯 그의 삶이 별 곡절 없이 이어졌다면, 마음씨 좋은 부잣집 도련님으로 가끔 자선 사업이나 하며 지냈을 것이다. 그러나 1547년, 그의 나이 30세에 '양재역 벽서 사건'이 터지면서 완전히 밑바닥으로 추락하고 만다.

양재역 벽서 사건은 지금의 서울 지하철 3호선 양재역 근처에 있던 조선 시대의 양재역에 정체를 알 수 없는 벽보가 붙은 사건을 말한다. 당시 양재역은 말을 키우는 한편, 주로 벼슬이 있는 이들에게 말을 빌려주는 일을 하는 곳이었다. 꽤 많은 사람이 오가는 길목에 있었을 텐데, 그런 곳에 이상한 글이 나붙었다. 당

3장 인간 심리로 부를 해석한 조선의 사업 철학자: 이지함

『조선왕조실록』(태백산본)

시 조선의 지배자는 문정왕후, 즉 명종의 어머니였는데 양재역에 나붙은 벽보가 다름 아닌 문정왕후를 비난하고 그녀를 따르는 신하들을 간신배라고 욕하는 내용이었다.

사건이 궁중에 알려지자 조정이 발칵 뒤집혔다. 윤원형 등 문정왕후와 가까웠던 신하들은 조정에 불만을 품은 세력이 많기 때문이라고 지적했다. 이참에 반대파들을 죄인으로 몰아붙여 모조리 숙청하자고 했고, 수많은 선비가 갑작스레 봉변을 당했다.

그런데 조정의 분위기가 흉흉해졌을 때, 양재역 벽서 사건과 별 관계 없이 이홍남과 이홍윤이라는 두 형제가 유산 문제를 두고 싸우는 일이 벌어졌다. 그런데 싸움이 너무 심해져 형제 관계가 원수처럼 변했고, 급기야 이홍남은 이홍윤이 역적질을 했다고

경제를 궁리한 조선의 선비들

관청에 신고해버렸다. 가뜩이나 양재역 벽서 사건으로 많은 사람을 처벌하던 중이었으므로, 조정의 높은 관리들은 이홍윤의 역적 음모를 심각하게 조사하기로 했다. 조사 중에 누군가가 말하길, 이홍윤이 반란에 성공하면 임금으로 내세우기로 한 인물이 이정랑이라고 했다. 하필 이지함은 이정랑의 사위였다.

당시 정황을 조금 더 살펴보면, 이홍윤은 운명 점을 잘 치는 사람을 모아 조정의 지체 높은 사람들 사주팔자를 봐줬다는 혐의를 받았다. 당국은 고위급 인사들이 어떤 팔자인지 보고, 언제 반란을 일으켜야 성공 가능성이 높은지, 또 누구를 먼저 공격해야 유리할지 등을 내다보려 했다며 이홍윤에게 죄를 물었다. 만약 이지함이 운명과 운수에 대해 진지하게 생각해 봤다면, 아마도 이 사건에 휘말려 인생이 갑자기 힘들어졌기 때문일 듯싶다.

지금에 와서 앞뒤 정황을 살펴보면, 이홍윤이 정말로 반란을 일으키려고 했던 것 같진 않다. 고위급 인사들의 사주팔자를 보려고 했던 것은 사실일 테지만, 역적질을 하기 위해서가 아니라 누구의 편을 드는 게 유리한지 또는 누구와 친하게 지내는 게 좋은지 정도를 알아내고 싶어 그랬던 것 같다.

그러나 그런 허황된 주술이 성공에 도움이 될 리가 없다. 사주팔자를 잘 알아서 복을 받기는커녕 오히려 그 일이 빌미가 되어 이홍윤은 역적으로 몰리고 말았다. 이홍윤과 그 친구들은 줄줄이 처벌을 받았다. 이홍윤과 조금 친했던 것 이외에는 아무런 상관도 없었던 이정랑 역시 처형당했다. 이지함 또한 장인어른이

3장 인간 심리로 부를 해석한 조선의 사업 철학자: 이지함

명종과 문정왕후를 배신한 역적으로 몰린 판이었으니 무사할 수 없었다. 아마 그때 이지함은 거의 모든 재산과 지위를 잃었을 것이다. 노비 신분이 되었다고 보기도 한다.

『조선왕조실록』을 보면, 처가에 살고 있던 이지함은 처가에 나쁜 운이 낀 걸 알고 미리 보령으로 가서 살았다고 한다. 덕분에 이정랑과 아주 가깝다는 혐의는 받지 않았고, 목숨을 구할 수 있었다고 한다. 실제로는 이정랑의 집에 이홍윤이 드나드는데, 그 이홍윤이 형제간의 심한 다툼에 휘말린 걸 보고 무슨 사달이 나겠다 싶어 미리 몸을 피했던 것 같다.

밀물과 썰물을 타고 돈을 번 비결

목숨은 건졌다고 해도 이지함은 더 이상 부잣집의 속 편한 둘째 아들이 아니었다. 길바닥에 나앉아 먹고살 길도 막막한 처지가 되었다. 갑자기 너무 달라진 처지 때문에 처음 얼마 동안은 매우 당황했을 것이다. 그러나 이지함은 무슨 일을 해서든 살아남아 처자식을 먹여 살릴 결심을 한다. 마음이 한번 움직이면 입고 있던 새 옷을 거지 아이들에게 나눠줄 정도의 달관한 태도가 황망한 상황에서 살아남는 데 큰 도움이 되었을 것이다.

이지함은 막노동, 허드렛일, 잡일 등 닥치는 대로 일을 하며 살아남고자 했다. 『어우야담』에는 이지함이 신선 같은 태도로 알

경제를 궁리한 조선의 선비들

수 없는 일을 많이 하는 사람이어서 별별 경험을 다 해 보려고 했는데 심지어 매 맞는 일도 경험하려 했다는 이야기가 실려 있다. 실제로 그런 일이 있었다면, 그가 신선 같은 특이한 성격이기 때문이어서가 아니라 먹고사는 게 너무 힘들어서였을 것이다.

조선 시대 형벌 중에는 곤장을 친다든가 회초리 따위로 때리는 게 있었다. 그런가 하면, 돈을 받고 매를 대신 맞아 주는 사람들이 있었다. 이지함이 가장 굶주렸을 때 그런 일도 했지 않았을까 싶다. 꼭 그렇지 않더라도 온갖 잡일로 먹고살려고 하다 보면, 지체 높은 사람의 눈에 잘못 들어 적당한 핑계로 곤장 한두 대 정도 맞을 수도 있는 게 신분제 사회, 밑바닥 신분의 삶이었다.

그러던 중 이지함은 농사지을 땅도 없고 특별히 귀한 물건도 없는 가난한 사람이 먹고사는 방법은 '장사'밖에 없다는 사실을 깨달았을 것이다. 그렇게 그는 물건을 사고파는 일, 즉 장사로 돈을 모으고 가난에서 벗어나기 시작했다. 그 과정에서 이지함은 상거래와 상인의 역할을 중요하게 여기는 독특한 사상을 마음속에 품는다. 당시로선 드물고도 특별한 경우였다.

이지함이 장사로 성공한 가장 큰 이유는 그가 배를 이용해 물길로 물자를 사고파는 데 능했기 때문이다. 여러 설화에서 그는 배를 아주 잘 조종하는 사람으로 묘사되는데, 커다란 통 모양의 물체를 배에 장치했다는 전설까지 있을 정도다. 그가 남긴 실제 기록인 「이포천시상소」를 살펴봐도, 그는 가난을 극복하기 위한 방법으로 생선 거래와 소금 거래를 제안하고 있다.

3장 인간 심리로 부를 해석한 조선의 사업 철학자: 이지함

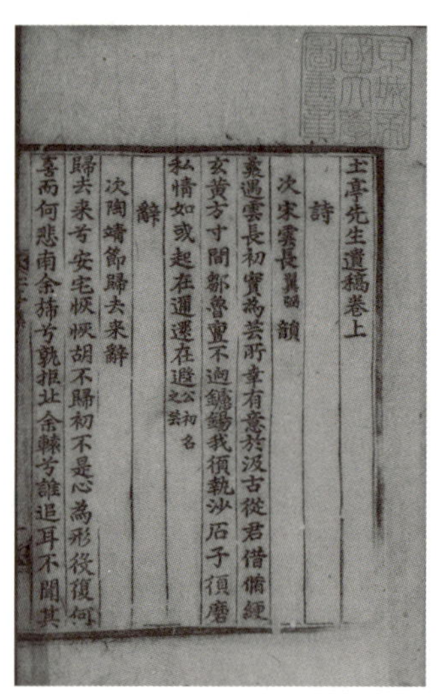

「이포천시상소」가 수록된『토정유고』

　이지함이 배를 잘 다룰 수 있었던 이유는 무엇일까?『조선왕
조실록』에는 그의 부모님 묘지가 바닷가에 있는데, 여차하면 물
에 잠길 수 있을 것 같아 이지함이 둑을 쌓아 바닷물을 막으려고
시도했다는 이야기가 실려 있다. 그 작업에 이지함은 굉장히 많
은 노력을 기울였고 나름대로 재물도 투자했지만, 결국 실패하
말았다. 그런데 나는 그 과정에서 이지함이 밀물과 썰물에 대해
많은 관심을 가졌을 거라고 짐작해 본다.

　이지함의 고향이 충청도 지역이었다고 하면, 바닷물을 막고
물이 들어오는 것을 피하고자 밀물과 썰물로 바다가 얼마나 크
게 변하는지 잘 알고 있어야 한다. 그렇게 얻은 지식은 배를 다루
는데도 소중하게 활용될 수 있다. 마침 한반도 서해안은 밀물과

경제를 궁리한 조선의 선비들

썰물의 차이가 큰 곳이다. 그렇기에 밀물과 썰물을 이용하면 배를 쉽게 움직일 수 있다. 육지에서 바다 쪽으로 나가고 싶을 때는 썰물을 따라 배가 흘러가도록 하면 되고, 바다에서 육지 쪽으로 오고 싶을 때는 밀물이 밀려들 때 배가 흘러가도록 하면 된다.

게다가 한강이나 금강 같이 서해안으로 흐르는 강은 밀물이 몰려들면 바닷물이 강을 거슬러 한참 올라온다. 소위 감조하천이다. 그렇기에 밀물과 썰물만 잘 알면 바닷물을 타고 강을 거꾸로 거슬러 올라가는 것도 가능하다. 예를 들어 서해안에서 밀물이 들어올 때를 기다려 배를 띄우면 서울 마포까지 쉽게 갈 수 있다. 다시 서해안으로 나가고 싶다면 배를 묶어 놓고 썰물 때까지 기다렸다가 배를 띄우면 저절로 서쪽으로 간다. 예로부터 마포에 시장이 생겨 사람들이 온갖 물자를 거래했던 이유도 밀물과 썰물을 타고 배가 드나들기 좋았기 때문이다.

지금이야 엔진 덕분에 원하는 곳 어디든 배를 몰고 갈 수 있다. 그러나 엔진이 없던 과거에 밀물과 썰물의 차이가 큰 바다가 있다는 것은 배를 움직이기에 대단히 용이할 수 있다. 특히 서울처럼 큰 강을 끼고 있는 곳이라면 더욱 그렇다. 마치 수천수만 척의 배를 움직일 수 있는 강력한 엔진처럼 자연의 밀물과 썰물 현상을 활용할 수 있는 것이다.

그렇다면 옛 시절 서울은 배만 잘 사용하면 상업에 유리한 곳이었다. 해외 무역까지 생각한다면, 중국이라는 크고 발전된 나라가 바로 곁에 있었으니 아주 유리했다. 뿐만 아니라 조선 사람

3장 인간 심리로 부를 해석한 조선의 사업 철학자: 이지함

들은 배를 그럭저럭 괜찮게 만드는 기술도 갖고 있었다. 하여 조선 시대에도 큰 배를 이용하면 많은 양의 물자를 실어 나를 수 있었다. 봇짐장수, 보부상 등이 짐을 지고 다니면서 장사를 할 때 한 번에 들고 다닐 수 있는 짐은 최대 수십 kg 정도였을 것이다. 그에 비해 쌀을 운반하던 조운선 같은 경우 수십 톤 규모의 화물을 실을 수 있었다. 배는 사람 1천 명이 힘들여 들고 갈 물건을 한 번에 수송해 거래할 수 있는, 거대한 이익의 기계였던 셈이다. 크기만 놓고 보면 조선 시대 조운선은 크리스토퍼 콜럼버스가 아메리카 대륙으로 갈 때 탔던 배와 비교해 볼 만했다. 이렇게 보면, 조선 시대 선비들 대부분이 상업에 별 관심이 없었거나 상업을 부정적으로 생각했던 것은 무척 아쉬운 일이다.

이지함이 미래를 예언하는 신선이 된 까닭

이지함은 달랐다. 그는 상업의 장점을 깨달았다. 그것도 먹고살고자 온몸으로 바닥부터 굴러가며 알아냈다. 고상하게 바다를 내다보며 책을 읽고 밀물과 썰물에 대해 따지고 고민하고 깨우치는 삶이 아니었다. 그는 노 젓는 일부터 시작해 품삯을 벌고자 땀을 흘리는 와중에 밀물과 썰물에 대해 고민했을 것이다.

그렇게 절박하게 고민한 덕택에 그는 항해와 상업의 달인이 될 수 있었고, 장사도 크게 벌여 많은 재물을 벌 수 있었다. 조선

경제를 궁리한 조선의 선비들

🌿 1546년 기욤 브루스콩의 연감-
달의 차(위상)에 따른 조석(밀물과 썰물) 도표

시대 식으로 말하자면, 비록 바닷물로부터 부모님의 무덤을 완전
히 지키는 데는 실패했지만 그 효성에 감동해 하늘이 이지함에
게 평생 소중하게 활용할 지식인 밀물과 썰물에 대한 깨달음을
안겨줬다고 풀어볼 수도 있을 것이다.

밀물과 썰물을 정확히 알아내려면 해와 달의 움직임을 꿰뚫
고 있어야 한다. 밀물과 썰물은 달의 중력으로 일어나는 현상이
니 만큼 달의 중력에 해의 중력이 어떻게 겹쳐지는지에 따라 약
해지거나 강해질 수 있다. 아무리 이자함이라도 100년쯤 뒤에
영국에서 개발될 아이작 뉴턴의 중력 이론을 미리 알진 못했을
것이다. 비록 그가 정확한 원리를 알지 못했다고 해도, 날짜와 달
의 모양을 살펴보고 나름대로의 판단으로 밀물과 썰물의 정도를

3장 인간 심리로 부를 해석한 조선의 사업 철학자: 이지함

계산하는 방법 정도는 익혔을 것이다.

나는 이 때문에 이지함에게 운명과 미래를 내다보는 신비한 인물이라는 평이 붙었을 거라는 생각도 한번 해 본다. 날짜를 계산해 밀물과 썰물의 때를 알아내는 과학적인 방법을 사용하는 이지함을 보고 사람들은 그에게 마법과 같은 재주가 있다고 생각했을 것이다. "도대체 저 양반은 어떻게 물이 언제, 어디까지 들어와 어디로 흐를지 미리 알 수 있는 걸까? 미래를 예언하는 신선 같은 사람인가?"라고 수군거리지 않았을까.

따지고 보면, 이지함의 호가 '토정'이 된 것도 그가 상거래와 항해에 밝았던 사실과 간접적으로나마 연결되어 있다. 이지함은 마포, 한강가에서 상인으로 자리 잡았는데 마포는 배를 이용해 물자를 거래하는 장소로 당시 가장 번화한 곳이었다. 이지함은 그곳에 건물을 지었는데, 흙을 높다랗게 쌓고 그 위에 정자를 만든 모양이었다. 『어우야담』을 보면, 건물의 높이가 수십 미터에 달했다고 한다.

지금은 모래, 돌, 시멘트를 섞어 콘크리트로 건물을 짓는 일이 당연하다. 그래서 높이가 수십 미터에 건물을 흔히 볼 수 있다. 그러나 500년 전 조선 시대 사람들이 보기에는 이지함이 지은 수십 미터짜리 건물이 아주 이상했을 것이다. 하여 오가는 사람들 사이에서 이야깃거리가 되었을 것이다. 이지함은 건물 안에 방을 만들어 그곳에서 생활하기도 하고 건물 위 정자에 올라가기도 했다. 그렇게 그 건물의 이름이 '흙더미 위의 정자'라고 해

경제를 궁리한 조선의 선비들

서, 토정土亭이 되었다. 서울 마포구에 토정동이 있는데, 그가 세운 건물 토정이 있던 장소 근처를 가리킨다.

나는 상업에 밝았던 이지함을 기념해 토정동에 홈쇼핑, 인터넷 쇼핑이나 소상공인을 위한 시설을 만들어도 좋을 거라고 생각한다. 이지함은 지금 시대에서 보면, 배송을 잘 해 주는 물류 센터를 잘 운영해 성공한 사업가다. 이지함은 결코 유명 대학교의 MBA 출신이라거나 재벌에게 큰 투자를 받아 창업한 사례는 아니었다. 이를테면 그는 택배기사로 생계를 잇는 일부터 시작해 상거래 사업으로 큰 성공을 거둔 것이다. 훗날 뭇 선비들의 존경을 받으며 미래를 내다보는 사람으로 역사에 이름을 남겼다고 보면, 이지함의 업적은 더욱 위대해 보인다.

상업을 뒤집은 네 가지 경제적 효용

이지함이 상업으로 성공한 사례를 소개한 전설 중에 비교적 초기 기록으로 『어우야담』에 나오는 '박 판매 이야기'가 있다.

내용을 간추려 보면, 이지함은 바다 한가운데 섬에 가서 박을 심었는데 얼마 후 박이 많이 열리자 박을 쪼개 바가지를 만들었다. 바가지를 쌀과 맞바꿨고 그렇게 마포로 가져온 쌀을 가난한 사람들에게 나눠줬다는 이야기다. 박이 많이 나는 곳에 가서 박을 저렴하게 많이 사와선 박이 필요한 곳에 비싸게 팔아 돈을 벌었다는 간단한 이야기라고 볼 수 있다.

그런데 조선 시대에는 선비들 대부분이 이런 식의 장사를 두고 떳떳하지 못하다고 생각했다. 물건을 만든 사람으로부터 물건을 구해 물건을 사려는 사람에게 넘기는 일을 한 것뿐인데, 그 과정에서 돈을 번다는 사실 자체를 고깝게 봤다.

상인이 돈을 많이 벌려면 물건을 최대한 싸게 구해 최대한 비싸게 팔아야 한다. 그러니까 상인은 물건을 만든 사람에게 "그 물건은 값이 낮다, 최대한 싸게 팔아라"라고 말해야 하는 한편, 물건을 사려는 사람에겐 "이 물건은 값이 높다, 최대한 비싸게 사 가라"라고 말해야 한다. 조선 시대 선비들은 바로 이 모습을 두고 스스로를 속이는 거짓말과 다름없다고 생각했다. 상인과 사기꾼이 똑같진 않지만, 돈을 많이 버는 상인일수록 사기와 다름없는 일로 먹고산다며 멸시하고 호통치며 심지어 벌까지 주려는 선비들이 조선 시대에는 흔했다.

상인들이 중간에서 값을 조절해 돈을 챙길 뿐이고 별 역할을 하지 않는데도 돈을 많이 버니까 나쁘다는 생각은 현대까지도 어느 정도 남아 있다. 언론에서 과일이나 채소 가격을 기사로 보도할 때 이런 이야기가 자주 나온다.

그러나 물건을 사들여 판매하는 상인 대부분은 분명 가치 있는 일을 한다. 상업 활동은 물건을 사는 소비자와 물건을 만든 생산자 양쪽에게 여러 가지 가치를 준다. 바로 그 가치로 상인은 돈을 벌 수 있는 기회를 얻는다.

경제를 궁리한 조선의 선비들

19세기 미국의 대표적
제도학파 경제학자 리처드 엘리

19세기 말 제도학파 경제학자인 리처드 엘리는 물건이 유통될 때 소비자가 얻을 수 있는 효용utility에는 네 가지가 있다고 했다. 장소place, 시간time, 형태form, 소유possession다. 널리 알려진 이지함의 박 판매 사업도 이 네 가지 효용과 맞는다.

첫 번째, 장소의 효용은 가장 이해하기 쉽다. 이지함은 박이 많이 열릴 만한 섬에 가서 박을 심었고 그 박을 가져와 팔았다. 만약 이지함이 배를 이용해 박을 가져와 시장에서 팔지 않았다면, 소비자가 직접 박이 열린 그 먼 섬까지 가서 박을 따와야 한다. 너무 힘든 일이다. 이지함이 대신 먼 곳까지 가서 운반해 준 것이다. 그러니 소비자는 직접 해당 장소까지 이동하지 않고도

3장 인간 심리로 부를 해석한 조선의 사업 철학자: 이지함

박을 얻을 수 있으니, 더 큰 효용을 얻은 것이다. 따라서 이지함은 돈을 벌 자격이 있다.

두 번째, 시간의 효용이란 소비자가 물건이 필요할 때 상인에게 가면 기다리지 않아도 물건을 살 수 있다는 것이다. 원하는 물건을 즉시 얻을 수 있고, 급할 때 바로 쓸 수 있다. 이지함은 박이 열리길 기다려 얻었고 직접 들고 다니며 팔았다. 만약 이지함이 장사를 하지 않았다면 박을 원하는 소비자는 박을 직접 심고 자라나 열매가 열릴 때까지 한참 기다려야 한다. 이지함은 그 시간을 절약해 줬기 때문에 돈을 벌 자격이 있다.

세 번째, 형태의 효용은 상인이 쓰기 좋게 물건을 나누거나 합치거나 포장해서 판매하는 걸 말한다. 농가에서 소를 키워 팔 때면 소 한 마리를 통째로 판매하기 마련이다. 한우 농장에서 다리살만 살짝 잘라 먹을 만큼만 판매한다는 식으로 끔찍하게 영업을 할 수는 없다. 그렇다고 소 한 마리를 통째로 사갈 사람도 많지 않다. 그렇기에 상인이 소 한 마리를 통째로 산 뒤 몇백 g씩 나눠 여러 소비자에게 판매하는 것이다. 소비자들은 원하는 만큼만 소고기를 살 수 있다. 이지함 역시, 박을 그대로 판 게 아니라 반으로 쪼갠 후 바가지를 만들어 팔았다. 갑자기 바가지가 둘이나 필요한 집은 많지 않을 텐데, 이지함이 바가지 한 개씩이라는 형태로 살 수 있게 해 줬다. 그렇게 이지함은 형태의 효용을 높여 줬기 때문에 돈을 벌 자격이 있다.

네 번째, 소유의 효용에 대해 요즘은 물건을 사기 위해 신용

경제를 궁리한 조선의 선비들

카드를 쓰게 해 준다거나 할부로 살 수 있게 해 준다거나 하는 구입 과정의 편의를 봐 주는 일을 예로 들어 설명하곤 한다. 이지함은 소비자들이 쌀을 건네면 그에 상응하는 바가지를 건넸다. 만약 이지함이 상인 역할을 하지 않았다면, 소비자들은 바가지를 갖고 있는 사람을 찾아가선 바가지와 바꾸고 싶어 하는 물건이 뭔지 물어보고 그 물건을 구해 가져다 줘야 했을 것이다. 이지함 덕택에 그런 귀찮은 일 없이 구하기 쉬운 쌀만 가져다주면 바가지를 살 수 있었다. 따라서 이지함은 돈을 벌 자격이 있다.

이 모든 이유로, 이지함은 낮은 가격에 바가지를 사서 비싼 물건이라고 하며 팔아 돈을 쉽게 번 게 아니다. 그는 바다 멀리 이동했고, 박이 열릴 때까지 기다렸으며, 박을 쪼개 바가지로 나눴고, 곡식으로 결제하면 바가지를 파는 일까지 입해入海, 결자結子, 위표為瓢, 육곡鬻穀의 네 가지 일을 잘 해냈다. 그랬기에 소비자들에게 시간, 장소, 형태, 소유의 효용을 높여 줬다. 그 대가로 이지함은 돈을 번 것이다. 게다가 그는 그렇게 가치 있게 번 돈으로 굶주린 사람을 구하는 데 보람차게 쓰기도 했다.

이지함처럼 일을 한다면, 사람이 장사로 돈을 번다는 것은 아주 뜻깊은 일이다. 또 그 결과로 도덕적인 행동을 할 수도 있으므로, 무척 착한 일이기도 하다. 가난한 사람이 장사로 돈을 벌어 자신과 가족이 먹고살기만 하더라도 가족을 굶주리게 하는 일에 비해선 착한 일이다. 이런 시각으로 보면, 조선 시대 선비들이 중간 상인들을 두고 그저 약아빠진 사람들이라면서 나쁘게만 봤던 것은 잘못된 생각이다. 이지함이 남긴 글과 그의 행동으로 미뤄 볼 때, 그는 그런 답답한 생각을 완전히 깨뜨리고 상업의 가치와 상인의 역할이 정말로 보람 있고 좋은 거라고 믿었던 것 같다.

선비가 발견한 게임화와 공짜 노동의 비밀

장사로 성공한 후 이지함의 삶은 여러 소문으로 변질되고 나중에는 전설로 미화되면서 사람들 사이에 퍼져 나갔다. 역적의 친지로 몰려 노비의 삶을 살던 빈털터리가 큰 부자로 성공했다는 소문은 지금도 많은 관심을 끌 수 있을 만한 이야기다.

내가 이지함 설화 중 가장 좋아하는 것은 『매옹한록』에 실린 이야기로, 그가 마포 인근에 만든 둑이 주된 소재다. 이야기는 마포 인근의 한 곳에서 이지함이 개천의 물길 방향을 바꾸고 싶어 한다며 시작되는데, 그는 공사 계획을 세우고 노동자를 고용하고 둑 쌓는 장비를 빌려와 사업을 벌이는 방식으로 일하지 않았다.

그는 엉뚱하게도 장난감을 하나 만드는데, 나무로 만든 인형 이었다고 한다. 나무 인형에 간단한 장치가 되어 있어, 돌을 던져 정확하게 맞히면 웃는 얼굴이 보였다. 이지함은 개천 한가운데 둑을 쌓고자 하는 위치에 그 나무 인형을 뒀다.

지나가는 아이들이 돌을 던져 나무 인형을 맞히고 웃는 얼굴 을 보려고 했다. 점차 소문이 퍼져 인근의 거의 모든 아이들이 지

경제를 궁리한 조선의 선비들

나갈 때마다 나무 인형을 향해 돌을 던졌다. 그렇게 시간이 지나자 나무 인형 근처에는 아주 많은 양의 돌멩이가 쌓였고, 자연스레 그 돌멩이들이 물길을 바꾸는 둑 역할을 했다. 이지함은 별달리 공사를 하지 않고도 개천의 물길을 돌릴 수 있었다.

21세기 경제 용어를 쓰자면 게이미피케이션gamification, 곧 게임화의 아주 훌륭한 사례라고 할 수 있는 일을 이지함은 16세기에 해냈다. 게임화는 게임이 아닌 것을 게임처럼 느끼게 하여 쉽고 재밌게 참여하도록 이끄는 일을 말한다. 교육용 게임, 학습용 게임 등이 전형적 사례다.

게임을 재밌게 하다 보니 학교 교육에 필요한 지식들을 저절로 익힐 수 있게 만들어 놓았다고 해 보자. 아이들은 게임을 하며 논다고 생각하지만, 그 사이에 저절로 힘들이지 않고 지식을 얻는다. 게임화를 잘 해 놓았다고 할 수 있다. 이지함은 둑을 쌓는 노동 작업을 돌멩이로 인형 맞히는 장난이라는 게임으로 즐길 수 있게 하여 사람들로 하여금 자신도 모르게 참여하도록 이끌었으니, 게임화를 잘 해낸 것이다.

왕 등의 학자는 성공적인 게임화를 위해선 여섯 가지 조건을 만족해야 한다는 연구를 제시했다. 목표와 통합integration with goal, 빠른 성과 파악rapid feedback, 팀 경쟁team competition, 분명한 규칙clear rules, 목표와 관련 있는 도전goal-oritented challenge, 실패해도 좋음freedom to fail이 여섯 가지 조건인데, 이 조건들에 따라 『매용한록』에 소개된 이지함의 둑 쌓기를 살펴보면 어떨까?

3장 인간 심리로 부를 해석한 조선의 사업 철학자: 이지함

우선 이지함은 돌멩이가 떨어지면 둑을 쌓는 데 도움이 될 위치에 나무 인형을 가져다 뒀을 것이다. 그러므로 애초에 둑을 쌓는다는 목표를 잘 이룰 수 있게 되어 있었다. 그러므로 '목표와 통합'을 잘 해냈다. 또한 아이들이 돌멩이를 잘 던졌는지 아닌지를 인형이 웃는 표정을 보이는지 아닌지로 바로 알 수 있도록 했다. 그러므로 '빠른 성과 파악'도 잘 되어 있다.

돌멩이가 명중하면 인형이 웃고 그렇지 않으면 돌멩이는 물속에 떨어지니까 '분명한 규칙'도 잘 만족하고 있다. 또 돌을 잘 던져 인형을 잘 맞힐수록 둑을 쌓는 데 필요한 위치에 돌이 떨어지므로 '목표와 관련 있는 도전'도 잘 해내고 있다. 아이들이 돌을 던지는 일은 재미로 해 보는 일일 뿐이므로 '실패해도 좋음' 역시 잘 들어맞는다.

'팀 경쟁'은 명확하게 나타나 있진 않다. 그러나 소문이 나서 인근의 수많은 아이들이 돌멩이를 던졌다는 것을 보면, 분명 누가 돌멩이를 잘 던지는지 얼마 만에 명중하는지 서로 겨뤘을 가능성이 높다. 그렇게 보면 '팀 경쟁'도 어느 정도 달성되었을 것이다. 그러므로 이지함의 둑 쌓기 일화는 왕이 제시한 기준으로 봐도 게임화의 사례로 썩 좋아 보인다.

지금 게임화에 대해 말할 때는 행동 경제학behavioral economics과 게임화 사례를 연결해 설명하곤 한다. 행동 경제학을 단순화하여 말해 보자면, 경제의 실제를 따지려면 사람이 심리 때문에 이상한 행동을 하기도 한다는 점까지 같이 고려해야 한다는 주

경제를 궁리한 조선의 선비들

장이다. 과거 경제학에선 값이 오르면 물건을 덜 사고 값이 내리면 물건을 그만큼 많이 산다는 식으로, 인간이 마치 컴퓨터처럼 합리적으로 판단해 돈을 쓴다고 여겼다. 그러나 현실의 사람은 결코 그런 식으로 판단하지 않는다. 그렇게 판단할 능력도 없거니와 보통 사람은 감정과 습관 때문에라도 딱딱하게 행동하는 것을 싫어한다. 그렇기에 실제 현상은 과거 경제학에서 말하던 것과는 달라진다.

리처드 탈러는 저서를 통해 행동 경제학의 전망 이론prospect theory을 소개하면서 사람은 이익을 얻는 즐거움보다 손실에 따른 고통을 더 크게 느끼는 경향이 있다고 봤다. 예를 들어, 주식 투자자는 주식에서 이익이 조금이라도 발생하면 즐거워하면서 팔

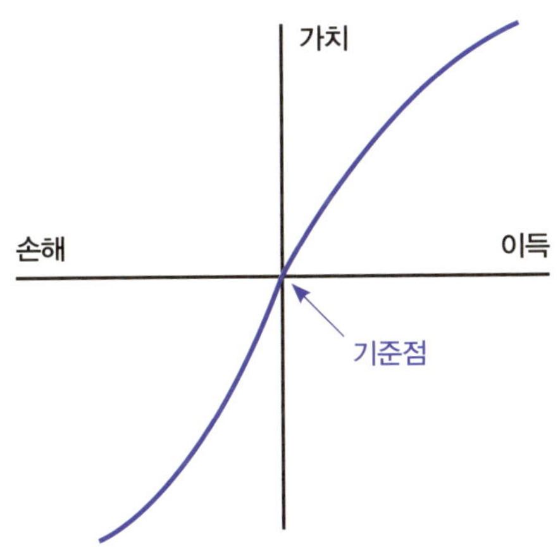

리처드 탈러의 전망이론 ⓒ이채민

3장 인간 심리로 부를 해석한 조선의 사업 철학자: 이지함

지만 주가가 내려가 손해 보는 상황에 맞닥뜨리면 손해를 봤다는 사실을 받아들이기 싫어 본전을 회복할 때까지 주식을 들고 버틴다. 손실과 이익을 냉정히 판단하는 관점에서 보면 오류에 불과하다. 그러나 사람의 심리 때문에 이런 일은 자주 일어난다.

전망 이론을 이지함의 작업에 적용해 보면, 그가 성공을 거둔 이유를 대략 짚어 볼 수 있다. 이지함이 보통의 경우처럼 둑 쌓는 공사를 벌여 사람들에게 돌을 던져달라 말했다고 가정해 보자. 사람들은 그 작업이 시간과 힘을 들이는 업무로 받아들였을 것이다. 그럴 경우 돌 던지고 제값을 받지 않으면 돌을 던지는 데 든 시간과 힘만큼 손해 본다고 느꼈을 것이다. 고작 돌 던지는 일을 시키고자 생각보다 많은 투자를 해야 할지도 모른다.

반면 이지함은 나무 인형을 설치해 돌 던지는 작업을 '놀이'라고 느끼게끔 했다. 그렇다고 대단한 것은 아니다. 성공했을 때 나무 인형이 한 번 웃는 얼굴로 바뀔 뿐이다. 그렇지만 그 작업을 놀이로 보면, 별 손해 보는 일 없이 즐길 수 있다. 길가의 돌멩이는 공짜니까 비용이 들어간다고 생각하지 않아도 좋다. 손해는 없는 반면, 아주 약간이지만 하여튼 재미라는 이익을 볼 수 있다. 아이들은 부담 없이 손해 없는 공짜 게임을 하려고 모여든다. 입소문이 나고 더 많은 사람이 작업에 참여한다.

경제를 궁리한 조선의 선비들

이지함의 일자리 실험을 해부한 행동 경제학

이지함이 박을 팔아 크게 성공했다는 설화도 행동 경제학과 관련이 있을 거라는 상상을 해 봄직하다. 탈러는 시점 간 선택intertemporal choice을 행동 경제학의 중요한 주제로 제시했는데, 사람이 같은 물건을 살 때도 물건을 당장 사서 쓰느냐 나중에 사서 쓰느냐에 따라 생각이 많이 흔들린다는 말이다.

나는 이지함이 박을 파는 과정 중에서 결자結子 부분, 즉 시간의 효용에 해당하는 '다 자라난 박을 소비자들이 즉시 살 수 있게 준비하는 일'을 잘 해냈을 거라고 상상해 본다. 이지함은 소비자들이 바가지를 꼭 필요하다고 느낄 때를 포착해 그들이 바가지 가격으로 기꺼이 많은 돈을 내도 된다고 생각하는 순간에 바가지를 판매하려 했던 것이 아닐까? 그런 식으로 사업이 성공했던 거라고 보면 어떨까?

이지함의 사업 관련 설화 중에는 가난한 사람들에게 짚신 만들기를 가르치는 이야기도 상당히 유명하다. 정약용의 『목민심서』에도 인용되어 있고 『어우야담』에도 등장하며 후대의 『임하필기』 등에도 인용되어 있다.

가난한 사람들이 머물며 일할 수 있는 큰 집을 이지함이 직접 지었고 그들에게 일자리까지 만들어 줬다는 이야기다. 이지함은 가난한 사람들 각자가 비단 농사가 아니라도 먹고살 수 있는 방법을 알려 줬다고 한다. 여기까지만 해도, 이지함이 농사뿐만

3장 인간 심리로 부를 해석한 조선의 사업 철학자: 이지함

아니라 공업과 상업을 중시했다는 사실을 잘 나타낸다.

『어우야담』 등에는 이 이야기의 말미에 이지함이 그중 가장 할 수 있는 일이 없는 사람에게 짚신 만드는 일을 가르쳤다고 되어 있다. 짚신을 열심히 만들면 충분히 생계를 꾸려나갈 수 있었는데, 일이 힘들다고 말없이 떠나는 사람도 있었다고 한다. 『어우야담』에는 굶주리는 사람은 결국 자기가 게을러 굶주리는 거라는 저자 유몽인의 눈평도 덧붙여 있다.

20세기 중반에 활발히 활동한 경제학자 케네스 애로는 물건을 생산할 때 들어가는 자본과 노동의 대체 관계를 지목하는 연구로 큰 주목을 받았다. 귤껍질을 까서 감귤 주스를 만드는 일을 한다고 치자. 맨손으로 작업하는 것보다 자본을 좀 들여 좋은 도구를 사서 작업을 하면 노동력이 그만큼 덜 들어갈 것이다. 또는 자본을 좀 더 들여 귤을 자동으로 까는 기계를 설치하면 노동력이 훨씬 덜 들어갈 것이다. 거기에 자본을 더 들여 귤을 까고 주스까지 만들어 주는 완전 자동 기계를 설치하면 감귤 주스를 무제한으로 쉼 없이 만들어 낼 수 있을 것이다. 기계 관리만 약간 해 주면 되니, 노동력이 더더욱 덜 들어갈 것이다.

요컨대 자본을 많이 투입하면 할수록 노동을 덜 투입해도 된다. 반대로 말하면, 자본이 없으면 그만큼 노동을 투입해야 한다. 그 말인즉 자본도 없고 밑천도 없으며 할 수 있는 일이 없는 사람일수록, 노동을 많이 투입해 고달프게 힘겨운 일을 할 수밖에 없다.

여기다 더해 자본, 노동의 대체 관계에는 한계기술대체율marginal rate of technical substitution이 체감diminishing하는 관계가 있다고 볼 때가 많다. 노동력 투입을 줄이려는 목적의 자본 투입은 초기에는 효과가 크지만, 자본을 계속 많이 투입한다고 해서 노동력을 계속 더 줄여나가는 것은 어려웁다는 뜻이다. 감귤 주스를 만들 때, 누군가 가끔 단추만 눌러주면 되는 감귤 짜기 자동화 기계를 도입하는 것까진 돈을 많이 들이는 선에서 가능하다. 그러나 바로 그 단추 누르는 작업까지 자동으로 하려면 인공지능 로봇을 개발해 배치해야 할 테니 엄청난 개발비가 들어갈 것이다.

이 말을 뒤집으면, 자본이 거의 없어 모든 일을 다 사람의 노동으로 해야 하는 상황에선 노동의 양이 상상 외로 아주 많을 거

3장 인간 심리로 부를 해석한 조선의 사업 철학자: 이지함

라는 이야기로 볼 수 있다. 밑천 없이 몸만 있으면 할 수 있는 짚신 만드는 일은 아주 많은 노동이 필요할 거라는 뜻이다. 조선 시대 사업의 노동과 자본 관계를 명확히 측정할 수는 없으니 정말 그런지 확신하긴 어렵지만, 그렇게 해석하는 것이 옳다면 짚신 만드는 일은 아주 많이 힘들 수밖에 없다. 이지함에게 짚신 만드는 일을 배운 사람 중에 떠나는 사람이 생겼던 이유는 조선 시대의 가난한 사람들이 게으르기 때문이 아니라 한계기술대체율이 체감하기 때문일 것이다.

행동 경제학에선 사람에게 준거점reference point이라는 것이 있다고 말한다. 사람이 어떤 가치를 평가할 때 객관적으로 따지는 것이 아니라, 그 가치와 비교되는 숫자를 마음속에 무심코 품고 있는 와중에 가치가 높다거나 낮다고 평가할 때가 많다는 것이다. 그렇다면 이지함이 만든 시설에 온 가난한 사람들도 준거점에 따라 일을 판단할 것이다. 그곳에 모인 사람들이 일하는 모습을 보고 보통의 정도라고 느끼며 준거점으로 생각할 것이다.

그러다 짚신 만드는 일을 하면 어떤 느낌이 들까? 시설의 여타 노동자들보다 자신이 훨씬 더 많은 일을 한다고 느낄 것이다. 자신이 준거점보다 일을 훨씬 많이 한다고 느낄 가능성이 높다. 결국 떠나기 쉬울 것이다.

이지함의 시설이 그나마 이야기로 남을 정도로 성공을 거뒀다면, 그는 상기의 문제를 파악해 합당한 조치를 취하며 운영을 계속했을 것이다. 그 시절에 사람들에게 행동 경제학에 대해 설

경제를 궁리한 조선의 선비들

명할 리는 없었겠지만, 준거점을 다르게 느끼도록 한다거나 밑천이 없을 때는 일이 많은 것이 어쩔 수 없다는 점을 납득시키고자 설득에 애를 쓰기라도 했을 것이다.

매에게 닭의 일을 시키면 안 된다

세월이 흐르고 정지판이 바뀌면서 이지함과 그의 장인어른, 그리고 장인어른의 친구 등을 공격했던 무리도 힘을 잃었다. 그 무리의 대표라고 할 수 있는 윤원형 등이 힘을 쓰던 시대는 끝났고 임금도 바뀌었다. 이후 선조가 옥좌에 오를 무렵, 이지함을 향한 세상의 대우가 달라진다. 문정왕후 시대에 이지함이 노비로 전락했다면, 선조 시대의 이지함은 양반 대접을 받았다.

고난한 세월이 흐른 후 중년의 이지함은 항해의 달인, 장사의 고수로 이름을 떨치고 있었다. 또한 그는 재산이 많으면서도 가난한 사람들을 많이 도운 것으로도 유명해져 있었다. 동시에 그는 선비들이 익히는 학문에 뛰어난 실력을 갖추고 있었다. 이지함이 남긴 글이 많은 편은 아니지만, 남아 있는 몇 편의 글만 봐도 그의 글 솜씨는 상당해 보인다.

그렇게 이지함은 선비들이 임금에게 추천하는 인재로 그 이름이 자주 오르내릴 정도가 되었다. 『조선왕조실록』 1573년 음력 6월 3일 기록을 보면, 정승들이 이지함에게 벼슬을 줘야 한다

3장 인간 심리로 부를 해석한 조선의 사업 철학자: 이지함

고 임금에게 추천하고 있을 정도다. 이런 역사를 보면, 세상 인심이 참 야박하기도 하고 알 수 없기도 하다는 생각이 든다. 역적의 사위로 먹고살 길도 막막해 막노동을 하며 하루하루 겨우 먹고 사는 노비 취급받던 사람이, 임금이 바뀌고 고위급 인사들이 물갈이되니 하루아침에 나라를 잘 다스릴 수 있는 위대한 인물로 존경받기에 이르렀다.

그 바람에 이지함은 1574년경부터 지금의 경기도 포천을 다스리는 벼슬인 현감이 되어 나랏일을 시작한다. 그러다 얼마 후 「이포천시상소」라는 글을 써 조정에 건의 사항으로 올리는데, 이지함이 직접 쓴 글 중에 그의 생각을 알아볼 수 있는 자료로 잘 남아 있어 의미가 깊으며 내용도 훌륭하다.

내가 「이포천시상소」를 처음 읽었을 때 이지함이 가장 정성을 들여 썼다고 느낀 대목은 포천에 가난한 사람들이 많다는 묘사였다. 사람이 굶주리고 심지어 목숨까지 잃는 모습을 생생히 표현하고 있다. 그는 그렇게 상황을 묘사한 뒤, 가난한 사람의 고통을 구하는 일에 조정이 책임지고 나서야 한다면서 절박한 주장을 펼쳤다.

옛날의 지체 높은 사람들은 '높은 만큼 대접을 받아야 한다'는 점에 신경을 많이 썼다. 그게 아니면, 자신을 위협할 만한 나쁜 놈들을 미리미리 찾아내 벌을 주는 일에 관심이 많았다. 이지함은 그런 문제 말고, 어려운 사람들을 어떻게 잘 도와줄 수 있을까 하는 문제를 고민하는 쪽으로 관심을 돌려야 한다고 주장했

경제를 궁리한 조선의 선비들

다. 이지함은 다른 여러 건의 사항들이 잘 받아들여지지 않더라도, 백성들의 가난에 조정이 조금이라도 관심을 더 갖게 하면 성공이라고 생각했던 것 같다. 조정의 고위 관리들이 허구한 날 세력 다툼이나 반대파 공격만 궁리하는 것이 아니라, 가난한 사람들을 돕는 문제를 어떻게 잘 해낼지에 더 많은 신경을 쓰도록 하고 싶었던 느낌이다. 나는 그렇게 느꼈다.

글 전체를 보면, 나라를 잘 다스리려면 어떻게 해야 좋은가에 대해 세 가지 대원칙을 밝혀 제시한 부분이 가장 눈에 띈다. 토정 이지함의 사상을 서술한 책을 한 권 쓴다면, 이 세 가지 대원칙에 대해 설명하고 해설하는 것이 가장 중요할 것이다. 만약 토정 이지함이 남긴 비결이라고 할 만한, 세상에 나온 글을 말해보라면 그 세 가지 대원칙을 댈 것이다.

세 가지 대원칙은 다음과 같다. 이지함은 나라에는 세 가지 중요한 창고가 있으므로 그것들을 잘 활용해야 나라가 부강해진다고 했다. 그 세 가지 중요한 창고는 도덕지부고道德之府庫, 인재지부고人材之府庫, 백용지부고百用之府庫다. 풀이하자면 도덕의 창고, 인재의 창고, 100가지 산업의 창고다. 그중에서 도덕의 창고를 잘 활용하기 위해선 조정의 최고위급 인사가 도덕을 중시하고 모범을 보여야 한다고 했고, 인재의 창고를 잘 활용하기 위해선 사람들이 자신의 적성과 재능에 맞는 일을 찾게끔 돕는 것이 중요하다고 했다.

특히 사람이 각자 적성에 맞는 일을 잘 나눠 맡아 일할 수 있

3장 인간 심리로 부를 해석한 조선의 사업 철학자: 이지함

어야 나라가 잘된다고 설명하고자 멋진 비유법을 사용했다. 그 내용의 대략을 옮기면 이렇다. "해동청 보라매는 세상에서 사냥을 가장 잘하는 귀한 매이지만, 그 매에게 아침 알리는 일을 시키면 닭보다도 훨씬 못할 것입니다. 한혈구라는 말은 세상에서 가장 잘 달리는 귀한 말이지만, 그 말에게 쥐 잡는 일을 시키면 고양이보다도 훨씬 못할 것입니다. 하물며 닭에게 사냥을 시키고 고양이를 타고 달리려고 하면, 일이 잘될 리 있겠습니까?"

애덤 스미스는 대표작『국부론』에서 핀 생산 작업을 예로 들어 분업이 얼마나 효과적인지 소개했다. 혼자선 하루에 20개 이상의 핀을 만들기 어렵지만, 핀 제조 과정을 분업해 여러 명이 각자 전문화해서 수행하면 혼자서 하루에 4천 개 이상의 핀을 생산할 수 있다는 것이었다. 분업과 전문화에 대한 좋은 예시로, 두고두고 인용되는 이야기다.

나는 이지함의 매와 말의 비유가 분업과 전문화의 가치를 표현하는 설명으로, 스미스의 핀 공장 비유 못지않게 굉장하다고 생각한다. 더군다나 이지함의 비유는 사람의 성향을 고려해 적성에 맞는 일을 하는 것의 가치라든가, 직업 선택의 자유 같은 가치와도 연결될 수 있어 더 깊은 이야기를 할 수 있으니 더 재밌다.

경제를 궁리한 조선의 선비들

500년 전 선비의 스타트업 사업 제안서

「이포천시상소」에 실려 있는 내용 중 가장 강렬한 것은 마지막 부분이다. 이지함은 도덕지부고, 인재지부고에 대한 설명을 마친 후 백용지부고, 즉 여러 산업에 대한 내용을 설명했다. 그는 막연히 어떻게 하면 경제와 산업에 좋은지 설명한 것이 아니라 어떻게 하면 돈을 벌 수 있는지, 어떤 사업으로 돈을 벌 수 있는지 아주 구체적인 방법을 곁들였다. 조선 시대 선비가 임금님께 '스타트업 사업 제안서'를 올린 셈이었다.

이지함이 제안한 사업 아이템은 수산물 유통과 염전이었다. 생선이나 소금은 먼 옛날부터 한국인들이 섭취했으니 여기까진 크게 놀랄 만한 내용은 아니다. 놀랄 만한 점은 이지함이 다스리던 포천에는 물고기를 잡거나 소금을 만들 수 있는 바다가 없다는 데 있다. 포천에는 바다도 없는데, 이지함은 도대체 어떻게 수산업과 염전업으로 포천의 경제를 발전시키고 가난한 사람들을 구하겠다고 한 걸까?

이지함은 서해안에서 사업을 벌이고 포천이 그 사업의 권리를 갖는 방식을 제시했다. 지금 식으로 말하면, 서해안에 회사를 설립해 수산물 유통업과 염전 사업을 하는 한편 주식을 발행해 포천시가 대주주가 되겠다고 제안한 것이다. 이지함은 사업을 어디에서, 어떻게 시작하면 쉽게 번창할 수 있을지 구체적으로 지목하기도 했다. 심지어 그는 포천에서 어느 정도 이익을 얻고 나

3장 인간 심리로 부를 해석한 조선의 사업 철학자: 이지함

면 그 회사의 주식, 그러니까 사업에서 번 돈을 가질 권리를 다른 가난한 지역에 넘긴다는 계획까지 수립했다. 그러면 정부가 수산업과 염전업을 하는 회사의 주식을 이 지역 저 지역에 빌려주면서 그곳들의 가난한 사람들을 구할 수 있을 것이었다.

이지함이 주식 투자를 해 본 것도 아닐 텐데, 어떻게 이런 발상을 떠올렸을까? 그 답은 상당히 의외다. 조선 시대에도 일을 해서 돈을 버는 사람과 번 돈을 가질 권리가 나뉘어 있는 형태로 정착된 사업들이 꽤 있었다. 굳이 견줘 보면, 일을 하는 직원들이 있고 그렇게 번 돈을 가질 권리가 있는 주주들이 공존하는 현대의 주식 회사와 비슷하다.

땅에서 세금을 거둘 권리에 관한 제도에서 영향을 받아 이런 일이 시작된 것이 아닐까 싶다. 물고기를 잡는 장소나 소금을 만드는 장소를 관청의 서류에서 찾아보면, 조정의 고위 관리나 궁궐 기관의 땅들이 있었을 것이다. 물론 서울에 사는 지체 높은 사람들이 멀리 바닷가에 나와 직접 소금 만드는 일을 하진 않았다. 그렇다고 인부들에게 소금을 만들라고 지휘하는 일도 하지 않는다. 그곳에서 소금 만드는 일을 하면서 사는 사람들은 따로 있었다. 단 그들이 소금을 만들어 팔아 번 돈의 일부를 조정의 고위 관리, 궁궐 기관에 바치도록 되어 있었다.

이지함은 조정의 고위 관리만 특별한 권리로 행사하는 것이 아니라, 사업을 벌일 때 누구나 비슷한 방식을 쓸 수 있다고 봤다. 빈 땅에서 수산업, 염전업을 벌이고 얻은 수입의 일부를 조정

경제를 궁리한 조선의 선비들

의 고위 관리에게 바치는 것이 아니라, 포천 주민들이 나눠 가질 수도 있다고 생각했다. 그 돈으로 포천의 가난한 사람들을 도우면 된다. 이지함은 직접 배를 타고 바다를 돌아다니며 생선을 사고팔고 소금을 거래하는 동안 이런 생각을 떠올렸을 것이다.

여기까지만 봐도 이지함의 발상은 참신하다. 당시 선비들 대부분은 일을 벌이기 위한 돈이 필요하다고 하면 나쁜 사람, 즉 악한 방법으로 재산을 모은 사람의 재산을 몰수해 빼앗아 오는 것을 가장 먼저 떠올렸다. 그게 아니면, 돈이 많은 사람으로 하여금 나라에 돈을 좀 더 바치라고 법을 강제로 만드는 것 정도를 떠올렸다. 그럴 만도 했던 것이 그 시절 선비들은 일을 해서 돈을 벌거나 사업으로 재산을 불리는 일에 대해선 잘 생각하지 못했다.

이지함이 아니라 다른 사람이 포천에서 가난한 이들을 돕기 위해 자금이 필요하다고 생각했으면, 어떤 방법을 떠올렸을까? 아마 어떤 이유로든 평이 좋지 않은 사람 하나를 정해 공격하기로 했을 것이다. "탐관오리 같은 인물이다"라거나 "부정한 방법으로 돈을 모았다"라고 공격해 그의 재산을 몰수했을 것이다. 아니면, 세금 명목을 하나 만들어 그에게서 세금을 강제로 더 걷으려 했을 것이다. 일이 좀 이상하게 흘러가면, 딱히 죄가 없지만 상대 붕당에 속하는 선비 혹은 당색이 다른 양반 한 사람을 공격해 가난한 사람 도울 돈을 내놓으라고 몰아붙였을 것이다.

그러나 이지함은 새로운 사업 기회를 만들어 돈을 더 벌어오는 방식으로 가난을 해결하려고 했다. 돈이 필요하면 남의 돈

3장 인간 심리로 부를 해석한 조선의 사업 철학자: 이지함

을 가져올 생각부터 먼저 하던 몇몇 선비와는 뿌리부터 다르다. 돈이 필요하면 남의 돈을 가져올 것이 아니라 돈을 벌어야 한다.

그렇다면 이지함은 글에서 밝힌 대로 정말 수산업과 염전업 회사를 만들어 운영했을까? 그는 사업들을 바로 추진하지 않았다. 왜 그랬을까? 어차피 임자 없는 땅에서 수산업이나 염전업을 할 거라면, 바로 시작하면 되지 않았을까? 부하들을 동원해 사업을 벌여도 되고, 일에 참여하고 싶은 사람들을 모집해 사업을 벌이면 되지 않았을까? 왜 사업을 시작하기에 앞서 굳이 임금님께 글을 올려 사업에 대해 길게 설명하면서 알렸을까?

짐작일 뿐이긴 하지만, 나는 이지함이 당시 조선에서 사업을 잘하려면 조정의 고위 관리와 가까워야 한다는 현실 또한 아주 잘 알고 있었기 때문이라고 보고 있다. 그 시절 조선에서 자주 이뤄진 사업을 예로 들어 설명해 보자면, '강주인江主人 사업'에 대해 이야기해 볼 만하다.

조선의 상인 플랫폼은 어떻게 독점되었나

조선 시대 뱃사공들 사이에서 주인主人은 특별한 의미였다. 주主가 주택, 집, 집에서 산다는 뜻인 만큼 호텔이나 모텔 같은 곳을 운영하는 사람을 '주인'이라고 불렀다. 즉 숙박업소 주인이란 뜻이었다. 배에 물건을 싣고 장사를 하려고 지방에서 온 사

경제를 궁리한 조선의 선비들

람들이 한강변에서 숙박하는 곳을 '주인의 집'이라고 불렀다.

그런데 주인의 집이 지방에서 여러 배가 모여들어 뱃사람들이 며칠씩 머물러 가는 곳이 되다 보니, 숙박업소 주인들은 배에 싣고 온 화물을 보관해 주고 보관료를 받는 창고 사업도 하게 되었다. 그러며 자연스레 상인들과 친분을 쌓았다. 그렇게 시간이 흐르자, 숙박업소 주인들은 자신이 보관하고 있는 화물을 구입할 사람이 있는지 알아봐 주는 일도 조금씩 하기 시작했다. 나중에는 화물을 대신 팔아 주는 일까지 했다. 세월이 더 흐르자, 지방에서 온 상인이 물건을 통째로 숙박업소 주인에게 넘기면 알아서 팔아 주는 형태의 사업도 이뤄졌다.

이런 식으로 중간 도매상인, 중계 상인, 상거래 플랫폼 역할을 하는 숙박업소 주인들을 '강가에서 숙박업하는 사람'이라고 해서 강주인, 진주인, 포구주인 등의 이름으로 불렀다.

조선 시대 한강변에선 여러 종류의 강주인들이 많은 돈을 벌었다. 지금으로 보면, 호텔에 무역 전시회장이 붙어 있거나 호텔과 무역 박람회장이 연결되어 숙박하며 머무르는 동시에 수출, 수입 계약을 하기에도 용이한 장소를 운영했던 셈이다.

강주인도 강주인 나름이라 전문 분야가 생겨났으니, 전주에서 오는 물건을 전문으로 맡아 거래하거나 당진에서 오는 콩을 전문으로 맡아 거래하는 식으로 사업이 발전하기도 했다. 마포를 중심으로 사업을 했던 이지함 또한 강주인과 주변의 상인들이 사업을 어떻게 하는지 잘 알고 있었을 것이다. 마포에 토정이라

3장 인간 심리로 부를 해석한 조선의 사업 철학자: 이지함

는 큰 건물을 지은 이력을 보면 이지함 스스로도 강주인 비슷한 사업을 했을 가능성도 충분해 보인다.

강주인이 되면 돈을 잘 벌 수 있다는데, 왜 사람들은 강주인 사업에 뛰어들지 않았을까? 사업을 이미 하고 있던 강주인들이 조정의 고위 관리들과의 친분을 이용해 자신들만 영업할 수 있도록 다양한 방식의 제도를 이용하고 있었기 때문이다.

아마도 처음에는 좋은 물건을 편하게 사고팔기 위해선 여러 규정이 필요하고 나라를 위해 상인들이 노력하도록 하기 위해선 여러 자격이 필요하다면서, 갖가지 복잡한 제도를 만들었을 것이다. 그러나 조선 중기 이후부턴 그런 관습과 제도가 새로운 사람이 나타나 강주인 일을 하기 어렵게 만드는 장벽으로 작용했던 것으로 보인다.

어쩌다 새로운 사람이 나타나 강주인이 되겠다고 뛰어든다 해도, 그 복잡한 제도를 다 알고 조건을 다 갖추기란 매우 어려웠을 것이다. 자연스레 경쟁을 포기하고 떨어져 나간다. 이러니 경쟁을 통해 산업이 발전하거나, 새로운 사람이 참신한 발상으로 사업을 시작하기도 어려웠다. 경쟁자가 생기면 기존의 강주인들은 소송을 걸기도 했다. 조선의 복잡한 법 제도가 이미 사업을 하고 있던 자기들에게 유리할 거라고 봤기 때문이다. 그래서 훗날 기록인 『일성록』 1786년 음력 1월 22일 내용을 보면, "강가 백성들은 소송 걸어 싸우기 좋아한다"라는 말이 있을 정도였다.

조선에선 이런저런 이유로 생긴 수많은 법이 사람들로 하여

경제를 궁리한 조선의 선비들

금 새로운 사업에 뛰어들지 못하도록 막는 수단이 되어 있었고, 오랫동안 장사한 사람들의 이익을 지키는 방법이 되어 있었다. 이렇게 법과 제도가 사업을 자유롭게 벌이려는 것을 막은 사례는 이지함보다 한참 앞선 시대에도 있었다.

『조선왕조실록』1485년 음력 7월 17일 기록을 보면, 조정에서 서울 종로의 시장 구조와 상점 배치를 바꾸려 했다는 이야기가 나온다. 겉으로 드러난 목적은 상점을 더 편리하게 이용하기 위해서였으나, 많은 상인이 이 조치에 반발했다. 잘 운영하던 상점을 옮기면 힘이 드는 것도 문제였고, 바뀐 자리에선 장사가 잘 안 될 것 같다는 점도 문제였다.

얼마간 시간이 지나자, 몇몇 상인은 조정에서 새로운 제도를 실시하는 이유가 조정의 고위 관리와 친한 상인들에게 유리한 형태로 시장을 바꾸기 위한 목적이라고 의심하기 시작했다.

따지고 보면, 그런 일은 꼭 야비하게 짜고 하지 않아도 조금만 부주의하면 일어날 수 있다. 조정에서 새로운 법과 제도를 만들고자 사람들의 말을 들어 보려 하면, 아무래도 세력이 가장 강하고 돈이 많은 이들에게 접근할 것이다. 자연스레 돈 많은 기존 상인에게 유리하고 돈 없는 새로운 상인에게 불리한 쪽으로 법과 제도가 생겨나기 쉽다.

그러다 누군가 그러한 불만을 글로 써서 조정 고위 관리의 가족 집에 던지는 일까지 생겼다. 갑자기 이상한 제도를 실시해 시장을 억지로 바꾸려는데, 몇몇 상인만 이익을 볼 뿐이니 조정

3장 인간 심리로 부를 해석한 조선의 사업 철학자: 이지함

의 고위 관리들이 그들과 한통속이 아니겠느냐고 욕한 것이다. 조롱하는 말투로 "우리도 뇌물만 좀 잘 갖다 바치면, 이 시장 바꾸는 정책을 없던 일로 되돌릴 수 있을 텐데"라고 말하는 부분까지 있었다.

조정은 어떻게 대응했을까? 격식을 갖춘 글을 쓸 줄 모르는 평범한 백성이 오죽 가슴이 답답했으면 한글로 글을 써서 던졌을까 싶어, 의견을 잘 들어 보고 문제를 되돌아봤을까? 일은 그런 식으로 풀리지 않았다. 당시 조정의 벼슬아치들은 자신들에게 상인들을 도울 의무가 있다고 여기지 않았다.

공무원들이 자신을 두고 일반인과는 다른 차원의 단계에 사람으로 여기는 일은 세계 어디에서든 자주 일어난다. 조선에서 그런 경향은 더 심했을 것이다. 벼슬아치들은 상인들이 자기 발 아래 있는 사람으로 봤다. 때문에 조정에선 문제를 바로잡는 것이 아니라, 감히 나라에서 하는 일에 무례하게 불만을 품었다고 생각해 불만 자체를 큰 죄로 봤다. 곧 조정에선 종로 상인들을 닥치는 대로 잡아 가뒀다. 실록에는 이 때문에 무려 79명이 체포되어 감옥에 갇혔다고 되어 있다. 이런 식이니, 감히 누가 의견을 자유롭게 제시하려 할 것이고 조정의 일이 잘못되었을 때 감히 누가 고쳐야 한다고 말할 수 있겠는가?

이지함은 이런 조선의 현실을 온몸으로 겪으며 깨달았을 것이다. 하여 사업을 하기 전에 가장 중요한 일은 조정의 고위 관리들 마음에 드는지, 그들의 기분을 나쁘게 하진 않는지 확인하는

경제를 궁리한 조선의 선비들

일이라고 봤을 것이다. 그들이 마음에 들어 하지 않아 보이면, 수많은 법과 제도 중 적당한 것 하나를 이용해 어느 날 갑자기 사업을 금지시킬 수 있었던 것이 그 시대였다. 도저히 이유가 없으면 대충 아무 이유를 붙여 사업을 금지하는 법이나 제도를 새로 만들면 된다. 그러니 사업하는 사람을 악하다고 몰아붙여 체포해 가는 것은 일도 아니었다.

실록을 보면, 1505년에 이미 사람들 사이에 "조선지법 불과 삼일朝鮮之法 不過三日"이라는 말이 돌고 있었다고 한다. '조선의 법은 3일을 넘기는 것이 없다'는 뜻인데, 법이 너무 빨리 바뀌거니와 법이 생기고 사라지는 일이 너무 많아 끝없이 복잡해져 가는 문제가 심각하다는 말이다. 그런 상황에서 이지함은 임금에게 글을 올려 가난한 사람들을 위해 수산업과 염전업을 벌이겠다고 공식적으로 요청했고, 그렇게 임금의 명령으로 사업을 허락받으려 했다. 임금의 명령을 받으면 그래도 당분간 사업을 방해받지 않을 거라고 생각했을 것이다.

이지함의 제안은 어떻게 취급되었을까? 『조선왕조실록』「선조수정실록」에는 이지함의 글을 받았다는 사실까진 실려 있다. 그러니 분명 선조나 조정의 고위 관리가 이지함의 글을 찬찬히 읽긴 한 것 같다. 그러나 그 제안을 수락하진 않았다. 그러자 이지함은 포천 현감 자리에서 사직하고 떠나버렸다.

이지함은 높은 벼슬에 올라 성공하겠다고 생각한 적이 없다. 노비와 다름없는 신세가 되고 장사를 하며 살던 시절에는 그런

꿈을 더욱더 멀게 생각했을 것이다. 그렇게 한평생을 산 사람이 눈앞에 뻔히 보이는 가난한 사람을 도울 수 없다면, 굳이 벼슬자리를 붙들고 있을 만한 이유는 없었다. 상업과 공업의 성공에 대해 현장에서 직접 많은 것을 느끼며 깨달았던 만큼, 조정의 모습을 보고 답답함을 느껴 떠나고 싶기도 했을 것이다. 이지함이 보기에는 뻔히 돈을 벌 수 있는 일이 보이고 여러 좋은 일을 할 수 있는 기회도 보이는데, 이런저런 이유로 움직이지 않는 조정을 보면서 분통 터지는 기분이 들었을 것 같다는 생각도 해 본다.

시간이 얼마간 흐르자, 조정이 이번에는 이지함을 아산 현감 자리에 앉힌다. 이지함은 마지막이라 생각하고 다시 한번 백성들을 위해 나라를 바꾸고자 나선다.

아산을 다스리던 시절에도 이지함은 임금에게 올리는 글을 한 편 썼다. 포천 현감 시절 쓴 글과 다르게, 자신의 생각들을 요약해 놓은 대목도 없고 나라의 부강을 위해 올바른 방향을 제안하는 거창한 내용도 없다. 사업을 제안하는 내용은 더더욱 없다. 백성들이 군대, 병역, 징집 등에 시달려 괴로워하고 있으니 제도를 너무 가혹하게 운영하진 말아 달라는 내용만 있을 뿐이다.

즉 백성들을 돕진 못할망정 나라에서 너무 이상한 방법으로 백성을 괴롭히진 말아야 한다는 뜻으로 군대 제도, 한 가지만 지적하며 현실의 고난을 조금만 이해해 달라고 요청하고 있다. 나는 이지함이 수많은 꿈을 포기하고 사람들에게 조금이라도 실제적인 도움이 되는 일을 해 보겠다고 집중한 결과라고 생각한다.

경제를 궁리한 조선의 선비들

안타깝게도 이지함은 그 글을 쓴 지 얼마 되지 않아 세상을 떠났다. 『어우야담』 등에는 이지함에게 불만을 품은 부하가 그에게 몰래 지네즙을 먹여 독살했다는 이야기가 실려 있다. 사실인지는 알 수 없으나, 나는 그 전설이 부하와도 갈등이 있었을 만큼 이지함이 당시 보통 사람들과는 다른 눈으로 세상을 바라봤다는 뜻이라고 본다.

경제학 책들을 보다 보면 경제학자들이 막상 자신은 돈을 잘 못 벌더라는 농담을 종종 볼 수 있다. 존 케인즈가 예외로 종종 언급되는 정도다. 이지함의 생각을 경제학으로 분류한다면, 그는 누구보다 돈을 열심히 또 잘 벌어 본 학자일 것이다. 그것도 고상하게 특정 분야에 투자를 잘해 큰돈을 벌었던 것이 아니라, 힘겨운 일로 하루하루를 보내며 돈을 모았고 그렇게 땀을 흘리는 동안 돈과 재산에 대해 생각했다.

나는 이런 이지함의 삶이 여타 대다수의 선비가 노비들이 일해 벌어다 주는 쌀로 먹고살면서 이런저런 책과 글로 나랏일을 생각했던 행태와는 굉장히 다르다고 생각한다. 경제는 이래야 한다, 이런 경제 원칙이 바람직하다며 이론을 내세우는 수준을 이지함은 한참 넘어섰다. 그는 사람을 실질적으로 돕기에 좋은 생각을 자유롭게 펼쳐 보고자 했다. 여느 선비들과는 다르게 밑바닥으로 떨어져 처절한 현실을 똑바로 봤던 경험 덕택으로, 이지함의 생각은 평생에 걸쳐 점점 더 깊어졌을 거라는 이야기다.

4장

신분질서를 뒤흔든 노비해방 사상의 선구자

×

유형원

어찌 사람이 사람을 재산으로 삼는가

조선 시대 선비들은 멋지고 아름다운 글을 쓰는 행위를 매우 중요하게 여겼다. 선비들의 고상한 취미로 가장 유행한 것이 시를 쓰는 일이었기 때문에 글 잘 쓰는 행위를 중시 여기기도 했을 것이다. 더 중요한 이유로는 과거도 빼놓을 수 없다.

선비들의 어린 시절 교육 목표로 가장 중시했던 것이 과거 합격인데, 과거는 결국 같은 내용이라도 얼마나 읽기 좋고 아름다운 글로 써 냈느냐에 따라 합격과 불합격이 갈리는 경쟁이다. 그러니 조선은 온 나라의 지체 높은 사람들, 똑똑하다는 사람들이 모두 다 어릴 적부터 나이 들어서까지 글짓기 재주를 겨룬 나라라고 할 만했다.

그 조선의 모든 선비가 쓴 글 중에 가장 아름다운 글귀는 무엇일까? 조선에서 시에 뛰어난 인물이라고 하면, 현대에도 명망이 뛰어난 김삿갓을 빼놓을 수 없을 것이고 한문이 아닌 한국어를 활용한 글을 아름답게 잘 지었기에 지금도 교과서에 자주 실리는 정철도 최고로 거론될 만하다. 그렇지만, 조선 시대에 출간되어 여러 사람에게 읽힌 글 중에 가장 아름답다고 내가 생각하는 대목은 따로 있다.

바로 17세기 조선에서 활동한 작가이자 학자인 유형원이 대표작 『반계수록』의 '노예'라는 항목에 남긴 한마디다.

"사람이란 것은 모두 같은 무리다. 어찌하여 사람이 사람을 재산으로 삼는 이치가 있단 말인가?人者同類 豈有人以人爲財之理"

노비 제도는 부당하며 폐지되어야 함이 마땅하다고 주장하는 유형원의 이 글이, 나는 조선의 모든 글 중에 가장 훌륭하다고 생각한다. 지금에 와서 보면, 사람이 평등하다는 것은 상식이고 도덕의 기본이다. 초등학생들조차 부당한 일을 당했을 때, "사람 차별하지 말라!"라고 따진다. 사람을 노비 취급하면 안 된다는 것 역시 더 말할 필요조차 없을 정도로 평범한 생각이다. 그러나 조선 시대만 하더라도 이런 생각을 품기란 쉽지 않았다. 선비들은 "사람이 옳게 살기 위해선 어떤 일을 해야 하는가" 하는 문제로 평생을 고민하고, 올바르게 사는 길을 따르고자 매순간을 절제하

경제를 궁리한 조선의 선비들

며 자신을 엄하게 다스렸다. 그런데도 선비들 사이에서 노비 제도가 잘못되었다는 생각은 끝끝내 완전히 자리 잡지 못했다.

노비 제도가 잘못된 것 같다는 느낌을 받았던 사람들이 유형원 이전에 없진 않았을 것이다. 그렇지만 조선 시대 선비들 중 노비 제도를 비판하는 내용에 초점을 둔 글을 따로 쓴 사람, 그리고 그 글이 어느 정도 퍼져 읽히도록 한 사람은 내가 아는 한 유형원이 가장 이른 편에 속한다. 이 한 편의 글과 한 줄의 글귀만으로도 유형원은 시대를 한참 앞서서 미래를 내다봤을 뿐만 아니라 미래로 나아가는 방법을 체득한 인물 중 하나라고 볼 만하다.

막상 실제로 『반계수록』의 '노예' 항목을 자세히 읽어 보면,

4장 신분질서를 뒤흔든 노비해방 사상의 선구자: 유형원

유형원의 주장이 인권을 존중하자는 데 초첨을 맞춘 게 아니라는 걸 알 수 있다. 그가 진정으로 만민 평등 사상을 주장했다고 볼 수도 없다. 유형원은 노비 제도가 조선 사회 전체에 실용적으로 별 도움이 되지 않으며, 특히 경제에 있어 비효율적이라는 점을 큰 문제로 생각했다.

조선 노비 제도의 비효율을 해부하다

당연한 말이지만, 노비는 주인이 시키는 일을 하고 살아야 한다. 자신이 잘하는 일, 하고 싶은 일을 선택할 수 없다. 그리고 일을 해서 얻은 성과도 온전히 자기 몫이 되지 않는다. 노비가 한 일의 결과는 결국 주인에게만 도움이 될 뿐이다. 그러니 노비 입장에선 일을 잘할 필요도 없고 열심히 할 필요도 없다. 자연스레 일을 하지 않을 궁리를 하기 마련이다. 노비 대부분은 주인의 눈을 피해 일을 덜할 꾀를 부리려 할 것이다.

조선 인구 중에 상당한 비율을 차지하는 노비들이 일하는 보람이 없는 상태에서 살아가고 있다면, 조선에선 농사일이든 물건 만드는 일이든 제대로 될 리가 없다. 그 탓으로 조선에는 물자가 더욱 부족하고 백성들이 가난해진다는 것이 유형원의 생각이었다. 노비 제도는 노비 주인들이나 좋아할 만한 제도일 뿐 노비에겐 아주 괴롭거니와 나라에는 도움이 안 되는 제도라는 것이다.

경제를 궁리한 조선의 선비들

현대의 학자들 사이에서 조선 시대의 노비 제도가 정확히 어떤 것이었는지에 대해선 다양한 의견이 있다. 조선의 노비들이 어느 정도 자신만의 재산을 가질 수 있는 경우도 있었고, 상당히 넉넉하고 평화로운 삶을 누리는 사례도 종종 발견된다. 이를테면 로마 시대 노예들의 삶과 조선 시대 노비들의 삶이 무척 달랐다는 것은 분명하다.

아무리 그렇다고 해도 조선의 노비가 노비 아닌 사람들과 별다를 바 없이 보람차게 살았다고 볼 수는 없다. 일단 조선에는 신공이라고 해서, 노비라면 누구나 일정한 재물을 주인에게 바쳐야 하는 제도가 있었다. 관청이나 국가가 소유한 노비의 경우 신공을 얼마나 바쳐야 하는지 제도로 정해져 있었기에 상황이 나았지만, 개인이 소유한 노비의 경우 신공에 관련해 별다른 규정이 없었다. 주인 마음에 드는 수준의 재물을 바쳐야 했다. 반대로 말하면, 노비의 재물을 주인이 뜻대로 가져가기에 유리했던 것이 조선의 노비 제도였다.

더 심각한 문제로, 주인은 노비를 때리고 괴롭히는 방법으로 처벌할 수 있었다. 1801년 음력 1월 28일자 『조선왕조실록』을 보면, 당시의 노비 제도가 가혹하다는 것을 설명하면서 거짓말하지 않고 참말을 하게끔 하고자 뾰족한 것으로 살갗을 찌르며 고문하는 일과 노비가 임신했는지 살펴본다면서 젖을 어루만지며 검사하는 따위의 일들이 벌어지고 있다고 지적했다. 『반계수록』에도 주인이 노비를 처벌할 때, "내치고 채찍질하는 것이 소, 말,

4장 신분질서를 뒤흔든 노비해방 사상의 선구자: 유형원

닭, 개와 다를 바 없다"라고 설명하고 있다. 이런 취급을 받고 살면서, 주인으로부터 재산을 제대로 지킬 수는 없다. 노비들이 재산을 모으고자 열심히 일하려는 사회가 탄생할 수도 없다.

마침 유형원과 거의 동시대 인물인 영국의 계몽주의 사상가 존 로크도 비슷한 관점을 갖고 있었다. 그는 사람이 갖는 평등한 권리와 재산권 보장을 강조했다. 계몽주의 사상가들은 타인의 재산을 함부로 빼앗아 가지 못한다는 것이 권리를 함부로 침해하지 않는 일의 기본 중 기본이 되므로, 권리를 지키는 소중한 방편이라고 봤다. 또한 열심히 일해서 얻은 재산이라면 다른 누가 힘이 있다고 해서 함부로 빼앗아 갈 수 없다는 재산권의 보장이 있어야 사람은 열심히 일할 거라고 봤다. 그래야 경제가 발전한다고 짚은 것이다. 만약 지체 높은 귀족이 힘을 내세워 사람들의 재산을 마음대로 빼앗아 간다면 어떻게 될까? 사람들은 잘살기 위해 열심히 일을 할 이유가 없다. 일할 궁리를 하는 대신 그 귀족에게 아부하고 잘 보일 궁리만 할 것이다.

로크는 재산권의 성립을 3단계로 따져 보는 의견을 갖고 있었다. 1단계로 사람은 누구나 자기 자신을 소유할 권리가 있다. 2단계로 사람은 누구나 자신이 하는 노동, 일을 자기의 것이라고 할 수 있는 권리가 있다. 3단계로 사람은 누구나 노동으로 얻은 결과를 가질 권리가 있다. 이런 관점에서 비춰 보면 조선의 노비는 당장 1단계, 자기 자신을 소유할 권리마저도 온전히 갖고 있지 않았다. 유형원은 『반계수록』에서 이러한 상황을 "우리나라에

경제를 궁리한 조선의 선비들

선 노비를 재산으로 삼는다"라고 설명하면서 문제라고 지적했다.

그래서 유형원은 노비 제도를 폐지해야 한다고 봤다. 그리고 부유한 사람이 누군가에게 집안일을 시킬 때는 노비가 아닌 평민을 계약 관계에 따라 고용해야 한다고 주장했다. 이런 제도를 그는 '고공雇工 제도'라고 불렀다. 노비 제도에선 사람에게 일을 시킬 수 있는 방법이 때리고 고문하는 것밖에 없으므로, 노비들은 일과 얽히기 싫어하고 도망갈 틈만 엿본다. 주인 입장에선 노비를 더욱 철저하게 감시하고 더욱 가혹하게 고문하려 든다. 노비의 삶은 더 힘들어지고, 노비가 보람을 갖고 일을 잘하기는 더욱더 어려워진다.

4장 신분질서를 뒤흔든 노비해방 사상의 선구자: 유형원

그러나 유형원이 제안한 고공 제도에선 일을 잘하면 좋은 대우를 받을 수 있고 일을 못하면 해고된다. 그렇기에 때리거나 고문하지 않아도 사람들은 일을 열심히 하려고 한다. 고용주 입장에서도 힘들게 잔인한 수단을 쓰지 않아도 사람들이 알아서 더 열심히 일하려 하니 일이 쉽게 진행될 것이다. 결국 오히려 더 이익을 볼 수 있다고 봤다. 자기 재산을 위하고, 자기 이익을 위하는 가운데 사람들은 더 열심히 일한다.

유형원은 이 현상을 "아랫사람이나 윗사람이 각자 바라는 바가 있으므로, 윗사람은 은혜와 의리로 사람을 부리고 아랫사람은 충성스럽고 부지런해진다"라고 설명했다. 노비를 갖고 있다는 생각에 젖어 있는 노비 주인들 입장에선 노비 제도가 폐지되면 당장 불리하다고 생각하겠지만, 유형원의 주장을 생각해 보면 노비 제도를 폐지하면 그들에게도 오히려 이익이 된다.

노비를 병사로 쓰지 못한 대가

유형원이 노비 제도를 폐지하고자 주장한 또 다른 이유는 노비는 보통 백성이 아니므로 나라에서 벼슬을 내릴 수도 없고 군인으로 징발해 가지도 못한다는 점이었다. 유형원이 『반계수록』을 쓴 시대는 조선에 임진왜란과 병자호란이라는 두 차례의 큰 전쟁이 휩쓸고 지나갔을 때다. 수많은 선비가 큰 충격을 받았

경제를 궁리한 조선의 선비들

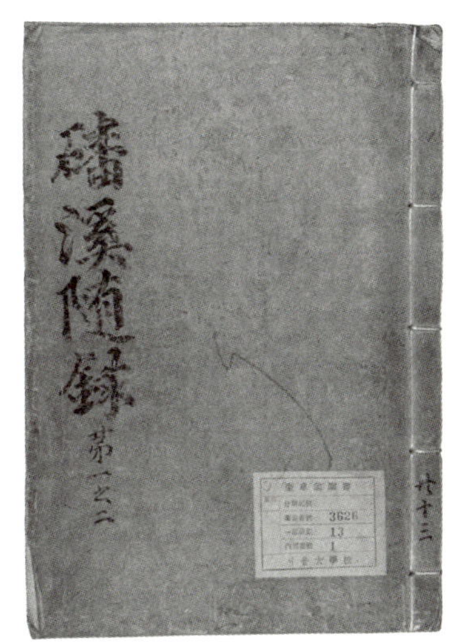

홍대용이 조선 최고의 책으로 뽑은
유형원의 『반계수록』

다. 유형원은 조선이 병자호란 같은 전쟁에서 무력하게 패배해버
린 일을 두고 예방책을 찾아야 한다고 봤다.

전쟁이 또 일어났을 때 패배하지 않으려면 잘 훈련된 병사
가 많아야 한다. 그리고 병사를 잘 다스릴 수 있는 뛰어난 지휘관
들이 있어야 한다. 그런데 노비라고 해서 병사로 뽑지도 않을 뿐
더러 그들 중 뛰어난 사람을 인재로 뽑아 쓸 수도 없다면, 불리한
일뿐이다. 그만큼 조선의 군사력은 약해질 수밖에 없다.

이런 면에서 노비 제도의 문제를 고민한 사람들이 유형원보
다 훨씬 더 앞선 조선 초기에도 있긴 했다. 『조선왕조실록』을 보
면, 세종 시기에 이미 조정에서 노비 제도가 지나치게 가혹한 것
을 문제로 보는 대목이 있다. 특히 세종은 주인이 노비를 너무 심

4장 신분질서를 뒤흔든 노비해방 사상의 선구자: 유형원

하게 고문하거나 목숨을 빼앗는 행위는 문제가 많으므로 엄격하게 금지해야 한다는 생각을 갖고 있었다.

세종 시대의 사람들이 이런 생각을 한 이유는 노비의 인권을 고민했기 때문만은 아니다. 강력한 노비 제도가 운영된다면, 노비 주인들은 노비 숫자를 점점 더 늘리려 할 것이고 노비들은 주인을 두려워해 주인을 대단히 높여 볼 것이기 때문이다. 그런데 조선 조정의 입장, 임금의 입장에선 백성들이 임금과 나라에만 충성하고 복종하길 원한다. 임금이 명령을 내렸는데, 노비가 임금 명령보다 주인 명령을 더 중시한다면 임금에겐 나쁜 일이다.

역적이 공격해 오고 있다고 생각해 정부에서 마을 사람들에게 막으라고 지시했는데, 알고 보니 마을 사람들 대부분 노비이고 그들의 주인이 역적과 친구라면 어떻게 되겠는가? 임금이 역적을 막으라고 지시를 내려도 노비들은 주인의 말을 먼저 들어야 한다고 생각해 임금의 명령은 못 들은 체할지도 모른다.

세종은 아버지 태종이 사병으로 왕자의 난을 일으키고 정도전 등을 제거한 뒤 하루아침에 나라를 뒤엎은 일을 잘 알고 있었다. 도둑이 제 발 저린다고 할 수도 있는 일이긴 하지만, 노비가 너무 많고 주인이 노비를 완전히 휘어잡고 있다면 언젠가 누군가 노비들을 군사로 둔갑시켜 세종을 배신해 공격을 시도할 수도 있는 일 아니겠는가? 이렇게 보면, 노비 제도 따위의 사람 차별하는 제도는 나라에도 별 이득이 되지 않는다는 알 수 있다.

그러나 세종 시대 이후에도 노비 제도에는 별다른 변화가 없

경제를 궁리한 조선의 선비들

었다. 분명히 세종은 주인이 노비를 고문해 살해하는 행위를 엄격히 금지하겠다고 했다. 하지만 이후에도 주인이 노비를 고문하다가 죽게 만드는 일은 자주 일어났다.

세종 시대로부터 400여 년이 흐른 뒤인 정조 시대의 사건 수사 기록을 정리한 『심리록』 같은 책을 보면, 세종의 정책이 거의 지켜지지 않았다는 느낌이 든다. 노비 주인이 노비의 목숨을 빼앗는 사건이 발생했을 때 아무 죄도 아닌 것으로 취급된 건 아니었다. 하지만 그 죄를 가볍다고 보고 대단찮은 처벌에 그치거나 아예 용서해준 일이 흔히 보인다.

『심리록』 3권에 실린 양유언 사건을 소개해 보면 이렇다. 조선 후기에 봉금이라는 이름의 여성이 노비로 살고 있었다. 그런 봉금은 주인에게 돈을 내고 풀려나 자유인, 즉 평민이 되었다. 그런데 얼마 후 봉금의 옛 주인이 병들었을 때 문병을 오지 않는다고 해서 양유언이 몽둥이로 봉금을 몽둥이질했고 봉금은 사망하고 말았다. 노비가 아닌 과거 한때 노비였던 평민을 죽게 한 사건이다. 그러니 분명히 큰 죄를 지은 것이다. 그럼에도 이 사건의 판결을 보면, "아무리 옛 주인이라고 해도, 노비였던 사람이 버릇없게 문병을 오지 않은 것은 잘못이다"라고 해서 처벌을 줄여준 것으로 되어 있다. 이런 세상이라면, 노비 제도가 일으키는 갖가지 문제가 심각해질 수밖에 없을 것이다.

그렇기에 유형원은 조선 사회를 개혁하는 방안으로 노비 제도를 없애는 것을 중요하게 봤다. 특히 조선은 노비의 숫자가 너

4장 신분질서를 뒤흔든 노비해방 사상의 선구자: 유형원

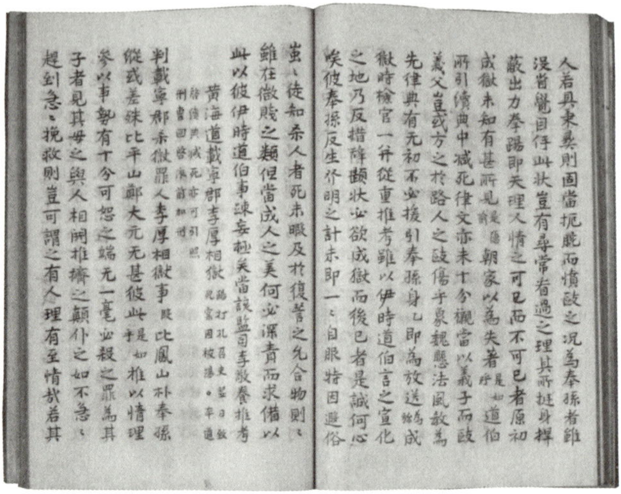

양유언 사건이 실린 홍인호의 『심리록』

무 많은 나라라는 점도 문제였다. "조선 사람의 절반이 노비다"라고 하거니와 다소 과장이 있겠지만 『반계수록』에는 "열 명 중 일고여덟은 노비다"라고 언급하고 있다. 현대의 관련 자료들을 통해 연구된 내용을 봐도, 시간이 흐르면서 노비 숫자가 줄어드는 경향은 나타나지만 대체로 조선 인구의 20%에서 30% 정도는 노비였을 것으로 보인다는 의견이 많다. 하여 노비 제도를 없애 조선을 바꾼다는 생각은 도전해 볼 만한 과제였다.

유형원은 노비 제도가 도덕적으로 옳지 않으며 나라에 이익도 되지 않는다는 점을 두루두루 지적하며 뿌리부터 강하게 비판했다. 유형원 이후 여러 학자가 노비 제도 문제를 지적했고 노비 제도의 변화나 폐지를 주장하는 의견이 계속 나왔는데, 그만큼 후대의 많은 선비에게 공감을 받았다는 뜻이다.

그러니 만약 단 한 가지 제도만 바꿔 조선 사회를 가장 크게 발전시킬 수 있는 현실적 방안을 찾아보라면, 뭐라고 말할 수 있을까? 나는 노비 제도를 폐지하는 거라고 생각한다.

개혁을 꿈꾼 선비의 슬픈 동기

『반계수록』은 상당히 인기를 얻었다. 그런데 유형원이 이 책을 지은 이유를 살펴보면, 상당히 특이하다. 학자가 두루두루 좋은 반응을 이끈 책을 썼다고 하면, 그 책을 쓰고자 대략 어떤 과정을 거쳤을까? "훌륭한 학자로 오랜 세월 존경 받으며 평생을 보낸 인물이 제자들을 위해 자기 생각을 정리한 책이 대표작이다"라고 한다면, 평범한 이야기일 것이다. 유형원이 책을 쓴 과정은 그런 평범한 이야기와는 아주 거리가 멀다.

유형원은 1622년 서울에서 태어났다. 그의 가문은 제법 부유하고 영향력이 있었다. 그렇지만 그의 어린 시절은 밝고 즐겁지만은 않았다. 그가 태어난 지 얼마 되지 않아 그의 아버지가 정치적 문제로 처벌을 받아 목숨을 잃고 말았기 때문이다.

유형원의 아버지가 얽혀든 사건은 '유몽인의 옥사'였다. 간단히 소개해 보자면 이렇다. 능양군이 광해군을 몰아내고 임금 자

4장 신분질서를 뒤흔든 노비해방 사상의 선구자: 유형원

리를 차지해 인조로 즉위하면서, 옛 임금 광해군 시절에 많은 일을 했던 유몽인이 처벌을 받았고 유형원의 아버지는 유몽인과 가깝다고 하여 함께 처벌을 받았다. 그때 희생된 유몽인은 『어우야담』이라는 책으로 조선 시대의 각종 괴상한 이야기와 여러 전설들을 남긴 바로 그 사람이다.

유형원으로선 깊은 원한이 생길 만한 사건이었다. 아버지가 목숨을 잃었으니, 원한이 생길 수밖에 없기도 했을 것이다. 이해할 수 없는 일이라는 생각에, 더 화가 나기도 했을 것이다.

그럴 만도 했던 것이, 인조 쪽에서 봐도 유몽인이나 그의 친구들이 광해군과 아주 가깝다고 할 수는 없었다. 능양군이 광해군을 몰아내야 한다고 주장하면서 내세운 가장 큰 명분은, 광해군이 비록 친어머니는 아니지만 어머니뻘 되는 궁중 어른인 인목대비를 쫓아내려 했다는 것이었다. 조선 시대 기준으로 예의에 너무 심하게 어긋나는 폐륜적 불효라고 할 만했다.

당시 유몽인은 광해군의 신하이긴 했지만 인목대비를 몰아내는 일에는 반대했다. 그 바람에 오히려 광해군의 눈 밖에 나기도 했다. 심지어 그는 광해군이 옳지 않은 일을 한다는 생각에 서울을 떠나 도봉산 기슭에 숨어 살았다는 말이 있을 정도였다.

광해군을 몰아낸 능양군 입장에선 유몽인도 광해군에게 미움을 받은 사람이니 오히려 같은 편이라고 볼 수 있지 않았을까? 나아가 유형원의 아버지도 같은 편으로 볼 수 있지 않았을까? 그러나 능양군의 무리는 그렇게 생각하지 않았던 것 같다. 광해군

경제를 궁리한 조선의 선비들

문제만 보면 능양군과 유몽인은 같은 편이다. 그러나 힘으로 임금을 갈아 치운 능양군과 그 일파의 입장에서 보면, 유몽인처럼 바른말 하는 사람은 위험하다. 나중에라도 "어머니뻘 되는 사람을 내쫓는 것도 나쁜 일이지만, 임금을 쫓아내는 것도 나쁜 일 아닌가?"라는 주장을 내세우며 사람이라도 모으면 위협이 될 것이다. 더군다나 유몽인은 글을 잘 쓰고 말도 잘해 선비들 사이에서 꽤 인기가 있었다.

그렇다 보니, 능양군은 인조로 즉위한 후에 엉뚱하게도 "유몽인이 광해군을 다시 임금으로 되돌리려는 음모를 꾸민 것 같다"라며 누명을 씌워 처형해버렸다. 그 과정에서 유형원의 아버지까지 목숨을 잃은 것이다. 말하자면, 쿠데타를 일으킨 능양군의 무리가 자신들이 너무 엄청난 일을 저질렀다는 두려움으로 주변의 의심스러운 사람들을 닥치는 대로 처형해버린 느낌이다.

모르긴 해도, 유형원은 어린 시절부터 아버지의 원수이자 학파와 가문의 원수라고도 볼 수 있는 능양군의 무리, 인조와 그의 핵심 신하들을 상당히 싫어했을 듯싶다. 어린 유형원은 하루빨리 힘을 길러 아버지의 원한을 갚고, 임금의 자리를 빼앗은 무리에게 벌을 주고 싶다는 생각을 잠깐 했을지도 모른다.

그러던 중에 1627년과 1636년, 정묘호란과 병자호란이 발발했다. 널리 알려져 있듯, 광해군은 청나라와의 다툼을 최대한 피하려고 했고 인조는 명나라와의 의리를 위해 청나라에 강하게 맞서야 한다고 주장했다는 이야기가 있다. 현대 학자들의 연구

4장 신분질서를 뒤흔든 노비해방 사상의 선구자: 유형원

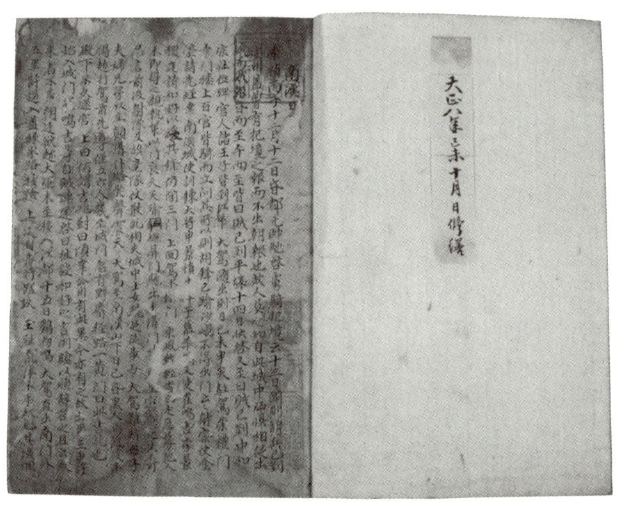

병자호란 당시 남한산성에서 겪은 일을 기록한 일기 『남한일기』

결과를 종합하면, 인조가 막상 실제로 한 일을 살펴봤을 때 그 역시 청나라와의 전쟁을 피하고자 나름대로 노력한 것 같다고 한다. 그러나 적어도 그 시절, 조선 선비들이 보기에 인조는 광해군과 달리 청나라에 강하게 맞서는 사람처럼 보였을 것이다.

그러나 청나라에 강하게 맞서겠다는 계획은 완전히 빗나갔다. 두 차례의 전쟁에서 조선은 모두 패배했다. 인조의 완전한 실패였다. 얼핏 생각하면 유형원 입장에선 "능양군, 인조는 유몽인 선생과 우리 아버지까지 제거하면서 자기가 광해군보다 훨씬 더 좋은 임금이라고 잘난 척하더니, 꼴 좋다"라고 생각했을지도 모른다. 인간적으로 인조가 전쟁에서 패배한 것이 고소하다고 생각

경제를 궁리한 조선의 선비들

했을 수도 있다는 이야기다.

그런데 막상 그런 일이 벌어지고 나니 조선의 선비 입장에서 마냥 고소하다는 생각만 가질 수 없었다. 특히 병자호란은 너무나 수치스럽고 치욕스러운 패배였기에 항복하고 휴전하는 과정도 매우 지저분했다. 인조가 직접 청나라 태종 앞에 나아가 무릎을 꿇고 머리를 조아리며 항복하는 의식을 치렀고, 잘못을 반성문 형식으로 쓴 뒤 비석으로 새겨 만들어 놓으면서 잘못했다고 빌어야 했다. 도덕, 의리, 예절, 명분, 체면을 중시한 조선 선비들에게 엄청나게 충격적인 일이었다. "다 같이 싸우다가 전멸하면 전멸했지, 어떻게 우리 임금이 비굴하게 살려 달라고 빌도록 할 수 있단 말인가?"라고 괴로워하는 선비들이 매우 많았다. 병자호란은 현대의 역사학자들이 보기에도 조선 전기와 후기를 나누는 전환점으로 자주 거론되고 있을 만큼 큰 충격을 준 사건이었다.

유형원의 개인사에서도 병자호란은 힘겨운 사건이었다. 전쟁 통에 청나라 군사들이 조선의 주요 도시를 향해 몰려 왔기 때문에, 그 역시 가족들과 함께 서울의 집을 떠나 피난을 가야 했다. 전쟁이 일어난 1636년이면 유형원은 14세, 15세 정도의 나이였다. 아버지가 없었기에 조선 시대 문화에서 청소년에 불과했던 유형원이 가족을 이끌어야 했다. 다행히 유형원의 가족은 강원도 원주로 피난 가는 데 성공해 누구 하나 목숨을 잃지 않았다. 하지만 피난살이를 하는 동안 유형원의 마음속에는 굉장히 부정적인 마음이 자리 잡았을 것이다.

공동 노동은 게으름의 폐단

나는 그런 가운데 유형원의 마음속에 세상에 대한 독특한 관점이 생겼을 거라고 짐작해 본다. 아버지의 원수라는 점을 생각해 보면 분명 능양군, 인조와 그를 따르는 무리는 밉다. 그렇지만 아무리 그래도 인조가 조선의 임금인데 그가 살려 달라고 빌게 만든 청나라를 좋아할 수는 없다. 선비로서 느낀 치욕을 생각하면 오히려 청나라가 더 미울 수 있다. 그러면 유형원으로선 무엇을 추구해야 할까?

다른 시절의 여느 선비였다면, 벼슬에 올라 세력을 모은 후 아버지를 해친 능양군 무리를 몰아내는 일 정도를 꿈꿨을 것이다. 그러나 내 나라, 조선의 임금이 청나라에 치욕을 입었다고 생각하면, 오히려 능양군이 청나라에 복수할 길을 찾아 주고 싶다는 마음이 생길 것이다. 가문의 원수를 갚아야 하나 나라의 원수를 갚아야 하나, 복잡한 생각 속에서 결론을 내기 어렵다.

결국 유형원은 벼슬을 하지 않고 훌쩍 떠나기로 결심한다. 나는 그런 복잡한 마음속의 갈등 때문에 유형원이 정치와 나랏일에서 떠나 순수하게 백성 편에서 나라를 부강하게 만드는 방법을 연구하게 되었다고 상상해 본다. 그 결과로 그가 『반계수록』이라는 위대한 책을 쓸 수 있었다고 생각한다.

유형원은 또다시 청나라와 전쟁이 벌어진다면 절대로 패배하지 않을 방법을 연구했다. 하지만 그저 임금에게 충성해 똘똘

경제를 궁리한 조선의 선비들

뭉치기만 하면 된다는 방향으로 탐구를 진행하지 않았다. 그런 생각은 아버지의 원수에게 도움을 줄 뿐이다. 특정 파벌의 정치인들에게 힘을 실어 주면 모든 일이 다 잘될 거라는 식의 방향으로 탐구하지도 않았다.

그는 파벌이나 붕당을 무시하고 높은 벼슬을 살고 있는 사람들의 생각과 이익 역시 젖혀 두고, 백성들을 더 부유하게 만드는 방법을 찾기로 했다. 우선 백성들이 부유해져 여유롭고 풍족한 분위기 속에서 더 많은 병사와 무기를 준비해 군대도 강력해지는 방법을 찾고자 했다. 『반계수록』에 실려 있는 「서수록후書隨錄後」라는 글을 보면, 현실의 문제를 지적하면서 "바깥 지방의 다른 민족夷狄이 중국華을 무너뜨렸다"라는 말을 중요하게 언급했다. 『반계수록』을 쓴 중요한 목적이 바로 바깥 지방의 다른 민족, 즉 청나라에게 복수할 방법을 찾는 것이라는 뜻이다.

『반계수록』을 쓰기 전에 유형원이 과거를 보긴 했다. 그러나 여러 글을 보면 할아버지의 바람을 따랐던 것뿐이라고 이야기하고 있다. 그럴 만도 한 것이, 유형원은 할아버지가 세상을 떠나자 아예 멀리 전라도 부안으로 떠나버렸다. 이후 그의 행적은 서울살이에 미련을 갖는 모습도 아니고 성공해 이름을 떨치는 데 욕심을 품은 모습도 아니다. 그는 그저 부안 우반동에서 책을 읽고 새로운 지식을 얻고자 고민하면서 조용히 20년의 세월을 보냈다. 그렇게 탄생한 책이 바로 『반계수록』이다.

『반계수록』의 내용은 파격적이다. 책의 첫 내용은 토지 제도

4장 신분질서를 뒤흔든 노비해방 사상의 선구자: 유형원

에 관한 것이고 첫 마디는 고대 중국에서 논의된 토지 제도인 '정전법井田法'을 칭찬하는 것이다. 그런데 조선 시대 선비들이라면 누구나 다 알고 있어 내용을 통째로 외우다시피 할 정도의 고전 『맹자』를 보면, 고대의 정전법은 나라에서 땅을 나눠 집마다 동일하게 주는 제도라고 소개되어 있다. 여덟 집을 한 묶음으로 땅을 나눠 준다고 할 때, 가로 세로 바둑판 모양으로 줄을 두 개 그으면 '井'과 같이 되는데 중앙 땅의 경우 공동으로 농사를 지어 나오는 곡식을 세금으로 바치고 바깥쪽 땅의 경우 집마다 나눠 가진 후 농사를 지어 각자 먹고살 양식으로 갖는다.

조선 후기에는 위세가 높고 명문인 양반 가문이 많은 땅을 갖고 있었고, 가난한 사람은 매우 적은 땅을 갖고 있거나 아예 땅이 없기에 땅을 빌려 농사를 지었다. 그런 상황에서 유형원이 집집마다 땅을 똑같이 나눠 주는 제도를 내세운 것은 무척 강한 주장이었다. 그 때문에 유형원의 사상을 두고, 자기만의 재산을 갖는 것을 인정해 주지 않는다고 생각하거나 개인의 권리를 부정적으로 생각하는 한편 유형원이 사회의 통제를 중시했다고 생각하는 사람들도 있다.

막상 『반계수록』의 다음 내용을 보면, 유형원은 결코 고대 중국의 정전법을 그대로 실시하자고 주장하지 않았다. 그는 정전법을 참고하긴 했지만 훨씬 현실적으로 변형한 토지 제도를 시행하자고 제안했다. 그렇게 개발한 그의 토지 제도를 최윤오 선생 등의 학자는 '공전제公田制'라고 불렀다.

경제를 궁리한 조선의 선비들

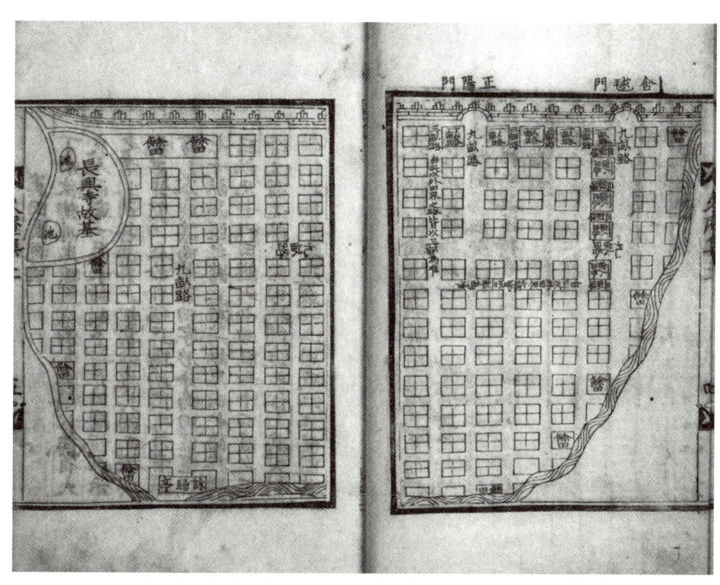

「기자정전도」가 실린 조선 시대 문신 한백겸의 『구암유고』

공전제에 따르면, 나라에서 사람들에게 땅을 나눠 주긴 하지만 꼭 서로 연결되어 있는 땅을 아홉 조각으로 나눈 뒤 배분해 주진 않는다. 각자 정해진 몫의 넓이가 같은 땅을 이곳저곳에서 나눠 주는 것이다. 또한 『맹자』에 설명되어 있듯, 중앙 땅에서 공동으로 농사를 지어 세금을 낸다는 대목도 없애버렸다. 대신 사람들은 각자 얻은 땅에서 힘껏 농사를 짓고 수확한 몫을 자기가 갖는다. 그리고 수확한 곡식의 일정 비율을 세금으로 낸다.

유형원은 직접 고안한 공전제가 정전법보다 더 나은 이유를 설명했다. 만약 『맹자』에 실려 있는 정전법처럼 세금 내는 땅에

4장 신분질서를 뒤흔든 노비해방 사상의 선구자: 유형원

서 공동으로 농사를 짓게 하면 어떻게 될까? 유형원은 그렇게 하면 "사람이 간교하게 일하려고 하는 폐단長奸之弊"이 클 수밖에 없다고 봤다. 열심히 신경 써서 일해 봐야 어차피 내 몫이 될 수 없으니 세금으로 낼 땅에 대해선 최대한 일을 안 하려고 할 거라는 이야기다. 자기 몫이 되지 않을 일을 굳이 더 잘해 보려고 궁리하는 사람도 없을 테니, 그런 식으로는 세금을 많이 걷을 수 없다.

반면 자기 땅으로 정해진 구역에선 노력한 만큼 자기 재산을 최대한 잘 가질 수 있게 하면, 각자 열심히 일해 농사를 잘 지으려고 애쓸 것이다. 그렇게 농사가 잘되면 그중 일정 양을 세금으로 떼어 가니 세금도 더 많이 걷을 수 있다.

벼슬아치여, 백성의 땅을 탐하지 마라

비슷한 방향에서 유형원은 공전제와 함께 경묘법頃畝法을 시행하는 일도 중요하다고 주장했다. 그는 공전제 실시가 너무 파격적이라 어렵다면 경묘법이라도 먼저 실시해야 한다고 주장해따. 그렇게 보면, 경묘법은 『반계수록』에서 가장 핵심적인 내용이라고 볼 수도 있겠다.

경묘법이란 사람마다 차지하고 있는 땅이 어디인지 그 넓이와 위치를 정확하게 정해 장부에 기록해 두고, 실제 넓이를 기준으로 세금을 매기자는 취지의 제도다. 유형원은 땅이 어디에 어

경제를 궁리한 조선의 선비들

느 정도의 넓이로 있는가 하는 내용을 사람들끼리 서로 문서로 쉽게 확인할 수 있도록 관청에서 도움을 줘야 한다고 주장했다. 현대 사회의 우리가 보기에는 너무나 상식적인 제도다. 지금 식으로 말해 보자면, 경묘법은 부동산 등기부를 만들어 놓고 등기부 등본을 쉽게 떼어 볼 수 있게 해 놓자는 제도다.

그런데 조선 시대에는 이런 취지가 상식적이지 않았다. 조선 시대 토지 제도의 기본은 경묘법이 아니라 결부법^{結負法}이었다. 결부법에선 땅 넓이에 따라 세금을 매기지 않고 땅이 얼만큼의 농작물을 생산할 수 있느냐에 따라 세금을 매겼다. 그래서 세금 매기는 땅의 단위인 '결'은 실제 땅 넓이가 아니었다.

1결은 대략 곡식 300말, 그러니까 약 5천 리터의 곡식을 추수해 얻을 수 있을 수 있는 땅을 말한다. 그렇기에 곡식이 잘 생산되지 않는 척박한 땅은 같은 1결이라고 해도 상당히 넓다. 그 정도로 널찍한 곳에서 농사를 지어야 5천 리터를 추수할 수 있을 것이기 때문이다. 반대로 곡식이 다른 곳보다 훨씬 더 잘 생산되는 비옥한 땅은 같은 1결이라고 해도 좁을 것이다. 그리 넓지 않은 땅에서 농사를 지어도 5천 리터를 쉽게 추수할 수 있을 것이기 때문이다.

이렇다 보니 장부만 봐선, 어디부터 어디까지가 누구의 땅이고 어느 곳의 땅 넓이가 어느 정도인지 정확히 알기가 어려웠다. 게다가 땅 넓이를 따지는 것이 복잡하고 애매하니, 힘 있는 사람은 넓은 땅을 차지하고도 장부에 결 수를 작게 기록하게끔 해서

4장 신분질서를 뒤흔든 노비해방 사상의 선구자: 유형원

세금을 적게 내는 따위의 일을 자주 저질렀다고 한다. 반대로 힘 없는 사람은 땅이 작은데도 결 수는 많아서 세금을 많이 낼 수도 있었다. 심지어 어영부영하는 사이 힘 있는 사람에게 땅을 빼앗기는 일도 벌어졌다. 땅이 어디서부터 어디까지인지 확인할 방법이 없으니, 힘 있고 목소리 큰 사람이 이기는 식이었다. 정부 입장에서도 결 단위로 땅을 따지면 정확하게 기록하는 게 쉽지 않아 별다른 도움을 줄 수 없었다.

유형원은 그런 복잡한 제도를 없애고 땅 넓이는 말 그대로 땅의 실제 넓이로 따지고 '경'이라는 단위를 쓰자고 주장했다. 1경을 현대식으로 얼마쯤인지 정확히 알 수 없지만, 대략 1만 제곱미터로 볼 수 있겠다. 공교롭게도 현대의 미터법으로 따졌을 때 가로 세로 100미터인 땅 넓이와 맞아떨어진다.

또한 유형원은 누구의 땅이 어디서부터 어디까지인지 명확하게 해 두고 실제 넓이로 재산을 측정해 세금 걷는 기준으로 삼자고 했다. 동시에 이러한 내용을 정부에서 장부에 써 두는 한편 책임지고 관리해 힘 있는 사람이 힘 없는 사람의 땅을 빼앗지 못하도록 막자고 주장했다.

가만 보면, 이 또한 재산권을 잘 보호해 주는 방법으로 경제를 발전시키자는 생각이다. 내가 내 땅에서 농사를 열심히 짓는다고 해도, 어느 날 힘 있는 사람이 "거기는 사실 내 땅이었다"라고 하루아침에 모든 농작물을 빼앗아 간다면 어떻게 될까? 농사를 열심히 지을 이유가 없다. 내가 잘살기 위해선 나도 과거를 잘

경제를 궁리한 조선의 선비들

보고 고위 관리에게 줄을 잘 서서 벼슬자리를 꿰차 벼슬의 힘을 얻어야 한다. 그게 아니라면 힘 있는 사람에게 뇌물을 바치고 아부하며 잘 보이는 것이 중요하다. 벼슬이 높아지거나 높은 벼슬의 힘 있는 사람하고 친해지기만 하면, 그 힘으로 적당히 남의 땅을 가져올 수 있다.

유형원은 그런 세상이라면 사람들이 일을 열심히 할 생각은 하지 않고 아부하기, 뇌물 바치기, 벼슬자리 다툼에만 애쓸 거라고 봤다. 그런 나라에선 농사가 잘될 리도 없고 물자가 풍부해질 리도 없다. 로크가 재산권을 보호해 주자는 것과 같은 발상이다.

지금 누군가 "재산권을 보호해 줘야 한다"라고 말하면, 많은 이가 떠올리길 재산이 많은 사람, 즉 부자의 입장을 보호해 주자는 말인가 싶다. 그래서 재산권 보호라는 것이 부유한 사람에게 유리한 것처럼 생각하기 쉽다. 그렇지만 유형원의 시대나 로크의 시대에 사상가들이 강조한 재산권이란 평범한 사람, 가난한 사람들의 재산권이다. 고위 관리의 힘이 워낙 강한 시대이기 때문에 최소한 남의 재산만은 함부로 빼앗아가지 못하도록 해야 한다는 것이 그 시절, 재산권 보호의 의미였다. 다시 말해, 유형원의 재산권 보호는 그 시절 조선 시대의 현실을 고려할 때 힘 있는 사람과 조정의 고위 관리로부터 백성들의 재산을 보호해 주자는 이야기였다.

애덤 스미스 같은 유럽 경제 사상가들이 자유 방임 경제를 주장한 시절에 '자유 방임'을 앞세워 강조한 의미 또한 어느 정도

4장 신분질서를 뒤흔든 노비해방 사상의 선구자: 유형원

는 이 방향에 가까웠다. 사람들이 돈을 벌고 쓰는 일을 자유롭게 하도록 놔두자는 주장은, 그렇게 자유롭게 놔둬 돈 많은 사람이 활개치는 세상을 만들자는 뜻만은 아니었다. 오히려 그 시절에는 힘 있는 귀족들이 남의 돈을 너무 쉽게 가져갈 수 있었기 때문에 그런 식으로 타인의 자유를 해치지 말라는 의미도 있다. 자유를 인정해 주지 않고 "나라에서 좋은 제도를 만들고 명령을 내려 재산을 조정해 주겠다"라고 하면, 귀족과 벼슬아치들이 자신들에게 유리한 제도를 만들어 타인의 재산을 빼앗아 챙길 것이다. 유형원 식으로 생각할 때, 자유 방임이란 그런 식으로 사람들의 재산을 정부가 마구잡이로 빼앗아 힘 있는 사람들에게 유리하도록 쓰려 들지 말고 제발 가만히 놔두라는 의미다.

노력해도 빼앗기는 노동 심리와 재산권의 역설

유형원 시대 조선의 문제를 잘 볼 수 있는 것은 『반계수록』에서 '과일나무 심는 일'에 대해 이야기하는 대목이다. 예를 들어 내 땅에 과일나무가 자라고 있으면 나무에서 열리는 과일을 얻을 수 있을 테니 이익일 것이다. 사람에 따라선 과일나무를 더 열심히 키워 더 많은 과일을 얻으려고 노력하기도 할 것이다. 자유, 평등, 개인의 권리를 보장해야 한다는 상식이 있는 현대 사회에선 너무나 당연한 일이다.

경제를 궁리한 조선의 선비들

그러나 유형원이 설명한 조선의 현실은 달랐다. 조선 사회에선 과일나무가 우연히라도 자라나면, 뽑아 버리거나 잘라서 없애는 사람들이 많다면서 문제라고 지적했다.

키우기만 하면 과일이 생길 나무를 왜 일부러 없앤단 말인가? 높은 벼슬아치들이 '과일나무 있는 집'이라고 정해 세금 걷는 대상으로 지정하고 나면 그들 마음대로 과일을 내놓으라고 할 수 있기 때문이다. 나라에 바쳐야 하니 세금으로 내놓으라고 할 수도 있고, 적당한 핑계를 대고 갑자기 과일을 내놓으라고 할 수도 있다. 설령 과일나무에 열린 과일을 다 따서 바쳤는데도 또 다른 탐욕스러운 벼슬아치가 "과일을 내게 바쳐야 한다"라고 명령한다면 어떻게 될까? 돈을 주고 과일을 사서라도 그에게 바쳐야 한다. 그렇게 하지 않으면 벼슬아치가 과일나무 있는 집 주인에게 없는 죄라도 만들어 뒤집어씌워 처벌할 것이기 때문이다.

일이 이렇게 돌아가니, 과일나무를 키워 과일을 생산할 수 있음에도 오히려 나무를 없애버린다. 다른 여러 사업도 마찬가지다. 이익이 될 만한 일이 있어도 굳이 위험하게 나서는 사람들이 없다. 자칫 빌미를 잡혀 법을 어겼네, 규정을 위반했네, 벼슬아치 마음을 거슬렀네 하는 말을 들으면 무슨 봉변을 당할지, 무슨 고생을 할지 모르기 때문이다.

유형원은 이런 일들이 너무나 한심한 짓이라고 지적했다. 그리고 이런 일이 벌어지고 있으니, 물자가 부족해지고 국력이 약해질 수밖에 없다고 했다. 이런 일을 막기 위해 정부가 나서서 복

4장 신분질서를 뒤흔든 노비해방 사상의 선구자: 유형원

잡한 제도를 단순하게 만들고 백성들의 재산을 확실히 지켜 주고자 노력해야 한다고 봤다.

그렇게 생각하면 공전제가 갖고 있는 재산권 보호 성격도 좀 더 깊이 살펴볼 만하다. 현재 대한민국의 민법은 재산권을 사용권, 수익권, 처분권으로 설명하고 있다.

사용권은 내 재산을 내 마음대로 사용할 권리다. 공전제에서 내 땅은 내 마음대로 농사를 지을 수 있다. 고대 중국의 정전제에서 말하는 것처럼 타인과 함께 공동으로 농사를 지어야 하는 땅이 있다거나 하는 규정이 없다. 유형원이 주장한 토지 제도에 따르면, 이웃에 사는 고위 관리가 결부법 제도를 악용해 내 땅에서 내 마음대로 농사를 짓지 못하도록 방해하는 일을 막고자 했다.

수익권은 내 재산을 이용해 얻은 이익을 내가 차지할 권리다. 유형원의 공전제에선 이 권리 역시 최대한 지켜 줘야 한다고 주장한다. 내 땅에서 자라나는 과일나무의 과일은 내 몫이고 힘 있는 사람이 함부로 빼앗아가지 못한다는 게 유형원의 주장이다.

처분권은 내 재산을 내가 버리거나 타인에게 줄 수 있는 권리다. 유형원은 이 권리를 제한해야 한다고 주장했다. 공전제에 따를 경우, 아무리 내 땅이라도 함부로 타인에게 주거나 혹은 타인의 땅을 받거나 땅을 사고팔거나 할 수 없다. 땅은 나라에서 관리하면서 사람마다 나눠 주는 것이다. 내가 농사짓던 땅을 내 후손에게 물려 줄 수는 있지만, 그조차도 규정에 따라 어느 정도까지만 가능하다. 아무리 부자라고 해도 타인의 땅을 사서 자기 땅

경제를 궁리한 조선의 선비들

을 넓히지 못하고, 땅을 팔아 날려 버리고 땅 없는 신세가 되는 사람이 마구 생겨나지도 않는다. 반대로 말하면, 누구든 농사짓고 살아남을 수 있는 정도의 땅은 갖는다.

이렇게 보면, 공전제는 사용권과 수익권은 철저히 보호하는 대신 처분권은 제한하는 제도라고 볼 수 있다. 모두 동일한 재산을 가져야 한다거나 빈부의 격차를 완전히 없애야 한다는 제도는 아니다. 『반계수록』은 노골적으로 "재산 천금이 있는 집은 결국 부유한 것이다"라고 하여 부자와 빈자의 차이를 인정하고 있다. 뿐만 아니라 공전제를 시행할 경우, 부자와 빈자의 차이가 사라지는 게 아니라 부지런한지 게으른지에 따라 달라질 거라고 주장했다. 사람들이 더 부지런히 일해 부자가 되도록 하자는 뜻이다. 그렇게 하면 나라 전체가 더 부유해질 수 있고 세금도 더 많이 걷을 수 있다는 뜻이다.

스스로 과일나무를 뽑아버린 경제학

유형원은 공전제를 시행하는 방안에 대해서도 상당한 관심을 갖고 있었다. 그는 하루아침에 모든 땅을 정부가 거둬들인 후 똑같이 나눠 준다는 방법은 비현실적이라고 봤다. 『반계수록』에서 공전제가 "부유한 사람의 땅을 빼앗자는 것이 아니다"라고 명확히 지적하기도 했다. 그런 식으로 제도를 급하게 밀어붙이면

4장 신분질서를 뒤흔든 노비해방 사상의 선구자: 유형원

땅을 많이 갖고 있는 사람들이 분명 격렬히 반대할 테니, 공전제를 영영 시행할 수 없을 거라고 걱정했던 것 같다.

대신 유형원은 땅을 처분하는 방법에 적당한 제한을 두면 세월이 지나는 가운데 부자의 재산은 서서히 자손들에게 나눠 분배될 것이며, 타인의 땅을 더 살 수는 없으니 땅이 몇몇 사람에게 모이기보단 세월이 흐르는 사이에 점차 나눠질 거라고 봤다. 그런 식으로 수십 년, 수백 년에 걸쳐 서서히 사람들이 가진 땅의 크기 차이가 줄어드는 부드러운 방법이 현실적이라고 봤다.

이렇게 보면, 『반계수록』의 주장은 정부의 힘을 동원해 모두 같은 재산을 가져야 한다는 주장이라기보단 오히려 "재산의 차이는 있겠지만 최소한 먹고살 만큼의 땅은 누구나 가질 수 있도록 도와주자"라는 사회 보장 제도에 좀 더 가깝다는 느낌이다. 현대 식으로 말하자면, 최소한의 기본 소득은 누구나 받을 수 있도록 보장해 주자는 발상이라고 할 만하다. 유형원이 이런 생각을 한 이유를 거슬러 올라가 보면, 결국 사람들이 먹고살 수 있는 길이 마련되어야 그를 가끔이라도 병사로 삼을 수 있기 때문이었다. 땅이 있으면 군 입대를 해야 하고 군인 출신에게 땅을 나눠야 한다는 게 유형원이 계획한 부강한 조선의 모습이었다.

나는 유형원이 이런 생각을 한 것이 어쩌면, 고민 속에서 서울을 떠나 부안으로 갔기 때문일 수도 있다고 생각한다. 그가 하필이면 부안으로 간 이유는 따로 있는데, 그곳에 가문의 땅과 재산이 있었기 때문이다. 구체적으로 명확히 알려진 것은 없지만,

경제를 궁리한 조선의 선비들

아마도 유형원의 가문은 부안에 상당한 땅과 노비를 갖고 있었던 듯하다. 거기에서 나오는 소득이 있었기 때문에 부안에 가서도 유형원은 연구와 글 쓰는 일에 집중할 수 있었다.

서울에서 유형원은 벼슬 경쟁을 하는 양반 집안들 사이에서 살았다. 반면 부안에선 힘겹게 농사를 지으며 하루하루 살아가는 노비들 곁에서 지냈다. 그렇게 그는 노비들이 어떻게 살고 있고, 양반들과 어떤 차이가 있으며, 노비로 전락하는 이유가 뭔지 절절히 깨달았을 것이다.

높은 벼슬을 차지한 힘 있는 가문은 타인의 재산을 가져갈 수 있으니 점점 더 부유해지지만, 양반이라는 이유로 군대에 가진 않는다. 심지어 세금도 내지 않는다. 반대로 힘 있는 사람들에게 재산을 빼앗긴 농민은 먹고살 길도 막막한데 가끔 군 입대도 해야 하므로 살기가 더 어려워진다. 그러다 보면, 차라리 군대에라도 안 가게끔 노비가 되는 게 낫다고 생각하는 사람들이 생긴다. 사람으로서 살 수 있는 길을 포기하고, 소나 말과 다름없는 신세인 노비가 되기로 한다. 유형원은 이러한 비극을 목격했을 것이고, 조선의 군사력이 약해지는 이유와도 연결된다고 생각했을 것이다.

그 때문인지, 유형원은 공업이나 상업 역시 비슷한 방식으로 발전시킬 방법을 생각한 듯 보인다. 『반계수록』의 '공장空場' 항목을 보면, 첫머리에서 "공장을 폐지해야 한다"라고 주장하고 있다. 여기서 공장은 누구나 사고팔고 싶은 물건을 거래하는 장터를 말한다. 이런 곳을 금지해야 한다고 주장하고 있으니, 상업을 좋게 생각하지 않아 상거래를 하지 못하도록 막는 정책을 제안한 것 아닌가 오해할 수 있다. 아닌 게 아니라, 유형원은 조선 시대의 여느 선비들처럼 상업이 지나치게 발전하는 것은 사람들이 돈만 밝히는 일이니 좋지 않은 풍조일 수 있다고 보긴 했다.

그러면서도 그는 당시 조선의 상황을 감안하면 상업 활동을 더 키워주는 게 맞다고 봤다. 그가 보기에 조선은 너무 심할 정도로 상업이 발전하지 못했기 때문이었다.

날씨가 유독 좋지 않아 한 마을에서 농사가 잘되지 않았다고 가정해 보자. 그 마을 사람들은 집안 물건을 다 팔아 비싼 돈을 주고라도 살아남고자 곡식을 사려고 할 것이다. 상업이 발달했다면, 상인들이 돈을 벌고자 곡식을 싸들고 앞다퉈 그 마을로 몰려갔을 것이다. 굶주리는 사람을 구하기 위해서가 아니라 비싼 값에 곡식을 팔아 돈을 벌 수 있기 때문이다.

그러는 가운데 상인들이 점차 많이 몰려가 경쟁을 하다 보면 곡식 값은 점차 내려갈 것이다. 결국 마을 사람들은 터무니없이 비싸진 않은 값으로 곡식을 구해 살아남을 수 있을 것이다. 상인들은 돈을 벌 수 있고 굶주린 사람들은 곡식을 구할 수 있다. 나라 전체에 좋은 일이 생긴다.

유형원은 그런 원리를 충분히 알고 있었다. 그러나 그가 살았던 때의 조선은 상업이 쇠퇴했고 상인도 부족했다. 설령 온 나라에 풍년이 들어 곡식이 남아돈다고 해도, 어느 한 골짜기에 흉

경제를 궁리한 조선의 선비들

년이 들면 그곳의 사람들은 물자를 구하지 못해 굶주려 고통받는 일이 발생할 수도 있을 만큼 상인이 부족했다. 유형원은 『반계수록』에서 이러한 상황을 "나라의 풍속이 쇠락해 재화가 피폐해지고 유통되지 않고 있다國俗墮窳 貨弊不通"라고 한탄했다.

그래서 그는 장터를 금지하자면서도, 정해진 가게에서 거래하는 사업은 오히려 훨씬 더 많아져야 한다고 주장했다. 그는 도로를 따라 30리, 그러니까 약 10km 간격으로 참점站店이라는 가게들을 만들어 상거래의 중심지로 삼자고 했다. 전국의 행정 구역인 부部, 방坊, 거리街衢, 읍邑, 진鎭, 역驛에도 가게 건물을 만들어 놓자고 했다. 전국 어디서나 번화한 곳에 가면 쇼핑몰 같은 곳이 있게끔 상업이 활성화되어야 한다고 주장했다. 유형원은 여느 보통 사람이 가게 건물을 세우는 사업을 벌일 경우에는 나라에서 지원해야 한다고까지 주장했다.

그러면서도 그가 장터는 폐지하자고 주장한 이유는 무엇일까? 유형원이 지적한 장터의 가장 큰 문제는, 체계적으로 운영되게끔 하기 어렵기 때문에 정부 관청에서 임의로 상인들의 물건을 갈취하는 일이 많이 생긴다는 점이었다. 예를 들어 장터에 누군가 배추를 팔러 나왔다가 관청의 고위 관리에게 나라에 배추가 필요하니 세금으로 바치라는 명령을 받으면, 그날부터 그는 배추를 계속 구해 나라에 바쳐야 하는 신세가 된다는 이야기다.

『반계수록』「잡설」에서 유형원은 소금을 팔거나 물고기를 잡아 팔아 먹고사는 사람들이 겪는 고통을 서술했다. 물고기를 잡

4장 신분질서를 뒤흔든 노비해방 사상의 선구자: 유형원

아 파는 사람을 보고 어느 고위 관리가 부하들을 보내 "너는 물고기를 잡아 팔고 있으니 내게 물고기를 몇 마리 바쳐라"라고 명령을 내리면, 그는 물고기를 바쳐야 한다. 그 모습을 보고 지역 관청에서 "너는 물고기를 잡아 팔고 있으니 세금을 낼 만하다, 관청에 물고기를 몇 마리 바쳐라"라고 명령을 내린다. 그러곤 업무를 보는 이속, 즉 하급 관리들이 중간 과정에서 이런저런 이유로 물고기를 내놓으라고 한다. 거절하면, 붙잡혀 두들겨 맞을 수도 있고 탈세든 뭐든 무슨 법이 되었든 복잡하게 만들어 놓은 제도 중 하나를 위반했다는 이유로 처벌당할 수도 있었다.

이런 일이 심해지면, 물고기 파는 사람이 갖고 있는 물고기를 모조리 다 갖다 바치고도 부족해 물고기를 사와서 바쳐야 할 수도 있다. 그러니 물고기를 빼앗기지 않고 먹고살려면 장사를 하지 않고 숨어 지내거나, 고위 관리에게 뇌물을 많이 바치면서 보호해 달라고 하거나, 혹은 노비가 되는 수밖에 없다.

그래서 유형원은 아무 곳에서나 상거래를 하지 말고, 공정한 거래가 일어날 수 있는 정해진 건물 안에서만 거래를 하자고 대책을 제안한 것이다. 그는 가게 건물 안에 커다란 판을 세워 "공정한 거래를 해야 한다"라는 원칙을 새겨 두자고 했다. 고위 관리나 관청이라도 물건이 필요하면 돈을 내고 사야 하고, 한 푼이라도 갈취하면 엄한 죄로 다스리겠다는 것이다.

경제를 궁리한 조선의 선비들

5만 노비 문서를 태운 '돈화문의 평등 선언'

유형원은 부안에서 홀로 연구하고 책을 쓰며 긴 세월을 보내다가 1673년 세상을 떠났다. 그런데 그의 사후 그의 생각이 그냥 묻혀 사라지진 않았다. 그가 남긴 책은 사회 개혁을 꿈꾸던 당대 조선 선비들에게 큰 영향을 끼쳤다. 오히려 그가 세상을 떠난 후에 말이다.

『조선왕조실록』을 보면, 유형원이 세상을 떠난 지 5여 년이 지난 1678년 배상유라는 인물이 숙종 임금에게 이 책을 바쳤다고 한다. 책을 보고 감동받아,『반계수록』의 내용 중 시행하면 좋을 것 같은 부분이 많다고 생각했기에 임금께 책을 직접 추천한 것이다. 이런 사례는 그 후에도 있었다. 1750년, 권적이라는 인물이 영조 임금에게 『반계수록』을 추천했다. 그는 『반계수록』의 내용이 "나라를 다스리는 지혜로 삼대, 즉 고대 중국의 하나라, 상나라, 주나라 시대 이후 제일이다"라고 칭송할 정도였다. 지금 식으로 말하자면, '단군 이래 최고의 국가 개혁 이론'이라고 평가한 셈이다.

그럴 정도였으니, 여러 다른 학자들에게도 『반계수록』은 많은 영향을 미쳤다. 서로 다른 방법의 개혁을 생각하고 추진한 선비들이 공통으로 『반계수록』의 내용 중에 참고할 게 많다고 생각했던 적도 있다. 정약용은 『목민심서』에서 『반계수록』을 인용했고, 홍대용의 경우 "『성학집요』와 『반계수록』을 경세유용의 배움으로 삼았다"라는 기록이 있다.

널리 읽힌 것에 비하면, 『반계수록』의 여러 개혁 방안을 조선 정부에서 대대적으로 실행하진 못했다. 조선이 무너져 가는 동안에도 고위 관리나 관청이 뭇 백성의 재산을 함부로 빼앗아 가는 일을 막을 방도가 개발되지 못했다. 그의 바람대로 한반도 방방곡곡에 쇼핑몰 같은 참점이 건설되지도 못했다. 유형원은 상업을 발달시키고자 돈을 만들어 유통되게끔 노력하되, 돈의 가치를 지키기 위해선 오히려 돈을 함부로 찍어 내지 말고 일정한 양을 엄격히 유지해야 한다고 주장했다. 그러나 조선에선 돈이 활발히 많이 유통되지 못했으면서도 외려 돈을 막 찍어 내 가치가 하락하는 일이 벌어지고 말았다.

그래도 나는 유형원의 연구가 역사에 흔적을 남기지 못했다고 생각하진 않는다. 적어도 『반계수록』을 통해 여러 선비에게 심어 준 생각이 간접적으로나마 개혁들을 이끌어내는 데 영향을 미쳤다고 본다. 유형원이 노비 제도 폐지를 주장한 1670년 무렵 이후 130여 년이 지난 1801년 음력 1월 28일, 조선 조정은 궁궐에서 직접 관리할 수 있는 노비들의 해방을 명령했다. 노비를 부리는 것이 도덕적으로 옳지 않을뿐더러 당시 경제 상황에서 효율적이지도 않다는 사실을 드디어 받아들인 것이다.

1801년은 순조의 증조할머니뻘 되는 정순왕후가 나라를 다스리던 시기였다. 정순왕후는 어린 나이에 영조와 결혼하며 정조의 할머니뻘이 되었다 보니, 사극이나 역사 소설에선 정조와 다

경제를 궁리한 조선의 선비들

투는 악역으로 나오곤 했다. 그러나 실제 역사 기록을 보면, 그렇게 단순히 평가할 수는 없는 인물이다. 특히 그녀가 조선을 다스리던 시절에 궁중 소유 노비, 즉 내노비의 해방을 명령한 업적 하나만으로도 여느 임금 이상으로 정순왕후를 높이 평가할 만하다. 그날 해방된 노비의 숫자는 6만 명이 훌쩍 넘는다. 그 많은 사람과 그 자손들이 그때 사람답게 살 권리를 얻었다.

『조선왕조실록』에는 "백성은 귀천도 없고 내외도 없이 모두 동등하게 자식처럼 대해야 하는데, 어찌 노비라고 하여 구분하는 것이 똑같이 사랑하는 뜻일 수 있겠는가? 내노비 3만 6,974명과 시노비 2만 9,033명을 모두 양민으로 삼도록 하고, 승정원은 노비 문서를 거둬 돈화문 밖에서 불태우게 하라."라는 명령을 내렸다고 기록되어 있다. 그 명령의 글을 윤행임이라는 사람이 썼다고 하는데, 나는 이 구절이 『조선왕조실록』 전체 1893권의 내용 중에서 가장 통쾌하다고 생각한다.

그때 노비 문서가 불탄 돈화문 앞 터는 지금도 남아 있다. 비록 자동차 도로일 뿐이지만, 그 앞을 지날 때마다 나는 가끔 상상해 본다. 영원히 타오르는 불꽃을 만들고 '평등의 불'이라 부르며 1801년의 그날을 기념해도 좋지 않을까?

4장 신분질서를 뒤흔든 노비해방 사상의 선구자: 유형원

조선 경제의 판을 키운 규모혁신의 실천가

×

유수원

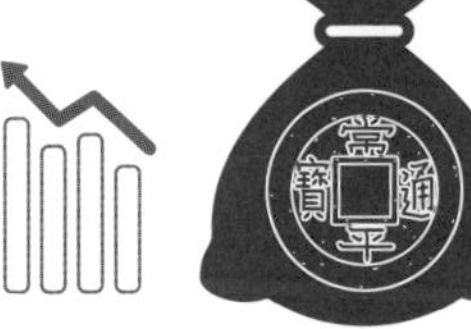

조선 선비의 뇌리에 박힌 첫 문장

조선 시대 선비들의 생각을 밑바탕에서부터 알아보려면, 그들이 무엇을 배우고 어떤 말을 들으며 자라났는지 따져 보는 것도 좋은 방법일 것이다.

조선 선비들이 어려서 가장 먼저 배운 교과서로 아주 널리 알려진 책으로는 『동몽선습』이 있다. 책 제목부터 '어리고 뭘 모르는 아이는 이 책부터 익혀 보라'는 뜻인데, 퇴계 이황이나 율곡 이이 같은 유명한 조선 선비들의 바로 전 시대에 활동한 박세무라는 사람이 어린이, 청소년들을 위해 쓴 책이다. 『동몽선습』은 곧 인기를 얻어 널리 읽혔다.

시대가 흐르면서 『동몽선습』은 더욱 많은 사람에게 퍼져 나

5장 조선 경제의 판을 키운 규모혁신의 실천가: 유수원

갔고 조선 시대 내내 꾸준히 읽혔다. 전국의 양반집 자식들과 궁중 어린이들까지 『동몽선습』을 공부할 정도로 인기가 치솟았다. 그러므로 『동몽선습』은 어느 조선 선비가 쓰고 다른 모든 조선 선비들이 읽은 책 중의 책, 기본 중의 기본이라고 할 만하다.

『동몽선습』은 어떻게 시작될까? 공부 열심히 하라는 말이 적혀 있을까? 스승의 말씀에 복종하라는 이야기가 나올까? 위대한 옛 사상가를 칭송하는 이야기가 첫머리일까? 수많은 조선 선비들이 가장 먼저 배운 책이었을 『동몽선습』의 첫머리는 '천지지간 만물지중 유인최귀天地之間 萬物之衆 惟人最貴', 즉 "하늘과 땅 사이의 온갖 물건들 사이에 오직 사람이 가장 존귀하다"라는 말이다.

민주주의 시대인 지금 보면, 조선 시대 책인데도 의외로 사람에 대한 존중과 인권의 가치에 대한 이야기처럼 들린다. 그런 내용이 조선 선비들 모두가 배운 책의 첫머리라니 상당히 놀랍기도 하다. 막연한 말이긴 하지만, 조선 시대부터 이런 이야기를 워낙 많이 가르친 곳이 한국이다 보니 한국인들에게 민주주의가 기질적으로 잘 어울리는 한편 민주주의를 잘 발달시키면서 번영을 이룬 것 아닌가 하는 생각도 괜히 한 번 떠올려 본다.

그렇다고 『동몽선습』의 첫머리 다음으로 이어지는 내용이 인권이나 민주주의에 대한 이야기인 것은 아니다. 조선 시대 선비가 쓴 책인 만큼, 조선 시대 선비다운 발상으로 이어진다. 이를 테면 사람이 가장 존귀하긴 한데 그 이유가 사람은 도덕을 알고 예절을 알기 때문이라는 것이다. 그렇기에 사람은 도덕적으로 살

경제를 궁리한 조선의 선비들

조선 전기 문신 박세무의
아동용 교과서 『동몽선습』

고자 노력해야 하고, 부모에게 효도하고 나라에 충성해야 한다. 이후 사람이 지켜야 하는 도덕 원칙에는 무엇이 있는지, 그런 원칙을 밝힌 고대의 사상가들은 누구인지, 옛 사상가들이 즐겨 인용한 중국의 역사와 조선의 역사가 대략 어떤지 설명해 나간다.

어렸을 때부터 이런 내용을 주로 배웠으니 조선 선비들은 돈 버는 문제, 먹고사는 문제보단 도덕과 예절 문제를 더 중시했을 수밖에 없다. 등 따습고 배부른 삶을 살고자 하는 것은 사람이 아닌 동물도 얼마든지 품을 수 있다. 사람은 도덕과 예절을 따지기 때문에 존귀하다. 그렇다면 돈 버는 문제, 먹고사는 문제를 무시하고서라도 도덕과 예절을 더욱 중시해야 한다고 주장할 수 있을 것이다. 그 덕에 조선에선 긴 세월 돈 버는 현실 문제보단 사

5장 조선 경제의 판을 키운 규모혁신의 실천가: 유수원

람을 모시는 예절이라든가 지체 높은 자리에 앉은 사람에 대한 의전 등을 중시하게 된 것 같다고 말해 볼 수 있겠다.

그런데 임진왜란, 병자호란 같은 전쟁의 충격이 진정되고 100년 이상 큰 난리 없이 비교적 평화로운 시대가 계속되는 가운데 조선에서도 상당한 경제 발전이 이뤄졌다. 기술이 발달하면서 새로운 물건들이 개발되어 팔리기 시작했고, 다양한 작물을 더 잘 재배하기 시작했다. 구리로 만든 엽전, 상평통보가 점점 많이 쓰이면서 상인들이 장사하는 일도 더 쉬워졌다.

18세기 조선의 '부자 되기 교과서'

1700년대에 이르자 돈 버는 일, 재물을 더 많이 모으는 일, 산업을 발전시키는 일에 대한 관심도 더 커졌다. 그 와중에 돈과 산업에 대해 과거와는 사뭇 다른 시각을 가진 선비들도 하나둘 나타난다. 그중 가장 특출나고 파격적인 사례로 짚어 볼 만한 인물로, 나는 우선 이재운에 대해 이야기해 보고 싶다. 이재운은 큰 명성을 얻은 인물은 아니었으나, 『해동화식전』이라는 신선한 책을 남겼다. 근래에 안대회 선생이 번역하고 원문과 함께 출판하면서 과거에 비해 훨씬 쉽게 접할 수 있게 되었다.

『해동화식전』은 조선에서 돈을 많이 벌어 성공한 사람들의 일대기를 여러 편 묶어 소개한 책이다. 18세기 이후 조선 시대에

경제를 궁리한 조선의 선비들

나온 여러 이야기 책이나 소위 말하는 한문 단편 소설이라고 하는 글들을 보면 치부담, 즉 돈을 많이 벌어 부유해진 사람의 이야기를 소개하는 부분이 꽤 많다. 문학의 관점에서도 신기한 변화인데, 그만큼 세태가 급격히 변하고 있었다는 의미다.

『해동화식전』은 아예 그런 이야기들만 몇 편 모았다. 그중 자린급이라는 부자의 이야기가 있다. 그는 지금도 구두쇠의 대표로 자주 언급되는 '자린고비'와 동일한 사람이다. 내용이 풍부한 편이라 전설처럼 내려오고 있는 자린고비 일화들의 많은 부분을 품고 있다. 어느 날 가족 중에 누군가 반찬이라며 생선 요리를 구해 왔다. 그러자 자린급은 맛있는 반찬이 있으면 밥을 너무 많이 먹게 되어 쌀을 절약할 수 없으니 나쁜 반찬이라고 꾸짖고는 생선 요리를 내다 버린다. 그러며 너무 맛있는 음식은 밥도둑이나 다름없다고 저주한다. 18세기의 책에서 맛있는 반찬을 밥도둑이

5장 조선 경제의 판을 키운 규모혁신의 실천가: 유수원

라고 부르는 표현을 보니 신선한데, 이렇게 보면 생선 요리가 원조 밥도둑이라고 할 만하다.

『해동화식전』에는 조선에서 부자가 된 사람들의 일대기를 써 놓은 것 말고도, 저자가 생각한 부자 되는 일의 의미나 부자 되는 방법에 대한 이야기도 꽤 많은 분량으로 적혀 있다. 두껍진 않으니 방대한 정보가 모여 있는 책은 아니다. 그렇지만 21세기의 재테크 유튜브 채널 비슷한 느낌으로 사람들이 호기심을 갖고 즐길 만한 구성을 갖췄다는 생각은 든다.

이런 책이 나온 이유는, 18세기에 들어서면서 부자가 되고 싶다는 욕망을 품은 사람들이 과거에 비해 더 많이 생겨났고 그들이 이런저런 기회를 잡아 보려 노릴 만한 일도 많이 생겼기 때문일 것이다. 그래서 조선 후기에 『해동화식전』을 비롯해 부자가 된 이야기를 다룬 소설이나 글이 많이 나왔을 것이다.

돈벌이를 효도와 충성이라 부른 이유

이재운은 부자가 되는 일이 상스럽다거나 욕심을 추구하는 나쁜 일이 아니며 오히려 좋은 일이라는 파격적인 주장을 『해동화식전』에 펼쳐뒀다. 특히 그는 조선 시대에 쉽게 공감을 얻을 수 있도록 당대 선비들의 생각에 맞춰 재물을 모으는 일이나 부자가 되는 일의 미덕을 풀이했다.

경제를 궁리한 조선의 선비들

사람으로 태어나 반드시 해야 하는 일이 있다면, 부모에게 효도하는 일과 나라에 충성하는 일이라고 조선 선비들은 생각했다. 그렇기에 이재운은 부자가 되면 일단 부모에게 효도하기 쉬워지니 그것이 큰 미덕이라고 했다. 사람이 가난하게 살면 먹을 것도 없어지고 겨울이면 추위에 떨게 되며 비가 새는 집에서 살아야 한다. 그런 집에선 나이 든 부모님을 편하게 모실 수 없다. 그러나 부자가 되면 좋은 집에서 부모님을 편히 모실 수 있다. 양식이 떨어질 걱정을 하지 않고 부모님께 맛있는 음식, 몸에 좋은 음식을 얼마든지 사서 드릴 수 있다. 그러므로 부자가 되면 효도할 수 있고, 그것이 부자의 진정한 좋은 점이라고 설명했다.

이재운은 부자가 되면 나라에 충성할 수 있다고도 했다. 임금이 먹고 자는 데 쓰는 돈은 물론이고 나라를 지키는 군대를 운영하고 그 밖의 나라를 위해 필요한 온갖 일을 하려면 돈이 든다. 그리고 그 돈은 세금에서 나온다. 외중에 부자는 돈을 많이 벌고 재산이 많기 때문에 세금도 많이 낸다. 그렇다면 당연히 부자가 더 나라에 충성하고 있는 것 아니냐고 그는 주장했다.

1천 명의 빈자가 있다고 가정해 보자. 그들은 너무 가난해서 세금을 한 푼도 내지 못할 지경이다. 그런 외중에 부자 한 사람이 1천 명의 빈자들보다 더 많은 세금을 내고 있다면 어떨까? 이재운의 글에 따르면, 그때 정부 입장에서 나라 살림살이에 당장 도움을 줄 사람으로 큰 부자 한 명을 생각하지 빈자 1천 명을 염두에 두지 않는다. 그러므로 나라에 충성하기 위해서라도 부자가

5장 조선 경제의 판을 키운 규모혁신의 실천가: 유수원

되어야 한다. 도덕과 예절을 중시하는 조선 시대 선비들에게 "돈 벌 궁리에 더 몰두하고 돈 벌 생각을 더 많이 해도 더 이상 부끄러워할 필요 없다"라고 격려해 주는 것과 같았다.

그 시절 사람들이 이런 생각을 떠올리는 건 꽤나 어려웠다. 부자가 부자인 이유는 빈자의 물건을 야비하게 빼앗아갔기 때문이라는 생각에 조선 사람들은 훨씬 더 쉽게 빠져들었다. 그래서 부자는 악하고 빈자는 착하다고 생각하기 쉬웠다.

흉년이 크게 들어 굶는 사람들이 생겨났기에 나라에서 비상식량을 나눠 줬다고 치자. 그럴 때 대개는 비상식량을 나눠 주자는 정책을 펼친 고위 관리나 임금이 "내가 이렇게 자비로운 정책을 펼쳤으니 내게 감사하라"라고 주장하곤 했다. 사실 비상식량으로 나눠 주는 곡식 중에 임금이 직접 농사를 지어 추수한 곡식은 한 톨도 없다. 전부 다 백성들이 낸 세금에서 나온 것이다. 그러니 세금을 더 많이 낸 부자들 입장에선 비상식량으로 쓸 곡식을 마련하는 데 그들이 꽤 큰 공을 세웠다고 말할 수도 있을 것이다. 그러나 그럼에도 조선 시대에는 "부자들이 우리 재산을 빼앗아갔기에 우리가 이렇게 힘들게 굶주리고 있는 게 분명하니, 부자들은 역시 나쁘다"라고 생각하는 일이 꽤 있었다.

그렇기에 『해동화식전』에는 반대로 부자와 도덕을 연결시키는 주장이 더 많이 실려 있다. 이재운은 부자라야 재물을 베풀어 굶주린 사람에게 밥을 나눠 주고 위기에 처한 사람을 돕는 일을 더 많이 할 수 있으니, 그것을 미덕으로 삼아야 한다고 말했다.

경제를 궁리한 조선의 선비들

반대로 가난함은 도덕을 나쁘게 만들 여지가 있다고 주장하면서, 빈자를 가난에서 최대한 벗어나게 해야만 선비들이 바라는 대로 도덕과 예절이 갖춰진 나라를 만들 수 있다고 주장했다. 가난하다 보면 곡식이나 돈을 빌렸다가 갚지 못하는 경우가 많이 생긴다. 곧 약속을 어긴 것이고 약속을 어기는 문화가 퍼지다 보면 거짓말, 정직하지 못함, 맹세를 지키지 않음 등의 악까지 퍼지는 단초가 된다는 게 이재운의 주장이었다.

그래서 『해동화식전』은 가난해서 쓰러지고 있어도 꾹 참고 착하게 살며 윗사람에게 예의를 지키라는 정신만 강조하는 것은 옳지 않다고 말하고 있다. 그보단 사람들로 하여금 부자가 될 수 있도록 이끌어야만 도덕과 예절을 퍼뜨리기에 더 유리해지고, 나아가 도덕과 예절이 잘 갖춰진 세상이 올 거라고 봤다.

조선판 재테크 고전이 상업을 권장한 이유

『해동화식전』에서 돈을 버는 방법으로 가장 강조한 것은 물건을 사고파는 상업이었다. 앞뒤 정황을 보면, 이 책에서 상업을 강조한 이유는 "저 부자는 빈자를 괴롭혀 혼자만 부유해졌다"라고 손가락질하는 걸 피하기 위한 방편인 것 같기도 하다.

조선 시대 사람들이 가장 중시한 산업인 농업의 경우, 가장 빠르게 많은 돈을 벌려면 농사짓는 땅을 많이 구해야 한다. 그러

5장 조선 경제의 판을 키운 규모혁신의 실천가: 유수원

려면 남이 농사짓는 땅을 팔게 하고 내 땅으로 삼아야 한다. 그러므로 조선 시대에 농사짓는 사람들 사이에선 부자를 보고 "저렇게 땅 부자가 되어 농사를 크게 지을 수 있는 건, 빈자들이 저 사람에게 땅을 헐값에 넘겼기 때문이다"라고 수군거리기 쉽다.

그게 아니라면, 높은 벼슬을 차지한 뒤에 뇌물을 받든가 이런저런 이유로 누군가에게 재산을 바치라는 명령을 내려 돈을 모으는 방법도 있다. 이 역시 남의 돈을 빼앗아 부자가 되었다는 평을 듣기 쉽다. 그렇기에 두 가지 방법 모두, 『반계수록』을 쓴 유형원을 비롯한 한 시대 이전의 사상가들 역시 나쁘다고 봤다.

그렇지만 물건을 사고파는 상업은 다르다. 상업은 내 장사를 성공시키고자 꼭 남의 장사를 망칠 필요가 없다. 누군가의 장사가 잘 되면 내 장사가 덩달아 잘 되는 경우도 있다. 호미와 낫 장사가 잘 되어 사람들이 좋은 호미와 낫을 사용한 결과 한 마을의 콩과 팥 농사가 잘 되었다고 치자. 그러면 콩과 팥을 다른 마을에 잘 판매할 수 있을 것이다. 어떤 품목을 어디에, 어떻게 팔면 좋을까 궁리하면 새로운 방식으로 이익을 만들어 낼 수 있다.

『해동화식전』에는 상당 분량을 할애해 조선 곳곳의 정보 또한 실어 놓았다. 강원도 영동 지방에는 대구, 명태 같은 생선이 많이 난다, 전주에는 종이가 많이 생산된다, 보은에는 대추가 많이 난다 하는 식으로 말이다. 돈을 벌고 싶으면 전주에서 종이를 사서 보은에 가져가 팔고, 보은에서 대추를 사서 영동 지방에 가져가 팔고, 영동 지방에서 대구와 명태를 사서 전주에 가서 파는

경제를 궁리한 조선의 선비들

식으로 장사를 하면 돈을 많이 벌 수 있다고 알려 준 것이다.

특히 이재운은 상인이 거래의 규모를 넓혀 더 큰 규모의 거래를 하면 작은 규모의 상인보다 더 빠르고 쉽게 부자가 될 수 있다고 강조했다. 『해동화식전』에서 그는 큰 상인이 작은 상인보다 더 유리하다고 대놓고 몇 차례 이야기했고, 황두본이라는 사람이 부자가 된 사례를 설명하는 대목에서도 상인이 규모를 키워가며 더 큰 금액을 벌어들이는 모습을 생생하게 묘사했다.

책에 따르면, 황두본은 가난한 평민이었기에 별다른 밑천이 없어 짚신을 삼아 팔며 생계를 유지했다고 한다. 그러다가 짚신 판 돈으로 암탉 한 마리를 샀고 암탉이 달걀을 낳고 병아리가 깨어나 다시 닭이 되어 달걀을 낳은 식으로, 그 방면의 전문가로 성장했다. 그렇게 닭의 숫자가 400마리까지 불어났고, 이후에는 돼지를 사서 닭처럼 돼지의 숫자 또한 늘려나갔다. 결국 돼지 3천 마리를 가진 부자가 되었고, 이후에는 많은 수의 돼지와 닭을 밑천으로 더 큰 부자가 되었다고 한다. 이처럼 상인은 규모를 키울수록 더 적은 위험으로 더 많은 돈을 벌며 성장할 수 있다.

이재운은 심지어 나라와 나라 간에 물건을 사고파는 해외 무역까지도 긍정적으로 소개했다. 『해동화식전』을 보면, 청나라와 일본의 상인 중에는 정말 많은 돈을 주고받으며 큰 거래를 하는 이들이 있다고 되어 있다. 그러며 그들은 돈을 아주 많이 벌 수 있어 더욱 좋다고 이야기했다.

5장 조선 경제의 판을 키운 규모혁신의 실천가: 유수원

조선 개혁 선비의 탄식과 냉소

『해동화식전』에 실린 이러한 파격적 내용들은 어떻게 탄생했을까?『해동화식전』 번역본을 출간한 안대회 선생은 이재운이 이 책을 쓴 시기를 1750년경으로 추정했다. 그렇게 본다면, 『해동화식전』과 비슷한 시기에 그와 상당히 가까운 사상을 담은 책으로 1730년대 중반 무렵 유수원이 쓴『우서』를 견줘 볼 수 있다고, 나는 생각한다.

돈 버는 내용을 위주로 다룬『해동화식전』과 달리『우서』는 조선이라는 나라를 어떻게 개혁하면 좋을지, 정부 정책의 다양한 분야를 종합해 다루며 넓은 범위의 주제에 대해 이야기했다. 말하자면,『우서』는 18세기 판『반계수록』이라고 할 수 있다. 그래서『해동화식전』이 여러 부자의 사연을 소개하며 자린고비 이야기처럼 재미난 이야기를 엮어 놓은 것과 비교해 보자면,『우서』는 딱딱하고 어려운 내용을 더 많이 품고 있는 편이다.

오히려 그래서인지『우서』는 출간된 직후, 조선 선비들 사이에서 주목을 받았던 것 같다.『해동화식전』은 출간 직후 별달리 큰 화제가 되지 못한 채 이곳저곳에서 이름이 조금씩 언급되다가, 현대에 들어와 번역되고 소개되면서 더 많은 독자를 만난 경우다. 그런데 1737년 음력 10월 24일『조선왕조실록』기록을 보면,『우서』는 이미 당대 임금에게도 언급이 되었다. 훌륭한 인재가 있으면 추천하라는 명령을 받고, 영의정 이광좌가 유수원을

경제를 궁리한 조선의 선비들

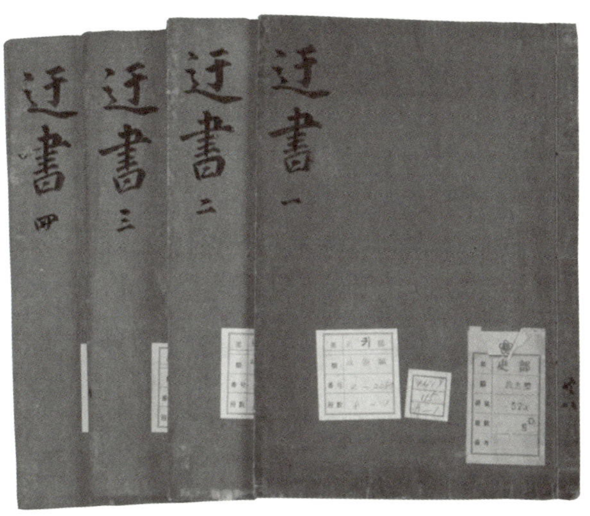

조선의 사회 개혁안을 기술한 유수원의 『우서』

추천한 것이다. 그러며 이광좌는 영조께 아뢰길, 유수원이 쓴 책을 직접 읽어 봤고 제목이 『우서』라고 했다. 그가 『우서』를 두고 평가하길 '의론성기議論誠奇' 즉, "책의 주장과 이론이 대단히 기이하다"라고 했다.

도대체 왜 이광좌는 『우서』가 의론성기의 책이라고 했을까? 『우서』는 문답식으로 되어 있다. 그러니까, 나랏일에 대해 묻는 이야기가 나오고 거기에 유수원 본인이 대답하는 식이다. 유수원의 대답에 질문한 사람이 다시 궁금한 점을 묻거나 혹은 반대 의견을 제시한다. 그러면 유수원이 다시 대답한다.

『우서』는 당장 첫 번째 질문과 답변부터가 의론성기, 곧 대단

5장 조선 경제의 판을 키운 규모혁신의 실천가: 유수원

히 기이한 책이라는 타이틀에 어울린다. "당신은 이 책에 나오는 이야기가 실현 가능하다고 생각하는가?"이다. 그에 유수원은 "병이 들어 실성한 사람이 아니라면 실행이 어렵다는 것을 왜 모르겠는가?"라고 대답하고 있다.

이 책에 나오는 개혁 방안을 현실적으로 실행해 줄 사람은 없다는 사실을 뻔히 알지만 지적할 문제는 지적하고 풀이 방법이라고 할 만한 사항은 풀어 놓고 싶다는, 말하자면 속 터지는 마음으로 책을 썼다는 뜻이다. 파격적이고 과감하게 조선의 문제를 이야기해 보겠다고 선언하는 말이다.

『우서』를 살펴보면, 『반계수록』에 비해 좀 더 현실적이라고 볼 수 있는 대목도 많다. 유형원은 『반계수록』에 현실적으로 실행 가능한 내용을 담았고, 그중 일부라도 시행해 나라를 개혁해 보자는 태도를 은연중에 드러냈다. 그런데 반대로 더 현실적인 내용을 주장한 유수원은 오히려 『우서』에서 냉소적이고 한탄하는 듯한 태도를 보인다. 유수원이 조정과 세태를 보는 시각이 유형원과 닮은 듯 많이 달랐다는 뜻일 듯싶다. 비교해 보자면, 유형원은 인생의 대부분을 시골에서 연구만 하면서 지냈는데 비해 유수원은 직접 벼슬살이를 하며 조정에서 일을 했다는 차이점이 보인다. 유수원이 막상 나랏일을 하면서 겪어 보니 답답한 마음이 그만큼 더 커졌던 것일까?

경제를 궁리한 조선의 선비들

사농공상은 동등하다

『우서』의 앞부분은 고려 시대와 조선 시대 제도의 전반을 평하는 내용이다. 유수원은 고려 시대의 제도는 부실한 점이 많았고, 조선 시대 제도는 그보다는 좀 더 괜찮았지만 여전히 실용적이지 못해 나라 사정에 들어맞지 않는 부분이 많았다고 평가했다. 그러면서 정도전, 조준, 하륜, 이숙번 등 조선 초기 선비들이 높은 자리에 올라 만든 제도들에도 문제가 많다고 말했다. 정도전의 경우 실명을 짚어 가며 상당히 공격적으로 지적했다.

이후 『우서』의 핵심을 담고 있는 「총론사민總論四民」 부분이 이어진다. 네 가지 백성에 대해 논한다는 것인데, 『우서』 1권 마지막에 나온다. 『우서』는 전체 10권으로 되어 있는데, 나는 1권의 「총론사민」이 다른 모든 내용의 바탕이 된다는 느낌을 받았다. 그만큼 이 부분에 독특한 내용이 많이 모여 있다.

유수원이 「총론사민」에서 말한 사민, 즉 네 가지 백성이란 조선 시대에 백성을 구분해 말하던 '사농공상士農工商'을 뜻한다. 지금 말로 풀이해 보자면 공무원, 농업 종사자, 공업 종사자, 상업 종사자라고 말해 볼 수 있겠다. 조선에선 백성의 서열이 그 네 순서대로라는 생각이 은근히 퍼져 있었다. 벼슬살이를 하는 공무원이 가장 높고, 그다음이 농민이고, 기술을 익혀 물건을 만들거나 고쳐 주면서 먹고사는 사람들은 그다음으로 신분이 낮고, 장사해서 이익을 남기며 살아가는 사람들을 가장 천박하다고 봤다.

5장 조선 경제의 판을 키운 규모혁신의 실천가: 유수원

조선 시대 사농공상의 모습을 포착한 김득신의 〈반상도〉

왜 이런 생각이 퍼졌을까? 우선 공무원을 높여 본 이유는 조선이 선비의 나라였던 만큼 글공부로 과거에 급제하는 것을 가장 큰 영광으로 여겼기 때문이다. 신분제 사회에서 그런 과정을 거치면 남을 지배하는 높은 신분이 될 수 있다. 그렇기에 당연히 사土, 공무원이 가장 높다. 그리고 조선의 보통 사람들 대다수를 차지하는 농農, 농민이 그다음 서열이 된다.

그다음으로 기술을 갖춰 정교한 물건을 만드는 사람들이 잘 살기 위해선 더 정교하고 아름다운 제품을 잘 만들어 팔아야 한다. 도덕을 중시하는 조선 사회에서 정교하고 아름다운 물건을 만들어 파는 일은 사치와 과소비로 간주했다. 그렇기에 정교한

경제를 궁리한 조선의 선비들

기술을 가진 사람들은 사치 부리는 이들에게 잘 보이려 노력해야 먹고살 수 있다고 취급 받았다. 그러니 공工, 기술인들은 별로 좋지 못한 일을 하는 사람으로 쳤다. 그리고 이익을 높이고자 상업 활동을 하는 상商, 상인들은 그보다도 더 못한 대접을 받았다.

유수원은 『우서』에서 이런 생각을 과감하게 깨야 한다고 주장했다. 사농공상은 네 가지 서로 다른 일을 하는 백성들일 뿐이지, 누가 더 위가 아니고 누가 더 아래도 아니라고 주장한 것이다. 그들은 모두 평등하므로 하나같이 평등하게 대해야 한다. 유수원은 조선에서 살고 있는 선비, 농민, 기술인, 상인들이 서로 높이고 나라에서도 그들이 평등하게 살아갈 수 있도록 도와줄 때, 나라 전체가 부강해지고 산업이 발전할 수 있다고 봤다.

즉 유수원은 등에 짐을 짊어 다니며 장사로 먹고사는 장사꾼의 자식과 정승의 자식을 같은 신분으로 대해야 한다고 주장했다. 조선 시대 사람들로선 '병 들어 실성했나?'라고 할 만큼 과감한 생각이었다. 하나 덧붙여 보자면, 그러면서도 유수원은 노비 제도를 폐지하자고 주장하진 않았다. 그래도 노비 제도를 좋은 제도로 보진 않았기 때문에 노비종모법를 시행해 노비가 늘어나는 일은 최대한 막고 가능하면 줄어들게 하자는 입장을 취했다.

유수원이 사농공상의 평등을 주장한 가장 중요한 이유는 그렇게 해야 선비와 양반이 평화롭게 살 수 있다고 봤기 때문이었다. 얼핏 생각하면 이해하기 어렵다. 공무원과 벼슬아치가 가장 높다고 하면, 공무원과 벼슬아치가 되고자 과거 공부를 하는 선

5장 조선 경제의 판을 키운 규모혁신의 실천가: 유수원

비 입장에선 좋은 것 아닌가? 왜 그 제도를 없애고 공무원과 상인이 평등하다고 해야 선비에게 좋다는 말인가?

기술인이나 상인이 너무 천한 취급을 받고 있어, 선비는 과거에 급제해 공무원이 되지 않으면 기술인이나 상인이 될 생각조차 품지 못하기 때문이었다. 선비는 과거 급제가 아니면 아무리 가난해지고 굶주리더라도 기술인이나 상인이 될 생각은 하지 못한다. 심지어 자기 손으로 흙을 묻혀 가며 농사짓는 사람조차 거의 없는 상황이었다. 조금 더 과장하자면, 조선 선비들은 인생을 바친 과거 공부로 벼슬에 올라가거나 가난하게 지내며 망해 가거나 둘 중 하나를 택해야 했다. 그것이 조선 시대 선비들의 삶이었다.

거기에 더해, 똑똑하고 공부 많이 했다는 사람들이 모두 벼슬자리를 놓고 아귀다툼을 하고 있으니 다툼의 정도가 격화된다는 문제도 무척 심각했다.

나라가 망해야 출세한다?

조선의 선비들은 이지함의 시대 무렵, 붕당이라는 파벌로 이리저리 나뉘었다. 200년 후, 유수원의 시대에는 여러 붕당 중 서인이 큰 세력을 이뤄 주류가 되었다. 다시 시간이 흐르는 사이 서인은 다시 노론과 소론으로 쪼개졌다. 18세기 초반에는 노론

경제를 궁리한 조선의 선비들

과 소론의 다툼이 상당히 심각했다.

특히 숙종과 영조가 즉위했을 무렵 그 다툼은 아슬아슬한 상황으로 접어든 상태였다. 숙종의 아들 중에는 경종과 영조, 둘이 있었는데 경종의 어머니가 아직까지도 사극에서 악명 높은 모습으로 자주 등장하는 바로 그 장희빈이었다. 당연히 경종을 두고 흠결이 많다고 지적하는 선비들이 있었다.

한편 경종의 동생, 영조의 어머니는 신분이 불분명한 최숙빈이라는 인물이었다. 그런데 최숙빈은 본래 궁전 안에서 힘든 일을 하는 노비였다는 설이 파다했다. 그러니 노비의 아들인 영조 역시 흠결이 많다고 지적할 선비들이 있었다.

그 대략을 살펴보면, 소론 선비들이 경종에 가까워 영조를 비판하는 편이었고 노론 선비들이 영조에 가까워 경종을 비판하는 편이었다.

둘 중 경종이 먼저 즉위했다. 그런데 경종은 얼마 지나지 않아 세상을 떠났기에 영조가 뒤이어 즉위했다. 경종과 영조를 각각 지지하던 소론, 노론 사이의 싸움도 점점 혼란스러워졌다. 항간에는 영조가 임금이 되고자 경종을 암살한 것 아니냐는 풍문이 돌 정도였다. 이런 소문이 돌수록 노론, 소론 간의 원한도 깊어질 수밖에 없었다. 그 탓에 하루가 멀다하고 두 붕당 간의 싸움이 격렬히 벌어졌다.

유수원은 소론에 속했는데 벼슬살이를 하던 중 정치 싸움에 발을 들인 적이 있었다. 그러다 일이 틀어져 출세하는 길로 나아

5장 조선 경제의 판을 키운 규모혁신의 실천가: 유수원

가지 못하는 신세가 되었다. 임금 자리를 오랫동안 차지한 영조가 노론과 가까웠으니, 당연하다면 당연한 일이었다. 유수원은 지방 이곳저곳을 돌며 고을을 다스리거나 소일거리로 세월을 보냈다. 그러던 중 병을 얻어 귀가 멀어버렸다. 아마 그런 처지가 되어, 유수원은 책을 읽고 글 쓰는 일에 더 빠져들었을 것이다. 나는 유수원이 그런 일을 거쳐 붕당 간의 다툼이야말로 부질없는 짓이라는 깨달음을 얻었을 거라고 짐작해 본다.

『우서』에서 유수원은 붕당 간의 다툼 중에 사헌부와 사간원 조직이 특히 문제가 많다고 비판했다. 사헌부와 사간원은 임금께 잘못된 일을 지적하는 부서다. 조선 시대를 다룬 역사 소설이나 사극을 보면, 신하들이 임금을 향해 "아니 되옵니다"라고 따지거나 "천부당만부당합니다" "통촉하여 주시옵소서"라고 반대하는 장면이 많이 나온다. 바로 그런 일을 전문으로 하는 곳이 사헌부와 사간원이었다. 그런 만큼 조선 조정의 핵심이자 개성이라고 할 수 있는 부서인데, 유수원은 다름 아닌 그곳이 잘못되어 붕당의 다툼이 악화된다고 봤다.

유수원이 보기에 당시의 사헌부와 사간원은 정녕 나라를 위해 잘못을 바로잡고자 지적하는 곳이 아니었다. 그저 반대 붕당을 공격하고자 시비를 거는 곳이었다. 소론 출신 선비들은 노론 선비들이 하는 일이라면 나쁘고 잘못되었고 백성들에게 폐를 끼치고 나라 망할 일을 벌인다고 공격하려고 들었고, 노론 출신 선비들은 소론 선비들이 하는 일이라면 큰일 난다고 지적하는 곳

경제를 궁리한 조선의 선비들

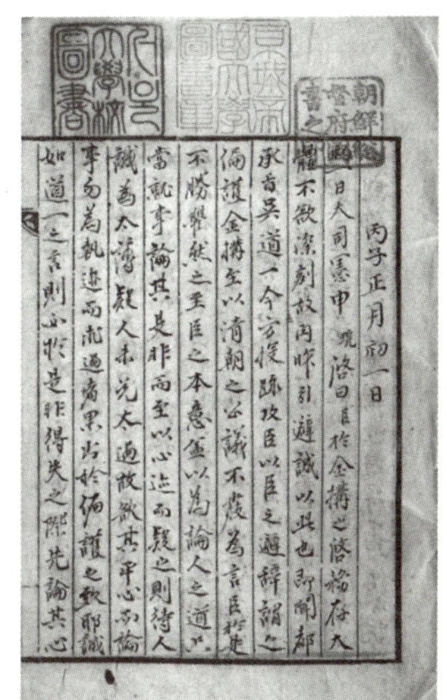

1696년(숙종 22)부터 1870년(고종 7)까지 사헌부 사간원에서 올린 소를 발췌하여 편찬한 책『간의등록』

이 사헌부와 사간원이라고 느껴질 정도였다. 나라를 잘되게 하는 것이 아니라, 상대 붕당의 선비들에게 벌을 줘 벼슬자리에서 쫓겨나게 하는 게 그들의 목표였다. 그래야만 우리 쪽 붕당 선비들이 벼슬을 차지할 수 있고, 우리 쪽 선비들이 잘 먹고 잘 살면서 성공할 수 있다.

그렇다 보니 누구는 이래서 나쁘다, 누구는 이래서 탐욕스럽다, 누구는 이래서 부정부패에 물들었다, 누구는 이래서 멍청하다, 누구는 이래서 야비하다 등의 비판이 사헌부와 사간원에서 넘쳐 흐를 정도로 많이 나왔다. 진지한 비판도 있었지만, 소문 또는 들리는 말에 적당한 구실을 붙여 부풀린 것도 있었다.『우서』에서 유수원은 모든 사람에 대한 크고 작은 비판이 너무 많이 나

5장 조선 경제의 판을 키운 규모혁신의 실천가: 유수원

오니, 나라에 필요한 일을 시키려 해도 일을 맡길 만한 사람 한 명 뽑아 쓰기도 번거롭고 어려울 정도라고 한탄하고 있다.

그런 일이 계속된 결과, 조정의 벼슬아치들 사이에는 나라가 잘되길 바라는 것이 아니라 은근히 나라가 잘못되고 안 좋은 일이 생기길 바라는 해괴한 분위기마저 감돌았다. 나라가 잘못되어야, "누구 때문에 나라가 이 꼴이 되었다"라고 비판해 죄를 물고 쫓아낸 후 그 자리에 자기 쪽 사람을 앉힐 수 있기 때문이었다.

벼슬아치들의 싸움이 나라를 병들게 하다

본래는 서로 다른 생각을 가진 붕당 사람들이 다양한 지혜를 모아 가장 좋은 결론을 얻어야 마땅했다. 그러나 당시 조선의 붕당들은 서로 상대방이 잘못하길 기다리면서 방해하고 공격하는 일을 일삼았다. 그것이 유수원의 고민이었다.

『우서』에서 유수원은 이 문제를 해결하기 위한 첫 번째 방편으로, 사헌부와 사간원이 처벌을 내리는 일에는 관여하지 않는 것으로 물러서자고 제안했다. 사헌부와 사간원에서 상대를 공격하고자 벌을 내리는 문제까지 의논하기 시작하면, "무겁게 처벌하고 관련 있는 사람들은 모조리 죄를 물어야만 다시는 문제가 생기지 않는다"라고 쪽으로 주장이 격해지기 쉽다. 그렇게 큰 벌을 내리면 통쾌하다는 마음이 들기 마련이니, 상대를 처형하거나

경제를 궁리한 조선의 선비들

나아가 상대의 친지와 동문까지 처형하는 무거운 처벌까지 자주 나오는 게 그 시절 상황이었다.

유수원은 무거운 벌을 내려 엄하게 처벌하는 문화가 가장 심각한 문제라고 봤다. 그런 식으로는 대부분의 문제를 해결할 수도 없고 그저 복수의 원한만 깊어질 뿐이다.

상대 붕당을 공격하고자 걸핏하면 트집을 잡는 당시 분위기에선 사건 사고가 생기면 뭐든 사헌부와 사간원이 개입해 처벌해야 한다는 말이 나오기 마련이었다. 예를 들어, 해적이 공격해 와서 마을 하나가 큰 피해를 입었다고 치자. 그러면 왜 해적의 공격을 미리 탐지하지 못했는지 그 원인을 분석하고, 더 좋은 무기를 더 많이 만들어 적절히 배치해 해적을 막아 낼 준비를 해야 한다. 그래야 해적 문제를 해결할 수 있다.

그러나 유수원이 보기에 당시 조선 조정은 그렇게 움직이지 않았다. 해적의 공격을 탐지하는 방법을 마련하는 것은 힘들다. 무기를 더 많이 구해 배치하는 것은 그만큼의 예산이 필요한 일이니 더욱 어렵다. 그러나 그렇게 힘들게 일해 봐야 벼슬자리가 더 생기지도 않는다. 그러므로 조선의 벼슬아치들은 백성들을 위해 문제를 해결하려 노력하는 일에는 정성을 기울이지 않는다.

대신 탓할 사람, 책임질 사람, 처벌할 사람을 찾는다. "누구 때문에 해적이 공격해 왔다" "누구 탓이다"라며 특정인을 찾아 무거운 벌을 내리자고 한다. 책임자를 처벌하자고 해야, 그 참에 그가 소속된 붕당을 공격할 수 있기 때문이다. 해적이 쳐들어온

5장 조선 경제의 판을 키운 규모혁신의 실천가: 유수원

것은 잘못이니, 그 잘못으로 벌을 받는 사람이 있어야 한다. 그래야 그에게 후련하게 욕이라도 해 줄 수 있지 않겠는가?

그렇기에 실제로는 문제를 해결하려는 어려운 일은 아무도 신경 쓰지 않고, 책임자를 찾아 처벌하는 손쉬운 일에 몰두한다. "그 지역 해안 방비 담당자인 ○○○ 장군이 잘못해 해적이 쳐들어왔으니 그 책임으로 장군을 처형해야 한다"라는 주장이 나온다. 나아가 "그 장군을 잘못 관리한 상관도 내쫓아야 한다" "그와 동문인 ○○○와 ○○○도 귀양을 보내야 한다"라는 주장이 나온다. 그렇게 주장하는 일이 성공을 거두면, 그 벼슬자리에서 상대를 몰아내고 우리 편을 앉힐 수 있다.

하지만 백성들 입장에서 보면, 목숨 걸고 싸운 장군만 처벌을 받았지 변한 것은 아무것도 없다. 다음에 해적이 또 쳐들어오면 피해를 보는 것은 마찬가지다. 그때는 상대 붕당에서 도리어 기뻐할 것이다. "책임자를 더 무겁게 처벌해야 한다"라고 주장하면서 복수할 수 있기 때문이다.

그런 이유로 유수원은 사헌부와 사간원의 일이 적어도 쓸데없이 처벌, 단죄, 책임자를 모조리 찾아내 벌하는 일 따위를 벌이지 말아야 한다고 주장했다.

그리고 나아가 이런 문제의 뿌리를 뽑고자, 유수원은 선비이며 양반이더라도 벼슬살이 아닌 다른 방법으로 얼마든지 먹고살 수 있는 나라를 만들어야 한다고 주장했다. 선비더라도 농업, 공업, 상업 일을 하면서 살아갈 수 있고, 존경받으며 부유하게 잘살

경제를 궁리한 조선의 선비들

수 있는 길이 있어야 한다. 그래야 오직 한 가지 성공의 길인 벼슬자리를 차지하려고 싸움을 걸고, 붕당의 승리를 위해 목숨 바쳐 다투려 들지 않을 것이다.

다시 말해, 사농공상이 평등한 세상이 되어야만 선비들은 꼭 벼슬자리가 아니라도 적성에 맞는 일을 하면서 성공했다고 여기며 보람차게 살 수 있다. 이재운은 『해동화식전』에서 돈을 많이 버는 삶이 효도와 충성의 길이니 좋은 삶이라고 주장했는데, 유수원은 『우서』에서 좀 더 나아가 그런 삶을 바람직하다고 느낄 수 있도록 나라에서 제도와 문화를 적극적으로 바꿔야 한다고 주장한 셈이다.

전문 상인이 나라를 부유하게 만든다?

『우서』 8권 이후의 내용을 구체적으로 살펴보면, 산업에 관해선 사농공상 중에서도 당시 가장 천한 대접을 받은 상업을 격상시키기 위한 방법에 많은 분량이 할애되어 있다. 특히 유수원은 상인 각각의 사업 규모를 크게 만들어 나라를 더 발전시키자고 강하게 주장하고 있다.

현대의 기업에 대해 이야기할 때, 규모의 경제economy of scale라는 말을 자주 쓴다. 사업의 규모를 크게 키우면 그만큼 사업의 효율이 증가하거나 규모에 비해 더욱 많은 이익을 남길 수 있을

5장 조선 경제의 판을 키운 규모혁신의 실천가: 유수원

때가 있는데, 그때 "규모의 경제가 나타났다" "규모의 경제가 달성되었다"라고 말한다.

하루에 떡을 열 개 만드는 가게가 있다고 치자. 혼자 쌀을 사고 빻아 열심히 반죽해 떡을 만들고 시장에서 판매하는 식으로 장사를 할 수 있을 것이다. 그런데 하루에 떡을 1만 개 만들어 팔 수 있는 사업을 벌인다면, 쌀을 대량으로 더 싸게 들여오고 쌀을 자동으로 빻고 반죽하는 기계를 설치하고 전문 배달원을 고용해 떡이 필요한 곳이면 어디든 배달해 주는 식으로 장사를 할 수 있을 것이다.

이런 식으로 큰 사업을 벌이면, 더 싼 값에 더 많은 떡을 더 잘 만들어 더 많은 사람에게 판매할 수 있다. 떡 열 개 만드는 작은 가게가 떡 하나에 1천 원씩 이익을 남길 때, 떡 1만 개 만드는 큰 가게는 떡 하나에 2천 원씩 이익을 남길 수도 있을 것이다.

유수원 역시 『우서』에서 큰 가게를 만들어 운영하도록 해야 상업이 더 발달한다고 설명했다. 유수원은 규모의 경제라는 말을 '출원본 중합력出厚本合衆力', 즉 '밑천을 모으고 힘을 여럿이서 합치는 것'이라는 말로 달리 표현했다. 그리고 그것이 이익을 가장 크게 볼 수 있는 방법이라고 주장했다.

유수원은 사업의 규모를 크게 키울 경우, 분업과 전문화의 장점이 커진다고 봤다. 떡 가게를 혼자 운영한다고 해 보자. 쌀 사는 일, 쌀 빻는 일, 반죽하는 일, 떡을 광고하는 일, 돈을 계산하는 일을 혼자 다 해야 한다. 그런데 한 사람이 그 많은 일을 다 잘

경제를 궁리한 조선의 선비들

하기란 쉽지 않다. 떡을 잘 만드는 솜씨는 뛰어나지만 돈 계산은 잘 못할 수 있고, 떡을 광고하는 일에는 재능이 있지만 요리 솜씨는 부족할 수도 있다.

그런데 다섯 사람을 고용할 수 있을 정도로 큰 떡 가게라면 어떨까? 요리 잘하는 사람을 고용해 떡 만드는 일만 맡게끔 하고 광고 잘하는 사람을 고용해 떡 광고하는 일만 맡게끔 하면, 일이 훨씬 더 잘될 것이다. 심지어 원래 그 일을 그렇게 잘하진 못했더라도 한 가지 일만 맡아 하면, 점점 익숙해지면서 능숙해져 실력이 좋아질 수도 있다. 이를테면 쌀 사는 일만 전문으로 하면, 하루종일 좋은 쌀을 저렴하게 사는 일만 맡아 하는 사이에 눈썰미와 흥정 실력이 점점 더 좋아질 것이다.

한 명이 일하는 것 보다 다섯 명이 일을 나눠 하는 게 다섯 배 이상으로 더 많은 이익을 남길 수 있을 것이다. 기업이 규모의 경제를 달성하는 한 가지 방법이다. 이런 식으로 가게의 규모가 커지다 보면, 유명한 사람을 고용해 떡 가게 광고를 크게 하는 방법으로 더 많은 손님을 끌어 보는 시도도 가능하다. 출원본 중합력의 이치는 가게의 규모가 커질수록 점점 더 맞아든다.

『우서』를 보면, 당대 조선 상인들은 여러 가지 물건을 거래해야 손님을 더 많이 끌어올 수 있다고 생각해 한 가게에서 다양한 물건을 취급하는 일이 많았다고 한다. 유수원은 그렇게 하지 말고, 상인들이 각자 한 가지 분야의 상업을 더 큰 규모로 키우는 편이 낫다고 주장했다. 한 상인이 생선도 팔고 과일도 팔고 농기

구도 팔 것이 아니라, 생선만 전문으로 판매하는 대신 양을 몇 배
더 늘려 파는 방식으로 해야 한다는 이야기였다.

그렇게 해야, 생선 전문가가 되어 생선의 품질을 잘 따지는
실력이 점점 늘 수 있을 것이고 좋은 생선을 들여올 수 있는 어
민을 찾아내는 것도 수월해진다. 그런 식으로 생선에 대한 기술
적인 지식이 쌓여야 시간이 갈수록 사업을 더 잘할 수 있다. 과일
이나 농기구에 대해서도 마찬가지로, 그 분야의 전문 상인들이
많이 생겨야 나라 전체로 봤을 때 이익이 더 커질 것이었다.

중소 상인 대신 대기업을 외친 까닭

유수원은 규모가 큰 대기업이 있어야 물자가 낭비되는 일
도 줄어든다고 봤다. 『우서』에는 떡 판매 사업이 예시로 설명되
어 있다. 서울에 떡 장사꾼이 100명 있고, 각자 혼자서 장사를 한
다고 치자. 혼자서 오늘 떡이 얼마나 팔릴지 그리고 내일 떡이 얼
마나 팔릴지 예상하는 건 어렵다. 그러니 괜히 떡을 많이 만들어
전부 팔지도 못하고 버리거나 헐값에 파는 일이 자주 생긴다.

그런데 떡 만드는 사람들이 스물다섯 명씩 모여 떡 회사 네
곳을 만들어 운영한다고 치자. 그러면 회사마다 스물다섯 명이
함께 치밀한 궁리를 통해 오늘 떡이 얼마나 팔릴지, 내일 떡이 얼
마나 팔릴지 예상해 볼 수 있다. 스물다섯 명 중 한두 명을 정해

경제를 궁리한 조선의 선비들

떡이 얼마나 팔릴지 예상하는 일만 궁리하는 전문가로 키워 볼 수도 있다. 그렇게 하면, 예상이 맞을 확률이 높아질 것이고 나중에는 거의 딱 팔릴 만큼만 제조 계획을 세울 수도 있을 것이다. 나라 전체로 보면, 쓸데없이 버리는 떡이 줄어들어 모두에게 이익이다. 즉 유수원은 대기업이 시장 예측에도 전문성이 있어 효율적이라고 본 것이다.

상인의 규모를 충분히 키우기 위한 방법으로 유수원은 '액점額店'이라는 제도를 운영하자고도 주장했다. 나라에서 일정한 자격을 인정해 준 점포를 말하는데, 규모도 크거니와 사업에 특화된 지식과 실력을 갖춘 큰 가게를 나라에서 인정해 주고 일정한 권리나 특권을 주는 취지의 제도였다. 이런 제도를 운영하면, 크기가 작은 자영업자들이 많이 일하는 것이 아니라 액점 제도로 인정 받은 큰 상인들이 더 많이 생겨 여러 종류의 장사를 할 것이다. 그런 식으로 유수원은 대기업을 많이 키울 수 있도록 상인들을 지원해 주자고 주장한 것이다.

이 역시 조선 시대 상식으로는 쉽게 받아들여지기 어려운 생각이었다. 상인을 도와줘야 한다면, 가난하고 규모가 작은 상인을 우선적으로 도와줘야 한다는 게 쉽게 떠올릴 수 있는 생각이었다. 큰 상인이라고 하면 왠지 타인의 돈을 야비하게 빼앗는 탐욕스러운 사람 같지 않은가? 그게 아니라도 어느 정도 부유한 상인이라면 정부에서 굳이 도와주지 않아도 잘 먹고 잘 살지 않겠는가? 그런 사람을 도대체 왜 도와줘야 하는가?

5장 조선 경제의 판을 키운 규모혁신의 실천가: 유수원

『우서』에선 그 이유 역시 전문화와 규모의 경제로 풀이하고 있다. 장사에 대해 아무 지식이 없는 사람이 먹고살 길이 막막해 갑자기 장사를 시작했다고 치자. 그는 지식도 경험도 부족하기에 장사로 살아남기가 쉽지 않다. 열심히 일해 어떻게든 버텨 보려 해도, 사고 한 번으로 하루아침에 장사가 망할 수도 있다.

그런 사람은 대뜸 작은 사업을 벌일 것이 아니라, 큰 상인의 직원으로 일하는 것이 좋다. 유수원은 그 편이 더 안전하다고 봤다. 그렇게 하면, 경험 많고 장사 지식이 풍부한 큰 상인의 회사에서 일하면서 장사하는 법도 배울 수 있다. 큰 규모로 일하는 업체에선 사고가 일어나더라도 사업 전체가 망하진 않는다. 사고가 일어난 사람 말고도 다른 수십 명, 수백 명의 직원이 일하고 있기 때문이다. 그러니 결과적으로 내 일자리도 더 안전해진다. 요즘 사람들이 중소기업보다 대기업 취직을 더 바라는 것과 비슷하다.

그리고 유수원은 대기업이 많이 생겨야 안전하고 질 좋은 일자리도 많아진다는 사실을 중시했다. 상상해 보자면, 유수원은 좋은 일자리들이 많아야 선비와 양반들이 기꺼이 상업에 뛰어들 거라고 생각했던 것 같다. 그러면서도 대기업이 일으킬 수 있는 문제점에 대해 어느 정도 예상했기에, 액점 제도로 대기업이 횡포를 부리지 못하도록 일정 규정을 준수해야 한다든가 대기업이 한 방면의 사업을 완전히 독점하지 못하도록 경쟁 체제를 마련해야 한다고도 했다.

경제를 궁리한 조선의 선비들

돈을 쌓지 말고 투자하라

유수원은 대기업을 부드럽게 만들어 가는 방안도 제시했다. 그는 큰 상인과 작은 상인이 사업을 하나로 합쳐 커다란 조직을 만들고, 큰 상인이 본점에서 전체를 지휘하는 한편 작은 상인은 자기 가게에서 사업을 하는 형태로 대기업을 만들자고 제안했다.

『우서』에 나오는 말로 설명하면, 큰 상인은 본점점주本店店主가 되고 작은 상인은 좌점동과坐店同夥가 되어 대기업을 결성하자는 것이다. 지금으로 보면, 본사와 대리점 형태로 협력하는 사업이나 프랜차이즈 형태의 사업과 비슷한 느낌이다. 유수원은『우서』에서 이런 일을 '동과同夥 사업'이라고 했다. 조금 넓게 생각한다면, 적절한 M&A로 중소기업이 대기업으로 잘 성장할 수 있도록 돕자는 이야기와도 통한다.

대기업을 만들기 위한 또 다른 간접적 방법으로 '투자하기 좋은 나라'를 만들자는 주장도『우서』에 실려 있다. 당대 조선에선 전황錢荒이라는 현상이 종종 골칫거리가 되곤 했다. 18세기에는 상평통보라는 엽전을 돈으로 사용했는데, 엽전을 구하기 어려워지면 모든 거래가 어려워지는 문제가 생기곤 했다. 그래서 돈이 도는 것이 황량해졌다고 해서 전황이라고 불렀는데, 쉬운 말을 써 보자면 '돈 가뭄' 정도라고 할 수 있겠다.

요즘 식으로는 유동성 부족 문제가 발생한 것과 비슷한 상황

5장 조선 경제의 판을 키운 규모혁신의 실천가: 유수원

이었다. 사람들이 전부 부동산에 돈을 투자했다고 해 보자. 곧 시중에 돈이 돌지 않을 것이다. 문제를 해결하고자, 유수원은 문제가 일어나지 않는 한도 내에서 기준을 정해 돈을 계속 찍어 내야 한다고 말했다. 정부가 엄한 기준을 정해 유동성을 공급하자는 것이다. 유수원은 정부 기관에선 돈을 저축하는 제도를 없애고, 쓸 만큼의 돈을 마련해 필요한 곳에 다 써 버리자는 주장도 했다. 그러면 돈이 돌면서 전황 해결에 도움이 될 거라고 본 것이다.

그런데 당시 나온 의견 중에는 집에 돈을 많이 쌓아 둔 사람들에게 강제 법령이나 규제를 시행해 돈을 쓸 수밖에 없게끔 하자는 말도 있었다. 그러면 부자들이 집에 쌓아 둔 엽전을 쓸 수밖에 없을 테니까 결국 돈이 돌면서 전황이 해결될 거라는 주장이었다. 그러니까 사람들이 부동산에 돈을 다 투자해 시중에 돈이 돌지 않는다면 부동산을 팔 수밖에 없게끔 강제적 제도를 만들자는 쪽에 가까운 주장이었다.

그러나 유수원은 이런 주장에는 반대했다. 그는 그런 주장을 두고 '가소로운 주장'이라고까지 말했다. 돈을 억지로 쓰게 만들고 돈 모으는 일을 막으면 부자들은 다른 방법으로 돈을 저축하려 할 것이다.

부자들이 집에 돈 대신 쌀을 쌓으려 하면 더 큰 문제가 될지 모른다. 시중의 쌀이 모두 부자들에게 팔려 창고에 저축될 것이고, 가난한 사람들은 쌀을 구하기가 힘들어질 것이다.

유수원은 대신 부자가 상업에 투자하고 장사에 투자하고 사

경제를 궁리한 조선의 선비들

업에 투자할 수 있도록 세상을 바꿔 나가자고 주장했다. 부동산에 투자하거나 엽전을 집 창고에 쌓아 두는 것보다 새로운 사업을 벌이는 데 투자하는 것이 더 좋아 보이는 세상을 만들자고 한 것이다. 그렇게 투자가 이뤄져 액점과 같은 대기업이 생기면, 부자들의 돈이 사람들을 고용하는 데 쓰일 것이고 가게 건물을 짓거나 물건과 말을 사는 데 쓰일 것이다. 결국 돈이 돌면서 전황도 해결할 수 있다. 그리고 좋은 일자리 또한 늘어날 것이며 사람들이 그 사업을 이용하면서 혜택을 볼 것이니 나라도 부유해질 것이다. 그것이 『우서』가 제시한 희망찬 미래였다.

유수원은 투자를 이끌기 위해선 투자를 하지 못하게 하는 것, 상업에 제약을 거는 일, 대기업이 생겨나는 데 제동을 거는 일 등을 막는 제도가 필요하다고 봤다. 이러한 변화를 『우서』에선 '불치상공不恥工商'이라고 하여 '공업과 상업을 부끄러워하지 않는 것'이라고 말했다.

조선 시대에는 선비가 상업에 손을 대거나 장사에 나서면 그 자체를 흠잡아 자손까지도 벼슬길을 막으려 드는 문화가 있었다. 유수원은 그런 제도는 반드시 사라져야 한다고 주장했다. 그런 제도들이 사라져야 사업을 벌이려는 사람들이 많이 생길 것이다. 그래야 돈을 꺼내 풀어 놓으며 투자하는 부자들도 많이 생기면서 돈 가뭄도 해결될 거라고 봤다.

규모의 경제로 꿈꾼 평등 사회

『우서』에 언급되는 대기업의 장점 중에는 대기업은 대기업만이 해낼 수 있는 큰 투자로 세상을 더 빠르게 바꿀 수 있다는 이야기도 있다. 낚싯배 수리 일을 하는 직원 세 명짜리 회사가 100군데 있다고 치자. 이런 회사들은 규모가 작아 낚싯배 수리 일밖에 하지 못한다. 그런 와중에 직원 300명짜리 회사가 있다면, 마음먹고 크게 투자해 거북선 만드는 공장을 차릴 수도 있을 것이다. 기술이 발달하면 더 큰 배도 만들 수 있을 것이다. 나아가 직원이 더 많은 회사라면, 족히 몇십 명의 학자들을 뽑아 미래를 위한 기술 연구만 따로 하도록 투자할 수 있을 것이고 증기기관으로 움직이는 배를 위한 연구에도 투자할 수 있을 것이다.

이런 식으로 대기업에겐 덩치가 크지 않으면 도저히 할 수 없는 혁신을 해낼 힘이 있다. 『우서』에선 전국을 돌며 장사를 크게 하는 대기업 사업가들이 많이 생기면, 그들 스스로 물건 운반을 더 잘하고자 길도 넓히고 다리도 놓을 거라고 주장했다. 이 역시 대기업만이 해낼 수 있는 큰 투자의 사례라고 이해해 볼 수 있다. 이런 활동이 활발히 이뤄지면 대기업 덕택에 나라 전체가 같이 발전해 갈 수 있다. 하물며 『우서』에선 큰 규모로 운영되는 가게가 있어야 나라에서 세금을 걷기도 편하고 관리하기도 편하다는 장점을 이야기하고 있다.

'규모의 경제'는 진작부터 자주 언급되었다. 19세기 말에 활

경제를 궁리한 조선의 선비들

동한 영국의 경제학자 앨프리드 마셜이 규모의 경제 개념을 널리 퍼뜨린 인물로 언급되곤 하는데, 그는 경제학을 배울 때 자주 나오는 수요곡선, 공급곡선, 수요곡선과 공급곡선이 만나는 곳에서 가격이 정해진다는 등의 이론을 개발해 유행시키기도 했다.

수요곡선과 공급곡선에 따르면, 자본주의에서 돈을 많이 버는 사람이 꼭 지위가 높다고 할 수는 없다. 자본주의에서 누군가 돈을 많이 번다는 것은 마침 그가 공급은 적은데 수요는 많은 일을 하고 있기에 많은 돈을 챙길 수 있다는 뜻일 뿐이기 때문이다.

이것은 아주 혁신적인 생각이다. 신분제 사회가 유지된 기나긴 세월 사람들은, 높은 사람은 부유하고 낮은 사람은 가난하며 높은 사람은 낮은 사람을 무시하고 업신여길 수 있고 낮은 사람

5장 조선 경제의 판을 키운 규모혁신의 실천가: 유수원

은 높은 사람을 섬겨야 한다고 여겼다. 심지어 민주주의 시대인 현대에도 이런 생각에 젖어 있는 사람들이 있다.

그러나 자본주의에서 돈이란 그저 수요와 공급의 결과일 뿐이다. 사람의 고귀함, 우월함 그리고 그가 얼마나 존경받을 만한지와 돈은 아무런 상관이 없다. 돈을 적게 벌든 많이 벌든 사람은 사람 위에 설 수 없다. 돈을 많이 버는 사람이라고 우러러볼 이유도 없고, 돈을 적게 버는 사람이라고 무시해서도 안 된다.

그러므로 혹시 내가 우월한 사람인 것 같다고 해서, 고귀한 가문의 후손이라고 해서, 공부를 잘한다고 해서 당연히 돈을 많이 벌어야 한다고 생각해선 안 된다. 그것은 착각이다. 그런 생각에 젖어 "나는 열심히 노력해 공부를 잘했는데 왜 공부 못한 사람보다 돈을 적게 벌까, 불공평하다"라고 느낀다면, 자본주의가 아니다. 자본주의에서 돈을 많이 버는 방법은 그게 아니라, 수요가 적은 것을 공급하는 것뿐이다.

나는 유수원도 이와 아주 비슷한 생각을 했다고 본다. 물론 한계는 있다. 유수원은 조선 시대의 선비였기 때문에 과거에 급제한 선비에겐 최소한의 특권이 주어져야 한다고 생각했다. 그러나 그 정도만 예외일 뿐, 유수원은 고귀한 가문의 자손이나 지위가 높은 사람이라 해서 그 자체로 우월해질 수 없다고 봤다. 대신 백성들이 모두 평등하다는 생각이 자리를 잘 잡고 있어야만, 고귀한 지위를 유지하려 했던 선비가 농업, 공업, 상업에 종사할 것이다. 그렇게 나라가 더 좋아질 것이다.

경제를 궁리한 조선의 선비들

혹시 요즘 세상에도 정부의 높은 자리에 있거나 돈을 많이 번다고 해서 남들을 굽신거리게 하며 대접 받으려는 사람이 있을까? 그렇지 않은 사람을 낮게 치고 무시하는 사람이 있는가? 혹시 그런 사람들이 있다면, 300년 전 조선 선비 유수원의 수준에도 미치지 못한다.

냉정하게 비교해 보자면, 『우서』의 내용은 마셜의 경제학 교과서와는 방향이 다르다. 그렇지만 나는 유수원이 경제 발전을 위해 고민한 결과, 몇몇 부분에선 마셜과 비슷한 시각을 갖게 되었다고 느꼈다. 마셜 역시 경제학의 기초를 쌓은 학자였지만, 그저 다들 자유롭게 경쟁하고 이익을 노리는 일만 궁리하면 그만이라고 생각하진 않았다. 그는 수요와 공급을 열심히 연구하고 설명하는 한편, 가난한 사람의 숫자를 줄어들게 하려면 어떤 노력을 해야 하는가 하는 현실적 문제에도 관심이 많았다.

개혁의 목소리가 역적이 되기까지

시간이 흘러 40대 후반이 된 유수원은 실로 오랜만에 임금의 부름을 받는다. 『우서』가 완성된 지 몇 년이 흐른 후의 일이다. 그의 학식을 높게 보는 사람들이 많아, 영조가 친히 유수원을 자기 앞으로 불러낸 것이다.

영조는 『우서』에 실린 평등 사상이나 상업 진흥에 대해선 큰 관심이 없었다. 임금은 유수원에게 관직 제도 개혁에 대한 설명을 듣길 원했다. 신하들끼리 붕당을 나눠 다투는 일에 답답함을 느낀 영조가 해결책을 찾길 원했던 것 같다. 유수원은 준비한 대로 자신이 쓴 「관제서승도설」이라는 글에 대해 설명했다.

그의 설명이 끝나자, 영조는 궁금한 점을 질문했다. 그런데 유수원은 아무 말 없이 그저 엎드려 있기만 했다. 그는 귀가 들리지 않아 임금의 말씀이라 해도 듣고 답할 수 없었다. 『조선왕조실록』 1741년 음력 2월 8일 기록을 보면, 영조가 옆에 있는 신하에게 자신의 말을 글로 써서 유수원에게 보이라고 했다. 유수원은 그 글을 보고 답변을 이어 나갔다. 그렇게 몇 차례 반복했다.

이후 조선 조정과 유수원의 관계는 어땠을까? 1755년, 소론 선비들이 과거의 답안지에 영조야말로 나쁜 임금이라며 비판하는 사건이 발생했다. 영조는 격분해 일련의 사건과 관련 있는 선비들을 모조리 잡아들여 고문하며 조사했다. 와중에 신치운이라는 사람이 "신은 갑진년부터 게장을 먹지 않았으니, 신의 반역을 바라는 마음입니다"라고 외쳤다. 과거 경종 임금 시절, 하필 영조가 준 게장을 먹은 후 경종이 승하했다는 이야기가 돈 적이 있다. 그 시절 조선에선 감을 먹고 게장을 먹으면 몸에 좋지 않다는 속설이 떠돌았는데, 영조가 형인 경종을 제거하고 왕이 되고자 감을 먹은 경종에게 일부러 게장을 줬다는 풍문이 그 이야기에 겹친 것이었다. 그러니까 신치운의 말인즉슨, "나는 당신이 형을 살해했다고 믿고 있다"라는 뜻이었다. 영조는 심각하게 분노해 신

경제를 궁리한 조선의 선비들

하들이 보는 앞에서 눈물을 흘렸다고 한다.

그 결과 신치운이 소속되어 있던 소론의 다수가 한 패거리로 몰려 처형당했다. 소론 소속이었던 유수원 역시 신치운과 친분이 있다는 이유로 고문을 받고 처형당했다. 그렇게 유수원은 역적이 되어 그가 쓴 글 대부분은 사라지고 전해지지 않는다. 다행히 『우서』만이 유일하게 전해지고 있다.

5장 조선 경제의 판을 키운 규모혁신의 실천가: 유수원

6장

21세기에 가장 인기 있는 조선 시대 개혁 이론가

×

박제가

청나라를 배워야 조선이 산다

조선 시대 선비들이 남긴 경제 책 중에 21세기 현재 가장 자주 인용되는 책은 무엇일까? 나는 박제가가 쓴 『북학의』 정도면 좋은 대답이라고 생각한다. 요즘 경제 기사나 경제 관련 논설을 읽다 보면, 『북학의』를 인용해 현재의 경제 문제를 설명하는 대목이 종종 보인다. 『북학의』는 지금으로부터 200년도 더 전인 18세기 말에 나온 책이지만, 여전히 생생한 힘을 발휘하고 있다. 뒤집어 생각해 보면, 『북학의』의 내용이 자본주의 사회인 21세기 대한민국 사람들의 구미에 맞는 면이 많은 것 같기도 하다.

역사를 돌아보다 문득, "어떻게 했어야 조선이 멸망하지 않았을까? 어떻게 했어야 조선을 구할 수 있었을까?" 하는 공상에 빠질 때가 있다. 지금 『북학의』를 읽어 보면, 아마 적지 않은 사람들이 이 책에 나온 대로만 했다면 조선의 많은 사람들을 가난에서 구할 수 있었을 것이고 나아가 조선이 멸망을 피할 수 있었을 거라고 느낄 것이다. 『북학의』의 내용이 정말로 조선에서 실행되었다면, 과연 조선의 역사가 뒤바뀔 수 있었을까? 냉정하게 따져 보자면, 알 수 없는 일이다. 게다가 18세기 조선에서 『북학의』에 실린 주장을 그대로 따라 한다는 게 얼마나 현실성 있었는가 하는 점은 또 다른 문제다.

그럼에도 박제가가 『북학의』를 통해 경제 문제에 대해 마치 미래에서 온 것 같은 제안을 했다는 말 정도는 분명히 할 수 있다. 좀 과장해 말하자면, 박제가가 시간여행으로 200년 후의 경제를 들여다보고 다시 조선 시대로 돌아가 글을 쓴 것 같다는 느낌을 줄 때도 있을 정도다. 바로 그런 놀랍고도 과감한 생각의 도약이 『북학의』가 현대인을 빨아들이는 매력이라고 생각한다.

『북학의』의 핵심은 상거래와 상업에 아주 많은 노력을 기울여 외국, 특히 청나라의 기술을 많이 배우고 활발히 교류하면서 수입과 수출을 하자는 것이다. 일단 이 핵심부터가 과감하다. 상업과 상인의 활동을 천하게 여긴 조선 시대 선비들에게 "장사해서 돈 버는 게 나라를 위해 매우 중요하다"라는 주장은 너무나도 이상한 소리로 들렸다.

그런데 박제가는 거기에서 멈추지 않았다. 그는 상업 발전, 외국과의 교류 발전을 위해 청나라의 기술과 제도를 적극적으로

경제를 궁리한 조선의 선비들

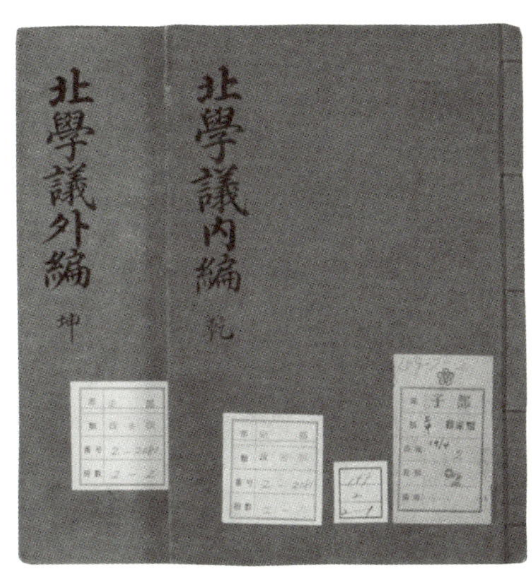

박제가의 『북학의』

받아들이자는 데 초점을 맞췄다. 이 역시 18세기 조선에서 매우 과감한 이야기였다. 17세기 이후 조선 선비들 사이에서 청나라는 원수의 나라였다. 1637년 병자호란이 조선의 패배로 끝난 후 조선의 임금이 청나라에 비굴하게 항복했던 일을 대다수 사람이 여전히 아주 큰 치욕으로 여기고 있었기 때문이다.

17세기까지만 해도 '북학'은커녕 다시 힘을 길러 북쪽의 청나라를 공격해 정벌하고 복수하자는 '북벌'이 선비들의 큰 관심사였다. 『임경업전』 『박씨전』처럼 조선의 영웅이 청나라를 혼내준다는 내용의 소설이 오래토록 인기를 끌었던 게 그 시대 분위기였다. 그렇게 청나라에 대한 원한과 분노가 가득한 시대이다 보니, 청나라 것이라면 야비하고 사악하고 치졸하고 요망한 것이

6장 21세기에 가장 인기 있는 조선 시대 개혁 이론가: 박제가

라는 생각이 선비들 사이에서 인기를 끌기 좋았다. 하다못해 "청나라 사람은 못생겼다" "청나라 문화는 더럽다" "청나라 옷차림은 우스꽝스럽다"라는 말조차 인기를 얻곤 했던 게 그 시절 조선이었다. 그런 와중에 청나라와 더 많이 교류하고 청나라를 더 배우자고 주장한다니? 자칫 애국심 없는 사람, 원수에게 나라 팔아먹을 사람 취급을 받을 수도 있는 위험한 주장이었다.

박제가는 당시 선비들이 공부하던 여러 학문에 밝았던 동시에 시를 짓고 글 쓰는 재주도 뛰어났다. 그랬기에 그는 당대 선비들이 자신의 주장을 받아들일 수 있도록 설득의 말을 만드는 데도 노력을 기울였다. 『북학의』는 박제가가 그저 세상을 한탄하고 마음에 들지 않는 사회를 욕하고자 분노를 쏟아 내는 것이 목적인 글은 아니었다.

박제가는 단순히 세상을 비난하면서 세상에 불만 많은 사람에게 인기를 끌어 보려고 글을 쓰지 않았다. 그는 당대 선비들이 자신의 주장을 받아들여 사회 발전의 대안을 만들고 실천하길 진심으로 바랐다. 그래서 그는 정성 들여 쓴 글로 타인의 생각을 바꿀 수 있게끔 신경 썼다. 박제가의 이런 태도는 사회 비판을 진지하게 제기하는 사람이라면 본받아야 한다고 나는 생각한다.

제목의 '북학北學'부터 한번 이야기해 볼 만하다. 북학은 그저 원래부터 조선의 북쪽 청나라를 배우자는 뜻이었던 것은 아니다. 『북학의』는 조선 선비들이 적응하기 어려운 주장을 하는 책이지만, 정작 '북학'이라는 말은 중국의 고전 『맹자』에서 따왔다.

경제를 궁리한 조선의 선비들

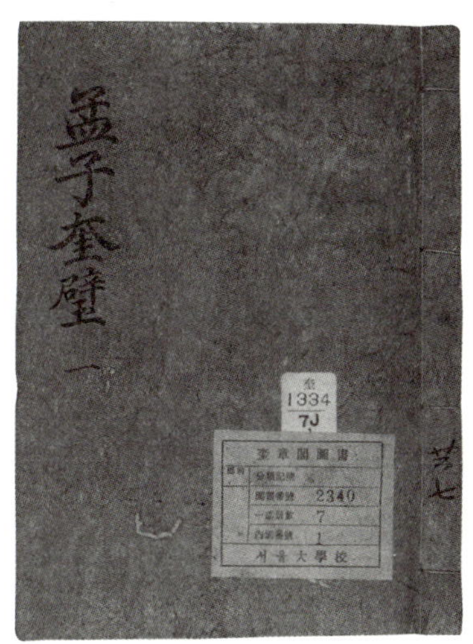

맹자의 유교 경전 『맹자』

『맹자』의 「등문공장구」를 보면, 중국 남쪽 지방 초나라 지역에 살던 사람이 좋은 지식을 배우고자 북쪽의 중심지에서 열심히 공부했더니 그곳 사람들을 능가할 정도로 뛰어난 경지에 올랐다는 이야기가 실려 있다. 이에 따르면, '북학'이라는 말은 초나라 사람이 북쪽의 중심지에 가서 학습했다는 의미다. 조선의 북쪽 청나라를 배우자는 뜻은 아니다.

박제가는 '북학'이라는 말의 뜻을 알고 있으면서도 끌어다 쓰면서, 18세기 당시의 조선 시점에선 중심지라고 할 수 있는 곳은 청나라이며 마침 조선 입장에서 청나라가 북쪽에 있다는 사실을 노렸을 것이다. 조선 선비라면 누구나 존경하는 고대의 위대한 인물인 맹자의 말 속에서 중국 남쪽 초나라 사람이 북쪽의 중심지에 가서 공부한 일을 좋은 사례로 강조했으니, 조선 사람들이 북쪽의 청나라에 가서 공부하는 일 또한 맹자의 생각에 걸맞지 않겠냐는 느낌을 슬며시 풀어놓은 것이다. 그렇게 박제가는 자신의 주장이 당대 선비들에게 가까이 다가갈 수 있도록 했다.

이렇게 보면 '북학의 뜻'이라고 번역할 수 있는 『북학의』가 품고 있는 뜻이 오직 "청나라를 배우자"라는 데만 한정되어 있지 않다. 청나라든 중국의 중심지든 아니면 또 다른 나라든 당대 선진국들이 있을 텐데, "어려워 보여도 열심히 나서서 선진국의 제도와 기술을 배우기 위해 노력해야 한다"라는 게 『북학의』의 정신이다. 그렇다면 현대의 한국에서 나라를 발전시키고자 미국과 일본의 기술 문화, 유럽의 친환경 제도, 여러 복지 국가들의 법령, 그리고 중국과 동남아시아 국가들의 신선한 아이디어들을 배워야 한다는 등의 이야기가 자주 나오는 점과 『북학의』는 서로 통한다. 박제가와 비슷하게 청나라와의 적극적 교류를 주장한 박지원, 홍대용 등의 당시 학자들을 한데 묶어 '북학파'라고 부르는 것도 역시 썩 좋은 이름이라고 생각한다.

박제가가 극복해야 했던 서얼이라는 이름

박제가는 1750년 지금의 서울에서 태어났다. 후대의 유명한 학자인 정약용보다 10여 년 먼저 태어났고, 대표적 실학자

경제를 궁리한 조선의 선비들

21세기에 가장 인기 있는
조선의 개혁 이론가 박제가

로 분류되는 이익 같은 학자와 비교해 보면 손자뻘 정도가 된다. 그렇게 보면, '실학'이라고 묶어 부르곤 하는 조선의 몇몇 선비들 사이의 경향이 절정으로 치달을 무렵을 살았던 사람이 박제가라고 볼 수 있다.

어린 시절 그는 필동과 묵동 지역에서 이사 다니며 살았다고 하는데, 흔히 남산골이라고 하는 지금의 서울 중구 남산 일대를 말한다. 그런데 그는 어린 시절을 회고하면서 돌아가고 싶지 않은 시기였다고 말했다. 어머니가 밤새 삯바느질하며 고생해 자신을 키웠다고 할 정도로 어린 시절 집안이 무척 가난했다고 표현한 글도 있다. 아버지가 일찍 세상을 떠났으니 성차별이 심한 조선 시대에 어머니 혼자 집안을 부양하기가 너무나 어려웠을 거라는 생각은 충분히 해 볼 수 있다.

단 나는 그의 집안이 아주 가난했을 거라고 생각하진 않는다. 그 시절 조선이 지금처럼 평균 통계를 쉽게 구할 수 있는 시대는 아니지만, 18세기 당시 서울 사람들의 평균 소득과 비교해 보자면 박제가의 집안이 오히려 벌이가 더 좋았을 가능성도 있다고 본다. 물려받은 재산이라든가 친지를 통해 얻는 수입 등이 있었을 것이므로, 보통의 평범한 사람들보다는 살림살이가 괜찮았을 것이다. 하여 박제가가 "어린 시절이 힘들었다"라고 돌아본 것은 그가 교류한 부유한 양반들과 비교해 보니 가난했다는 의미 내지는 나이 들어 알고 지낸 지체 높은 벼슬아치들과 비교해 보니 상대적으로 형편이 좋지 않았다는 뜻이었던 것 같다.

박제가 집안의 살림살이가 여의치 않았던 중에도 그의 어머니는 아들이 좋은 가르침을 받도록 하고자 스승으로 삼을 만한 훌륭한 사람, 유명한 사람을 만나려고 부단히도 애를 썼다고 한다. 아무래도 그들은 생활 수준이 높았을 것이고, 그들과 교류하면서 박제가는 자신의 집안이 가난하다는 느낌을 종종 받았던 것 아닐까 싶다. 지금 식으로 생각하자면, 벌이는 그럭저럭 괜찮은 집안이지만 자식 교육비로 돈을 너무 많이 쓰다 보니 살림이 힘들어진 것도 같다.

박제가가 어렸을 때 자신의 가정 사정이 기억하기 싫어할 정도로 힘들었다고 느꼈다면, 나는 그 이유가 돈이 부족하다는 문

경제를 궁리한 조선의 선비들

제 아닌 다른 이유가 더 컸을 거라고 생각한다. 그는 신분제 사회인 조선에서 철저히 차별받는 신분으로 태어났기 때문이다.

조선에선 남편 한 명에 아내 한 명이 부부가 되어 가족을 이루는 것이 법 제도상의 원칙이었다. 그러나 성차별 문화 때문에 남자는 사실상 여러 명의 아내와 같이 사는 일이 자주 있었다. 이런 일이 발생하면 정식 절차로 결혼한 아내는 정실부인인 '처'로 인정하고, 그렇지 않은 다른 아내는 '첩'이라고 부르며 낮은 지위로 간주했다.

그런 식으로 신분을 더 낮게 보는 문화가 있었기 때문에 첩이 낳은 자식은 차별당했다. 첩이 평민이면 그 자식을 서자라고 불렀고, 첩이 노비면 그 자식을 얼자라고 불렀다. 그 둘을 합쳐 '서얼'이라고 불렀다.

조선은 서얼의 경우 과거를 치르고 벼슬에 오를 수 있는 기회에 제한을 뒀다. 나아가 후손도 서얼 가문으로 취급되어 대대로 과거에서 차별을 당했다. 1625년 서얼 가문의 자식에겐 벼슬길을 열어 준다고 하여 '허통사목'이라는 제도를 발표했는데, 이 제도에 따르더라도 서자 본인과 아들은 벼슬살이에 제한을 받았다. 손자 대가 되어야 과거를 볼 수 있었다. 얼자의 경우에는 손자까지도 과거를 볼 수 없었고 증손자 대가 되어야 과거를 볼 수 있었다.

과거, 그러니까 지금의 공무원 시험을 볼 자격이 있고 없고를 대수롭지 않게 여길 수도 있을 것이다. 그러나 조선은 어지간

6장 21세기에 가장 인기 있는 조선 시대 개혁 이론가: 박제가

한 벼슬아치가 되면 혼란스럽고 복잡한 법 제도를 적당히 활용해 평범한 사람의 목숨을 빼앗는 일도 해낼 수 있는 사회였다. 조정에서 어떤 지시를 내리느냐에 따라 백성들의 삶에 관한 모든 일이 하루아침에 뒤집힌다고 해도 과장이 아니었다. 동시에 다수의 양반들이 과거를 잘 봐서 높은 벼슬에 오르는 게 인생의 가장 큰 목표라고 생각했다. 조선 사람들은 그런 문화 속에서 자라났고 살아갔다.

그런 시대에 서얼이 과거와 벼슬에서 차별 받는 신분이라는 것은 굉장히 큰일이었다. 조선의 과거 제도가 처음 실시될 때는 노비가 아닌 이상 누구나 시험을 볼 수 있었다. 뒤집어 보면, 서

경제를 궁리한 조선의 선비들

얼은 노비와 다를 바 없이 멸시를 받는 처지였던 것이다.

그렇다고 서얼이 노비는 아니라서 주인이 정해져 있진 않았다. 오히려 서얼이 노비를 거느릴 수도 있었다. 따라서 서얼은 부유해질 수도 있었고 지식을 많이 쌓을 수 있는 기회도 있었다. 그럼에도 차별 받고 멸시도 당하니, 조선 시대 내내 서얼은 신분 차별에 대한 불만이 특히 많을 수밖에 없었다.

소설 『홍길동전』에 등장하는 유명한 대사 "아버지를 아버지라 부르지 못하고, 형을 형이라 부르지 못한다" 또한 주인공 홍길동이 서얼이라 신분 차별을 당하고 있다는 점을 나타낸다. 조선시대 예법으로 서얼이라면, 아버지조차 '아버지'라고 부르지 못하고 '대감님' 또는 '어르신'이라고 불러야 한다고 주장하는 사람들이 있었기 때문이다. 『청성잡기』를 보면, 조선 후기에는 옛날 정도전이 몰락한 후 그의 반대파들이 정도전의 외가가 천한 가문이라는 사실을 알아챈 후 서얼 차별 제도를 만들었고 그렇게 전해지고 있다는 전설이 돌고 있을 정도였다.

조선의 아웃사이더가 청나라를 동경한 이유

박제가는 「소전」이라는 글에서 자신의 외모를 '녹동백이', 즉 '녹색 눈동자에 흰 귀'라고 묘사했다. 여기서 녹색 눈동자는 눈빛이 특이하다는 말을 문학적으로 표현한 것일 수 있다. 그런

6장 21세기에 가장 인기 있는 조선 시대 개혁 이론가: 박제가

네덜란드 알크마르에 설치되어 있는
얀 야스 벨테브레이(박연) 동상

데 마침 박제가의 시대보다 120여 년 앞서 네덜란드인 벨테브레이가 조선에 표류해 정착했던 적이 있고, 이후에도 유럽 출신 선원들이 표류해 왔던 일이 몇 번 있었다. 진지하게 생각할 만한 이야기는 아니지만, 박제가의 눈동자가 초록색이었던 까닭은 그가 네덜란드인 또는 다른 유럽인의 혈통이었던 때문은 아니었을까?

박제가의 어머니가 아들에게 좋은 교육을 시키고자 많은 투자를 했다면, 박제가는 분명 어릴 적부터 명문가의 똑똑한 자식들과 어울리곤 했을 것이다. 그때마다 그는 자신이 차별 받는 신분으로 태어났다는 사실을 선명히 느꼈을 것이다. 그 때문에 그

경제를 궁리한 조선의 선비들

는 울분과 좌절을 여러 차례 느꼈을 것이다. 훗날 박제가는 『북학의』를 비롯한 많은 글에 사람 사이의 차별을 줄이는 것이 나라에 도움이 된다는 의견을 포함시켰다. 그의 신분과 어린 시절을 보면 당연해 보인다.

그가 청나라 문화에 깊은 동경을 느낀 까닭도, 외국인인 청나라 사람과 교류할 때는 그가 서얼인지 아닌지 따위는 따지지 않았기 때문일 수도 있지 않았을까 하는 상상을 한번 해 본다. 심지어 지금도 한국에서 답답한 현실 문제에 시달리며 살다가 외국에 잠깐 나가 지내 보니 자유롭기 이를 데 없다고 생각하는 사람들이 있다. 실생활에서 신분 차별 문제에 시달리던 박제가가 외국에 나가 더 큰 해방감을 느낄 만했다.

박제가는 장성해 충무공 이순신의 손자의 손자뻘 되는 이씨 부인과 결혼했다. 그렇게 따져 보자면 박제가는 동인 계통의 파벌에 속한다고 볼 만했으나, 정작 그는 서인의 주류였던 노론 가문의 박지원을 스승처럼 따랐고 『북학의』에서도 이이와 조헌 같은 서인 계통의 인물들을 칭송했다. 그렇기에 박제가는 사실상 노론 쪽의 사람처럼 활동했다.

그래서인지 그는 붕당을 나눠 죽기 살기로 치열하게 싸우는 것이 무의미하다는 점을 지적한 바 있다. 아닌 게 아니라 정약용의 『마과회통』을 보면, 동인이면서 남인 계통에 속하는 정약용과 박제가가 전염병 연구 자료를 살갑게 주고받으며 교류한 기록이 있다. 정약용의 『기예론』을 보면 박제가의 주장, 즉 청나라의 선

6장 21세기에 가장 인기 있는 조선 시대 개혁 이론가: 박제가

진 기술을 배우자는 주장을 중요하게 언급하고 있기도 하다. 소속 붕당이 다른 박제가와 정약용이 친밀하게 교류한 듯한 느낌을 준다. 그러므로 박제가는 소속 진영, 파벌, 붕당을 초월해 자유롭게 교류하고 의견을 펼치려고 노력했다고 볼 만하다.

나는 박제가가 붕당, 당색 따위의 파벌에 연연하지 않은 것도 애초에 그가 서얼 출신이었기 때문일 수도 있다는 상상을 해 본다. 서얼 입장에서 양반이 아닌 낮은 신분의 사람들, 심지어 노비들과도 동질감을 느끼면서 세상을 바라본다면, 서인이니 노론이니 동인이니 남인이니 하는 양반들 사이의 편 가르기 혹은 당색 놀음에 휩쓸릴 이유가 없다. 더 좋은 벼슬을 차지하고자 잔인한 다툼을 끝도 없이 벌이는 양반들 간의 싸움은 나라의 발전이나 백성들의 삶과는 거리가 멀어 보였을 것이다. 그러니 박제가는 오히려 서얼이었기 때문에 애초에 높은 벼슬을 얻는 데 별 기대가 없었을 것이다. 그렇게 벼슬 다툼 대신 더 넓은 생각으로 눈을 돌렸을 수 있다.

신분의 한계가 있음에도 어린 시절 박제가는 글공부에 굉장히 열성이었다. 그는 책을 구하면 몇 번이나 베껴 쓰면서 자신만의 책을 만드는 일에 재밌게 매진했다고 한다. 글씨 연습을 하느라 방의 벽이 모두 까맣게 뒤덮였다고도 한다. 허공이나 흙바닥에 글을 쓰며 놀았고, 심지어 여름에 땀이 많이 나면 손가락으로 땀을 찍어다가 여기저기 물칠하면서 글쓰기 연습을 했다고 한다.

애초에 서얼 출신으로 크게 성공할 길은 막혀 있는 형편이었

경제를 궁리한 조선의 선비들

으니, 누군가 공부해야 잘살 수 있다고 다그쳐 그가 그렇게 공부를 열심히 하진 않았을 것이다. 박제가는 오직 아름다운 글을 읽고 글을 쓰는 데서 오는 감동과 책 읽는 즐거움을 만끽하고자 열심히 공부했다고 봐야 한다. 박제가의 어머니는 자신의 신분 때문에 그토록 열심히 공부하고 재능도 뛰어난 자식의 벼슬길이 막혀 있다는 사실을 서글퍼 했을 것이다. 그렇게 생각해 보면, 박제가의 어머니가 무리해서라도 아들이 좋은 교육을 받도록 노력했다는 사실이 더 애틋하게 다가오기도 한다.

20대에 쓴 북학의가 조선을 뒤흔든 까닭

박제가의 「열유시소서맹자서」라는 글에는 그의 어린 시절 이야기가 많이 실려 있는데, 그가 어린 글씨로 써서 만든 낡은 『맹자』 책을 꺼내 보자 그의 어머니도 박제가가 아기 때 입던 저고리를 꺼내 같이 보면서 추억에 빠지는 장면도 있다. 나는 이 글이 그의 글솜씨가 잘 발휘된 걸작이라고 생각한다.

박제가는 글짓기를 이렇게나 좋아하고 수많은 책을 읽어 대단히 풍부한 지식을 쌓았는데, 무예에도 관심이 많았던 것 같다. 정황을 보면, 박제가가 체력이 뛰어났다거나 무예에 특출났던 것 같진 않다. 어쩌면 장인어른이 이순신의 자손으로 군인 출신이다 보니, 그 덕택에 무예에 관심을 갖게 되었을 수도 있겠다. 한

6장 21세기에 가장 인기 있는 조선 시대 개혁 이론가: 박제가

편 박제가는 성격이 급하고 격한 감정을 잘 표현하는 편으로 과감한 행동과 파격적인 일을 잘한 것 같긴 하다. 그렇다 보니 때리고 부수는 무예의 동작을 좋아하게 된 것일까? 한참 나중의 일이지만, 그는 오위장五衛將이라고 하는 경비대장 정도의 벼슬을 맡은 적도 있다. 그런데 사람 팔자를 알 수 없는 게, 무예와의 인연 덕택에 박제가의 인생은 크게 바뀐다.

박제가는 무예에 대한 특별한 관심 때문이었는지, 나이가 한참 많은 군인 백동수와 알고 지낸다. 그런 백동수는 하필 이덕무와 친인척 관계였다. 이덕무 역시 뛰어난 작가였으므로 글쓰기와 문학에 관심이 많았다. 그러던 중 백동수가 이덕무 앞에서 박제가가 쓴 간판 글씨를 지목하며 "박제가라는 천재가 열다섯 살 때 쓴 글씨인데, 참으로 잘 썼다"라고 칭찬했다. 그는 박제가가 쓴 시를 이덕무에게 소개하기도 했다. 이덕무로선 박제가라는 사람을 꼭 한 번 만나보고 싶었다. 그러던 어느 날 이덕무는 길을 가다가 우연히 본 어느 어린 친구가 멋져 기억에 남았는데, 나중에 그가 바로 박제가였다는 사실을 알고 정녕 반가워했다. 그런 사연으로 박제가는 평생의 가장 소중한 친구 이덕무를 만난다.

이덕무, 백동수, 박제가 세 사람은 나중에 힘을 합쳐 『무예도보통지』라는 책을 펴낸다. 이 책은 지금까지도 조선 시대 무예의 핵심 자료로 널리 알려져 있다. 한국 전통 무예를 연구하거나 연습하는 스포츠 단체 대부분이 이 책을 중시한다. 역사상에선 경제 사상가로 훨씬 더 유명한 박제가가 조선 시대 무예의 핵심 자

경제를 궁리한 조선의 선비들

18세기 원각사지 10층 석탑이 훤히 보이는 〈탑동연첩〉

료를 만드는 일에 참여했다는 사실이 신기하다.

이덕무와 친해질 무렵 박제가는 이덕무와 교류하고 있던 박지원과도 친해진다. 곧 박제가는 박지원을 스승처럼 모시고 따른다. 당시 이덕무, 유득공, 박지원 등의 학자와 작가들은 지금의 탑골 공원 근처에 살고 있었다. 지금도 탑골 공원에 있는 원각사지 10층 석탑을 당시에는 흰 탑이라고 해서 '백탑'이라고 불렀는데, 박지원을 비롯해 그를 따르는 한편 그와 친하게 지낸 학자들의 집단을 통틀어 '백탑파'라고 부르기도 한다.

박제가는 탑골 공원 근처에 살진 않았지만, 백탑파 선비 중에서도 가장 앞선 생각을 제시하며 활발히 활동했다. 그렇기에

6장 21세기에 가장 인기 있는 조선 시대 개혁 이론가: 박제가

박제가를 백탑파의 대표 학자라고 불러도 손색이 없다. 18세기 후반 당시 백탑파는 조선에서 가장 앞선 생각을 갖고 가장 혁신적인 미래를 꿈꾸는 젊은이들의 모임이었다.

백탑파 학자로서 아름다운 글을 많이 쓰며 조금씩 명망을 얻은 박제가는 1778년 인생에서 가장 중요한 경험을 한다. 청나라 북경으로 떠나는 외교 사신 일행에 합류할 수 있었던 것이다. 그렇게 그는 당시 세계 최강의 국력을 자랑하던 청나라의 수도 북경을 직접 경험할 수 있었다.

청나라 경험으로 충격적인 감정을 받은 박제가는 곧장 생각을 정리해 책을 쓴다. 그가 불과 20대 후반 나이에 쓴 『북학의』다. 이후 그는 한평생 이 책에 정리한 자신의 사상을 발전시켜 나갔다. 수십 년 후에 『진소본북학의』라는 조금 더 짧은 글을 쓰기도 했다. 젊은 시절, 단 한 번의 문화 충격으로 떠오른 복잡한 생각을 정리해 쓴 책이 일생의 대표작이 되었을 뿐만 아니라 21세기인 지금도 자주 인용되고 있다는 점은 무척 놀랍다.

사치로 흥하고 검소로 망한다

나는 『북학의』에서 가장 눈에 띄는 한 구절을 꼽으라면, 「내편」 '시정市井' 항목의 "사치로 망한다고들 하지만, 지금 우리나라는 검소함으로 쇠퇴하고 있다"라는 부분을 이야기하고 싶다.

경제를 궁리한 조선의 선비들

10여 년이 지난 1786년에 『북학의』를 요약해 쓴 『병오소회』에도 같은 내용이 실려 있는데 '이사이망 이검이쇠以奢而亡 以儉以衰', 즉 "사치로써 망하고 검소로써 쇠약해진다"라고 표현하고 있다. 그러며 "다른 나라는 사치로 망했다고 하지만, 우리나라는 반드시 검소함으로 쇠퇴하고 말 것입니다"라고 주장한다. 나는 이 부분이 박제가의 여러 글 중에서 표현이 가장 절묘하고 멋진 대목이라고 생각한다.

언뜻 들으면 이해하기 어렵다. 사치가 너무 심하면 망한다는 것은 너무나 당연하다. 먹고사는 데 당장 도움이 되지 않는 장신구나 놀잇감 따위에 돈을 너무 많이 쓰다 보면 꼭 필요한 곳에 쓸 재물이 부족해질 것이다. 그렇게 가난해지고 빚을 지다가 결국 망할 것이다. 주변에서 흔하게 찾아볼 수 있다.

더군다나 조선 시대 선비들의 문화에선 자기 한 몸을 멋지게 꾸미는 사치를 두고 죄악이라고 할 만한 나쁜 일로 비난하곤 했다. 반대로 최대한 검소하게 살고자 노력하는 일은 칭송받곤 했다. 맹사성 같은 위인은 정승이라는 높은 벼슬을 살고 있었음에도 비가 새는 누추한 집에서 살며 검소하게 지냈다는 이야기로 칭송받았다. 심지어 박제가 스스로 『북학의』에서 뛰어난 인물로 높게 평가한 이지함조차 벼슬살이를 하면서도 거친 나물과 함께 쑨 죽을 먹었다는 이야기가 널리 알려져 있을 정도였다. 그런 나라에서 검소로 쇠퇴한다는 주장을 하다니?

신기하게도, 박제가가 『북학의』를 내놓은 시기에서 그다지

6장 21세기에 가장 인기 있는 조선 시대 개혁 이론가: 박제가

멀지 않던 18세기 초에 영국에서 활동한 사상가 버나드 맨더빌이 책 『꿀벌의 우화』에서 비슷한 이야기를 했다. 맨더빌은 욕망 어린 꿀벌의 무리는 번창하는데 반해, 그 꿀벌들이 각자 근검절약하면서 도덕적으로 살고자 애쓰자 오히려 쇠퇴한다는 내용의 이야기를 시로 썼다.

맨더빌은 다음과 같은 주장을 펼쳤다. 사치스러운 그림을 사고자 하는 부유한 꿀벌이 있다면, 그림을 잘 그리는 재주가 있는 꿀벌이 좋은 그림을 그려 부유한 꿀벌에게 팔아 먹고살 수 있을 것이다. 그러나 부유한 꿀벌이 검소하게 살기로 결심해 돈을 쓰지 않으면, 그림 잘 그리는 재주가 있는 꿀벌은 먹고살기가 막막해질 것이고 잘하지도 못하는 일을 하면서 힘들게 살아야 한다.

그렇기에 사회가 발전하기 위해선 구성원 각자가 어느 정도는 즐거움을 위해 소비할 줄 알아야 한다고 맨더빌은 주장했다. 개개인으로선 검소하게 살면서 스스로를 잘 다스리는 것이 분명 미덕일 수 있다. 하지만 사회 전체가 활발히 돌아가기 위해선 최소한의 사치가 필요하다는 뜻이다.

박제가는 맨더빌의 주장과 비슷한 방향의 이야기를 『북학의』와 『병오소회』에서 훨씬 현실적인 예로 설명했다. 부자들이 사치스러운 비단옷을 입지 않으면 어떻게 될까? 비단옷 만드는 재주가 있는 사람은 먹고살 길이 없어진다. 나아가 부자들이 누추한 옷, 다 떨어진 옷을 입고 지내는 것을 오히려 선비다운 미덕이라 자랑하면서 지내면, 좋은 옷을 만들어 봐야 팔 수가 없으니

경제를 궁리한 조선의 선비들

네덜란드에서 태어나
영국에서 활동한
17세기 사상가 버나드 맨더빌

옷감 만드는 사람들은 다들 싸구려 옷감만 만들 것이다. 그러다 보면, 좋은 옷감 만드는 기술이 쇠퇴하고 말 것이다.

옷 만드는 기술이 전체적으로 쇠퇴하면 같은 옷을 저렴하게 또 많이 만드는 기술 역시 발전하기 어렵다. 결국에는 추운 곳에서 싸워야 하는 병사들을 위해 따뜻하고 튼튼한 옷을 만드는 기술도 갖출 수 없을 것이다. 타국이 조선을 침략해 왔을 때, 병사들 입힐 옷도 제대로 만들지 못해 패배할 수밖에 없다.

다른 상품도 마찬가지다. 나무를 깎아 만든 조각품이나 장식품이 너무 사치스럽다고 생각해 부유한 사람들이 사지 못하도록 금지하면 어떻게 될까? 나무를 정교하게 가공하는 기술을 갖고 있어 봐야 소용이 없다. 결국 나무를 잘 가공하는 일을 익히는 데

6장 21세기에 가장 인기 있는 조선 시대 개혁 이론가: 박제가

아무도 관심을 갖지 않는다. 나라 전체적으로 나무로 정교한 물건을 만드는 기술이 쇠퇴할 것이다. 결국에는 농기구를 더 잘 만들 수 있는 기술도 갖추지 못한다. 타국에선 나무로 정교한 기계를 잘 만들 수 있어 물레방아라든가 풍차처럼 농사를 도와줄 수 있는 좋은 기구도 만들 수 있는데, 나무 가공 기술 능력이 떨어지는 조선은 그런 물건을 만들지 못할 것이다.

그런 식으로 기술이 뒤떨어지면 조선은 농사를 지어 식량을 구하는 일에서도 뒤처진다. 좋은 집을 튼튼하게 만드는 기술 없이 다들 검소하게 산다고 누추한 집에서도 버티고 살아간다면, 집 잘 짓는 기술이 발전하지 못한다. 그러다 보면 성벽이나 요새를 만드는 기술도 발전하지 못한다. 사람들이 검소하게 산다고 좋은 집을 짓지 않으려 들면, 전쟁이 일어났을 때 기술이 더 좋은 적에게 성과 요새가 쉽게 함락되어 나라가 망할 것이다.

그러므로 박제가는 더 좋은 물건을 원하는 사람, 더 귀한 물건을 알아보고 비싼 값에 사서 쓰려는 사람이 있어야 한다고 봤다. 그래야 나라의 기술이 발전하고 나라가 부강해질 수 있다고 봤다. 산업은 서로 연결되어 있으므로, 언뜻 보기에 사치스럽고 쓸데없어 보이는 일이라 해도 나라가 풍요롭게 발전하는 데 필요한 경우가 많다고 지적한 것이다. 조선 시대 문화 속에서 이런 생각을 떠올릴 수 있었다는 점은 가히 기이하다. 그만큼 뛰어난 식견이다.

경제를 궁리한 조선의 선비들

박제가가 꿰뚫어 본 소비와 기술 발전의 비밀

현대에는 거의 모든 산업 분야에서 비슷한 사례를 너무나 쉽게 찾아볼 수 있다. 예를 들어, 인공지능 기술의 핵심이 되는 부품으로 그래픽처리장치GPU가 있다. 인공지능 기능을 갖춘 스마트폰을 만드는 일에서부터 각종 의학, 과학 연구를 포함해 군사 무기를 개발하는 작업에까지 반드시 필요한 핵심 제품이다. 엔비디아 같은 회사가 사상 최고 가치를 지닌 반도체 기업으로 평가받았던 것도 GPU를 잘 만드는 곳이기 때문이다.

GPU가 개발되고 판매된 과정을 들여다보면, 그 시작은 1990년대 말 3차원 그래픽으로 작동하는 컴퓨터 게임의 화면을 빠르고 부드럽게 보여주고자 그래픽 카드를 만든 것이었다. 엔비디아 역시 게임이 잘 돌아가는 컴퓨터에 들어가는 그래픽 카드에 필요한 기술을 연구하면서 성장했다. 그때 만약 누군가 "생산적이지도 않고 공부에 방해되는 게임을 위한 제품을 왜 연구하는가?" "게임은 놀이에 불과한데, 왜 나라의 연구 개발 예산을 투자하는가?"라고 불만을 품어 산업 발전을 막았다면 어떻게 되었을까? GPU에 대한 투자가 막혔을 것이고, 오늘날과 같은 인공지능의 발전은 없었을 것이다.

리튬이온배터리도 좋은 예다. 리튬이온배터리는 전기 자동차의 핵심 부품으로 태양광, 풍력 발전과 연결해 이산화탄소 배출을 줄이는 한편 전기를 만들어 쓰는 일에서도 핵심 부품으로 취급받고 있다. 기후 변화에서 지구를 구할 수 있는 제품, 한국 경제의 미래를 이끌 핵심 기술 산업이라는 대접을 받는 발명품이 바로 리튬이온배터리다.

그런데 리튬이온배터리를 처음 개발해 양산한 회사는 지구를 구한다거나 기후 변화로 멸종되는 생물을 지킨다는 거창한 사명감으로 사업을 시작하지 않았다. 그곳은 일본의 한 전자제품 회사였는데, 개발 당시 10대 청소년들이 즐겨 쓴 휴대용 카세트 재생기 혹은 휴대용 게임기를 더 좋게 만들려면 작고 오래가는 배터리가 꼭 필요했다. 일본 외의 국가 중 리튬이온배터리를 양산한 나라가 한국으로, 한국에서도 역시 처음에는 휴대용 전자제품을 위해 리튬이온배터리를 만들었다.

그러니까 아이돌 음악을 좋아한 10대 청소년들의 취향 덕택에 기후 변화로부터 지구를 구할 수 있는 리튬이온배터리가 탄생한 셈이다. "뭐하러 공부하는 데 도움도 안 되는 것들을 더 좋게 개선하는 데 그렇게 투자하느냐"라고 연구 개발을 막았다면, 리튬이온배터리는 제때 탄생하지 못했을 것이다. 나아가 기후 변화와 관련해 훨씬 더 암울한 전망에 빠져 있었을 것이다.

도덕에 근거해 욕망을 억누르려는 기성세대의 주장은 착하고 바른말처럼 들릴 수 있다. 조선 선비들이 좋아할 만한 주장이다. 그러나 박제가는 그와 같은 고정관념을 깨야 한다고 주장했다. 소비를 함부로 금지하며 억누르는 일은 유의해야 하는 반면 자연스럽게 피어나는 욕망, 사치하고자 하는 마음을 좋은 쪽으로

경제를 궁리한 조선의 선비들

키워 나가야 한다고 주장했다. 경제가 발달한 현재에도 쉽게 지지를 얻지 못할 때가 꽤 많은 주장이다.

박제가의 생각은 '우물 이론'이라고 할 만한 이야기, 즉 우물에 경제를 비유하는 대목에서 더욱 깊어진다. 우물의 비유를 살펴보면, 소비와 경제의 관계뿐만 아니라 저축, 경기 등의 문제와 관련된 더 넓은 문제에 박제가의 생각을 적용해 보기 좋다.

존 케인즈와 박제가의 만남

영국의 경제학자 존 케인즈는 20세기 중반 세계 경제학의 흐름을 완전히 뒤집어 놓았다. 경제 문제에 관한 그의 방침을 따르는 후대의 사람들을 가리켜 '케인지언', 즉 케인즈주의자라고 부르는 말이 널리 쓰일 정도다. 케인즈 역시 과도한 검소함, 곧 지나친 저축이 해가 될 수 있다는 점을 지적한 학자로 아주 유명하다. 특히 그는 1930년대 세계를 강타한 경제 대공황과 같은 심각한 경기 불황 상태에서 그런 문제가 심각할 수 있다고 봤다.

그렇기에 케인즈가 지적한 문제는 '저축의 역설'이라고 불리기도 한다. 그 핵심은 박제가가 『병오소회』에서 말한 '이검이쇠'와 대단히 비슷하다. 경제 상황이 좋지 않기 때문에 사람들은 미래를 불안해한다. 그래서 사람들이 돈을 쓰지 않고 아끼는 분위기가 감돌고 있다고 치자. 그런 와중에도 한 부자가 사치를 부리

6장 21세기에 가장 인기 있는 조선 시대 개혁 이론가: 박제가

느라 자동차를 바꾸는 데 200만 원쯤을 쓴다면, 어떻게 될까? 부자에게 자동차를 판매한 사람은 200만 원을 벌어 식료품을 살 수 있다. 그러면 감자를 판매한 농부도 돈을 벌 수 있고, 농부는 자식의 교육비를 낼 수 있다. 그때 돈을 번 강사 또는 선생님도 알차게 돈을 쓸 수 있다. 부자 한 명이 200만 원을 소비한 덕택에 자동차 가게, 농부, 선생님 모두 생활을 영위할 수 있다. 그런 흐름은 계속 이어진다.

반대로 그 부자가 미래를 두려워해 200만 원을 쓰지 않고 집 장롱에 넣어 두기로 결심했다면 자동차 가게, 농부, 선생님 모두 돈을 벌지 못해 실업자로 전락할 수 있다. 경기는 나빠질 것이고 경제 전망은 더 나빠질 것이다. 미래는 더 불안해질 테고 부자는 더욱더 돈을 쓰지 않고 절약해야 한다고 생각할지 모른다. 이래서야 경제 상황은 점점 더 악화되기만 한다. 아무도 돈을 쓰지

경제를 궁리한 조선의 선비들

않고, 돈을 쓰지 않으니 일자리는 없어지고, 돈 쓸 사람은 더욱더 없어지며 쇠약해지는 소용돌이에 빠져버린다.

그렇기에 케인즈는 아주 심각한 경기 불황으로 모두가 돈 벌 길이 없어 막막한 상황에 처하면, 정부가 나서 엉뚱한 사업을 벌여서라도 사람들이 돈을 조금이나마 더 쓸 수 있게 해야 한다고 주장했다. 케인즈는 정부에서 돈을 아무데나 던져두곤 흙으로 덮고 아무나 파서 가져가라고 해도 좋다는 말까지 했다. 그러면 땅을 파고자 필요한 삽이나 곡괭이 같은 것들이 팔릴 것이고, 돈을 취득한 사람은 그 돈을 조금이나마 쓸 것이므로 경제가 지금보단 더 좋아질 거라고 본 것이다. 물론 그보다 좀 더 의미 있는 일을 하며 돈을 쓰면 좋을 테니, 케인즈는 나라에 필요한 도로를 만드는 등의 사업을 하면서 돈을 사용하면 더욱 좋을 거라고 봤다.

케인즈는 이렇게 한 번 돈을 쓰기 시작하면 돌고 돌며 수많은 사람에게 소득이 되는 현상을 '승수multiplier 효과'라고 불렀다. 박제가는 승수를 계산하는 등의 정교한 방법을 제시하진 못했지만, 케인즈가 주장한 바와 비슷한 뜻으로 "재물은 우물과 같다"라고 하며 우물을 사용하지 않으면 말라 없어지듯 재물도 계속해서 소비로 이어져야 나라에 재물이 점점 돌 거라고 풀이했다. 『북학의』「내편」의 '은銀' 항목에서 박제가는 "돈은 돌고 돌아야 마르지 않는 것이며, 그렇지 않으면 진흙으로 빚은 소가 바다에 빠지는 것과 같다"라고 했다. 돈을 쓸 수요가 없어져 부자들의 장롱 속에만 돈이 머무르면, 돈을 집에 쌓아 둔 부자들이 아무리 많

6장 21세기에 가장 인기 있는 조선 시대 개혁 이론가: 박제가

다고 한들 그 많은 돈은 바다 깊은 곳에 무의미하게 처박힌 것과 같다는 이야기다.

경제 대공황을 지나면서 여러 학자들은 케인즈의 방법이 좋은 돌파구가 될 수 있다고 생각했다. 현대에 들어서도 경기가 나빠질 때마다 세계 각국에서 케인즈가 제시한 것 같이 국민이 돈을 더 쓰게 하는 방법을 연구하며 사업을 벌이자는 주장이 자주 나오는 편이다.

나는 1990년대 말 IMF 외환 위기가 닥치자 TV에서 "필요한 소비는 하자, 돈을 써야 경제가 돌아간다"라는 식으로 방송했던 것을 기억하고 있다. 그보다 불과 한두 해 전만 하더라도 TV에선 "과소비가 문제다" "한국은 샴페인을 너무 일찍 터뜨렸다"라면서 사치스럽게 살면 안 된다는 공익 광고를 내보냈다. 그 기억이 선명했기에 나는 돈을 쓰라는 식의 방송이 나오는 것을 보고 정말 신기하다고 생각했다. 그렇게 보면, 1990년대 말 한국의 IMF 외환 위기는 박제가가 지적한 "사치로 망한다"와 "검소로 쇠약해진다"라는 현상이 연달아 일어난 최악의 상황이었나 싶기도 하다.

케인즈의 주장이 새로웠던 만큼, 그의 주장에 반대하는 학자들도 물론 있었다. 경제가 어려우면 걷히는 세금도 적어질 테니, 그럴 때일수록 정부야말로 돈을 아껴 써야 한다는 게 과거에는 당연한 상식이었다. 경제가 나빠서 안 그래도 정부에 돈이 없는데 케인즈는 정부가 그 귀한 돈을 땅에 던져 놓고 아무에게나 가져가라고 해야 한다고 주장하고 있다니, 말도 안 되는 소리라며

경제를 궁리한 조선의 선비들

거부감이 생길 만도 했다.

그렇기에 케인즈의 주장에 허점이 있다는 지적이 지금도 종종 눈에 띈다. 또한 케인즈의 학설에 맞는 부분이 있더라도 현실에서 그 방식을 무턱대고 아무 때나 무제한으로 사용하면 위험하다고 경고하는 학자들도 있다.

반대로 한번 생각해 보자. 경제가 너무 안 좋아 돈이 없고 그 때문에 망하는 회사들이 부지기수로 생겨나고 있다고 해 보자. 그럴 때는 경쟁력 없고 기술력이 떨어지는 회사들이 먼저 사라진다. 대신 사업을 정말 잘하는 회사들은 겨우나마 살아남는다. 그렇게 살아남은 회사들은 새로운 기회를 얻는다. 기술력이 떨어지는 회사 사람들은 더 잘할 수 있는 길을 찾을 것이다. 또 시중에 돈이 부족해지면 물건이 안 팔리니 물가는 내려간다. 사람들은 더 적은 월급을 받고도 일을 하려고 할 테니, 새로운 사업을 일으키려는 사람들에게 유리할 수도 있다.

그렇다면 당장 경제가 안 좋아 힘들다곤 하지만, 힘든 상황을 극복하기 위한 새로운 시도들이 등장하면서 결국 새롭게 돈을 벌고 더 좋은 물건을 개발해 더 싸게 판매하는 더 좋은 세상이 올지도 모른다. 그러니까 경제는 저절로 다시 좋아질 수 있다.

경제를 살리겠다고 정부에서 아무 사업이나 벌이면 별 대단찮은 엉뚱한 회사가 살아남아 오래 버틸지 모른다. 사업을 잘 벌일 줄 모르는 능력 없는 직원들과 악덕 사업가가 이런저런 일을 벌이고 다니며 피해를 입힐지도 모른다. 결국 정부의 사업이 장

6장 21세기에 가장 인기 있는 조선 시대 개혁 이론가: 박제가

기적으로 역효과를 빚을 수 있지 않겠는가?

이에 케인즈는 "장기적으로 보면, 우리는 다들 죽어 있을 것이다"라는 재기발랄한 명언으로 대답했다. 장기적으로 보면, 많은 회사가 망한 후 경제 위기가 저절로 회복될 수도 있을 것이다. 그러나 단기적으로 고생하는 사람들이 너무 많은 상황이라면, 장기적 해결책 이상으로 당장 문제를 풀 수 있는 방법을 추진하는 일이 더 중요하다는 것이다.

장기적으로 경제가 저절로 회복되는 데 500년이나 1천 년 정도의 시간이 필요하다면 어떨까? 수명이 한정되어 있는 사람으로선 저절로 회복되는 일을 마냥 기다리기란 힘들다. 그렇다면, 케인즈의 말대로 5년 혹은 10년 동안 계속될 경제의 불황을 해결하고자 정부가 직접 나서는 일도 필요하지 않을까?

양반들에게 장사를 권하다

박제가와 케인즈 계통의 정책 사이에 공통점을 하나 더 찾아본다면, 나는 상업을 발전시키는 구체적인 방안에 대해서도 이야기해 보고 싶다.

박제가가 활동할 당시 조선 사회에서 양반들은 흔히 벼슬자리를 차지하는 것을 가장 좋은 일로 여겼다. 그렇기에 박제가는 양반들의 경우 벼슬자리 얻는 일이 아니면 아무런 일도 안 하려

경제를 궁리한 조선의 선비들

한다는 것이 큰 문제라고 봤다. 양반들은 굶주리고 헐벗어도 벼슬을 얻을 수 있는 일이 아니면 농사도 짓지 않고 짚신 만드는 등의 기술을 배우는 일도 하지 않으며, 그저 참고 지낸다는 이야기다. 박제가는 양반과 그 자손이라는 사람들이 일하지 않고 놀고 있으니 나라가 가난해질 수밖에 없다고 설명했다.

이런 상황은 사람들이 일자리를 보는 눈이 높아져서, 질 좋은 일자리가 아니면 취직을 하려고 들지 않는 현상의 일종이라고 볼 수도 있다. 그렇기에 일손이 부족한 농촌과 기술자가 필요한 일터에는 정작 사람이 없어 고민이라고 하는데도, 양반들은 실업자가 되어 가난을 참는다. 게다가 노는 양반들이 어떻게든 먹고살려다 보면 부정부패를 저지르거나 신분이 낮은 사람들을 괴롭히는 일을 벌일지도 모른다. 그러면 피해가 더욱더 커진다. 현대 시대에 실업 문제가 심각해지고 좋은 일자리가 너무 없다는 생각이 퍼질 때 도박, 다단계 사기, 마약 밀매 등에 빠져드는 사람이 늘어나는 문제가 생기는 것과 비슷하다.

『북학의』에서 박제가는 이런 류의 문제를 해결하고자 놀고 있는 양반들이 장사꾼이 되어 돈을 벌게끔 해야 한다고 주장했다. 그러면 양반들이 일하면서 살림살이를 유지하며 가난을 몰아낼 수 있다. 유수원이 『우서』에서 펼친 주장과 일맥상통한다.

그러면 상인들이 많아지니, 나라 안에서 부족한 물자를 이리저리 교환하는 일이 활발하게 일어날 것이므로 사람들의 삶이 좋아질 것이다. 산이 많은 지역에선 소금과 새우젓을 구하기 어

6장 21세기에 가장 인기 있는 조선 시대 개혁 이론가: 박제가

려운데, 상인들이 많아져 바닷가에서 가져와 판매하면 산에서도 쉽게 얻을 수 있을 것이다. 마찬가지로, 상인들이 활동하면 바닷가 사람들은 얻기 힘들었던 잣과 밤을 쉽게 얻을 수 있다. 온 나라 사람들이 상인들 덕택에 편리하게 지낼 수 있을 것이다. 상인들이 전국 각지에 좋은 물건을 팔고자 애쓰면 좋은 농기구, 좋은 도구, 좋은 재료를 보다 더 쉽게 구할 수 있을 테니 온 나라 사람들이 일을 더 잘하며 더 잘살 수 있을 것이다.

여기에 더해, 박제가는 정부가 과감하게 나설 것을 제안했다. 『병오소회』에서 박제가는 양반들이 상인이 될 수 있게끔 정부에서 돈을 풀어 밑천과 가게 자리를 지원해 주는 것 또한 좋은 방안이라고까지 이야기했다.

말하자면, 박제가는 일자리 문제를 겪고 있는 사람들을 위해 정부가 창업을 지원해 주고 창업에 필요한 투자를 연결해 주거나 하다못해 사무실 공간을 내주는 정책을 추진해 보자고 이야기한 것이다. 대단히 현대적인 주장인데, 박제가는 양반들을 상인으로 끌어들이고자 장사를 잘한 사람에겐 명예로운 벼슬을 주자는 제안까지 덧붙였다. 벼슬자리를 워낙 중시했던 당시 양반들의 심리적 특성까지 고려해 창업을 적극적으로 유도하고 기업을 키워나갈 수 있는 방법을 제안한 것이다. 이런 발상은 현대에도 충분히 설득력을 얻을 만하다고 나는 생각한다.

상업 발전에 대한 투자가 중요하다고 강조한 부분 이외에 『북학의』의 대부분은 청나라의 좋은 제도를 설명하고 받아들여

경제를 궁리한 조선의 선비들

김홍도의 〈자리짜기〉. 조선 후기에는 일하는 양반들도 생겨났다

야 한다고 이야기하고 있다. 개중에는 농기계나 농사짓는 방법을 더 좋게 바꾸자는 아주 구체적인 사항도 있고, 옷차림이나 정부 제도를 개선하자는 내용도 있다.

읽다 보면 비슷하게 반복되는 부분이 많다. 조선의 제도에 얼마나 문제가 많고 단점이 많은지 설명한 뒤, 그에 비해 청나라의 제도는 훨씬 좋다고 이야기한다. 그리고 청나라 제도를 따라 하자는 게 결론이다.

박제가는 상업 발전을 중시했으므로 수레, 즉 마차를 이용해 판매할 물건을 운반하는 일과 배를 이용해 물건을 운반하는 일을 잘해야 한다는 것을 무척 중요하게 이야기했다. 『우서』에서 유수원도 중시했던 이야기인데, 가만 보면 박지원을 비롯해 백탑파의 여러 학자 또한 청나라를 들여다보니까 수레와 마차를 유용하게 쓰던데 그 부분을 조선에 퍼뜨리자는 주장을 무척이나 자주 꺼냈다. 북학파, 백탑파를 수레파라고 불러도 될 정도다.

이런 이야기를 할 때도, 박제가는 조선에선 말을 사용해 물건을 운반할 때 그냥 말 등에 짐을 싣고 다니므로 말이 힘들어하고 빨리 움직일 수 없다고 비판한다. 그러며 선진국인 청나라에선 마차를 이용하므로 좋다는 식으로 설명한다. 마찬가지로 조선의 배는 작고 물이 잘 새는데 반해 청나라 배는 크고 튼튼하므로 그들의 배 건조 법을 배워 와야 한다고 주장한다. 조선과 청나라를 비교한 뒤 청나라 쪽의 우월함을 강조하는 식이다.

『북학의』 내용 중, 조선이 청나라보다 낫다고 설명한 물건은

경제를 궁리한 조선의 선비들

활과 총 정도다. 총은 조선 총과 청나라 총이 같은 수준이고, 활의 경우 조선 활은 멀리 나가는 대신 아무 때나 쓰기 어려운 반면 청나라 활은 멀리 안 나가지만 아무 때나 쓸 수 있다고 했다. 이때 말하는 총은 소위 조총이라고 하는 화승총 방식의 구식 총을 지칭하는데, 조선 물건의 단점을 주로 분석한 박제가가 보기에도 당시 조선의 총과 활은 상당한 품질로 발전되었던 듯하다.

이런 내용들을 읽다 보면, 강대국인 청나라의 물건은 다 좋다고 찬양하는 것 같고 조선의 물건은 다 나쁘다며 낮춰보고 비아냥거리는 것 같다. 박제가라는 사람은 완전히 기울어진 마음으로 강대국, 큰 나라의 것은 뭐든 다 좋은 쪽으로만 보려 한다는 생각도 들 지경이다. 가장 심한 부분은 『북학의』의 '한어' 항목으로, 박제가는 중국어를 익혀 쓰면 발전된 중국을 배우는 데 편리하므로 조선 말을 버려야 한다고까지 말했다.

21세기 한국인을 닮은 18세기 조선 선비

한 발 물러나 보면, 나는 박제가의 이런 이야기들도 21세기 한국인과 닮은 사고 방식이라고 본다. 21세기 한국의 문제를 지적하는 TV 다큐멘터리를 보면, 우리나라의 문제점이 얼마나 심각한지 한참 설명한 후 독일, 프랑스, 스웨덴 혹은 일본 같은 선진국에선 어떻게 하는지 보여주고 우리도 그렇게 해야 한다고

6장 21세기에 가장 인기 있는 조선 시대 개혁 이론가: 박제가

말하며 끝내는 경우가 대단히 많다. 사회 문제를 다룬 TV 프로그램이 항상 따르는 틀 같다는 느낌이 들 정도다. 신문 칼럼이나 사회 문제를 지적하는 명사들의 주장 중에도 "선진국들은 그러지 않은데, 한국은 이게 문제다" "선진국들 중에 한국처럼 이상한 문화가 있는 나라는 없다" "외국에 비하면 한국은 지옥이다"라는 말을 대단히 쉽게 찾아볼 수 있다.

지금처럼 한국이 수출, 수입을 많이 하고 해외와의 교류도 많은 시대에 "한국은 문제가 많고, 한국보다 잘사는 외국은 안 그래서 좋다"라는 말은 나라의 문제를 지적하는 가장 흔한 주장인 것처럼 보인다. 그래서인지 지금의 대한민국에선 다들 이런 방식의 주장에 친숙해졌다. 그런데 박제가는 외국과의 교류가 미미했던 18세기에 살았지만 지금의 대한민국 사람들과 비슷한 방식으로 생각했다. 그렇다 보니 "해외의 더 잘사는 나라를 따라 하자"라는 주장에 더욱더 심하게 기울어졌던 것 아닐까?

그렇게 보면, 박제가가 "조선 말을 버리자"라고 주장한 대목도 어느 정도는 이해할 수 있는 구석이 있다. 그는 청나라를 배우자고 했지만, 결국 미래에는 다른 여러 나라와도 수출과 수입을 활발히 하며 교류하고 무역해야 한다고 분명히 밝혔다.

『병오소회』에서 박제가는 수도에 관청을 만들고 유럽의 천주교 선교사들을 적극적으로 초청해 머무르게 하면서 유럽의 선진 기술과 문화를 받아들이려 노력해야 한다고도 주장했다. 그 시절 조선 선비들 대다수가 천주교를 너무나 이상하고 낯선 문

경제를 궁리한 조선의 선비들

화이며 나쁜 사상이라고 보고 탄압할 궁리에 몰두했던 것과 비교해 보면, 박제가의 개방성은 놀랍다. 그가 『병오소회』를 올린 지 몇 년 안 된 1791년 신해박해로 수많은 천주교 신자들이 처형당했으니, 그의 생각은 시대를 너무 앞서갔다고 할 만하다.

박제가는 세계 여러 나라와 활발하게 교류하기 위해선 외국어를 배우는 게 무척 중요하다고 여겼다. 『북학의』의 내용을 잘 살펴보면, 그는 중국어를 배우는 것뿐만 아니라 일본어, 몽골어 등의 다양한 외국어를 많은 사람이 배우는 게 좋다고 봤다. 천주교 선교사를 초청해 교류하자는 주장까지 한 것을 보면, 그는 스페인어, 프랑스어, 독일어를 배워야 한다는 생각도 했을 것이다.

박제가가 중국어를 배우자고 강조한 것은 지금 시대에 어릴 때부터 영어를 배우는 게 중요하다고 강조한 것과 매우 비슷하다. 그가 보기에 당시 조선이 가장 활발히 교류할 수 있는 나라는 중국이고 수많은 지식을 기록한 책과 자료들은 대개 한문으로 되어 있으니, 지금의 영어 교육처럼 중국어 교육을 강조한 것이다. 그렇게 생각하면, 조선 말을 버려야 한다는 주장도 조선은 말까지 나쁘니 가치가 없다고 여겼다기보다 중국어를 빨리 배우기 위해선 한동안 중국어만 쓰며 살려고 노력하는 게 좋다는 정도에 가깝다는 게 내가 받은 느낌이다. 지금으로 치면, 영어를 빨리 배우기 위해 영어로만 대화하는 시간을 갖자거나 영어 일기를 쓰자거나 하는 정도의 제안과 비슷하다고 볼 수 있지 않을까?

6장 21세기에 가장 인기 있는 조선 시대 개혁 이론가: 박제가

검소로 망한다는 주장이 임금에게 가닿은 순간

정조는 서얼이더라도 어느 정도까진 벼슬길을 열어 주는 정책을 추진하고 있었다. 그 덕택에 박제가는 과거를 볼 수 있었고, 『북학의』를 완성한 직후인 1779년 '규장각 검서관'이라는 벼슬에서 일하기도 했다.

규장각은 궁궐 안에 있는 도서관으로, 검서관은 규장각에 있는 책과 자료들을 관리하고 연구하는 일을 했다. 책과 글을 좋아해 방 벽면을 글자로 가득 채우며 자란 박제가에겐 정말 반가운 자리였을 것이다. 마침 박제가는 백탑파 동지인 이덕무, 유득공 등과 함께 검서관으로 배치되어 규장각에서 같이 일할 수 있었다. 그 시절이 그의 인생에서 가장 행복하지 않았을까 싶다.

박제가는 규장각 검서관으로 지내면서 임금과 조정 상층부에 자신의 주장을 전달하고자 노력했다. 1786년 음력 1월 22일 정조가 신하들에게 건의 사항이 있으면 각자 하고 싶은 말을 써서 제출하라고 했을 때, 박제가는 작심하고 『북학의』를 한 편의 글로 요약하고 정리해 올린다. 1786년이 병오년이었으므로, 그 글에 '병오소회'라는 이름이 붙었다.

같은 날 좌부승지 이동형이 올린 글을 보면 "사치를 부리는 사람이 너무 많으니 검소하게 살도록 해야 합니다"라는 전통적인 주장이 실려 있다. 그런데 『병오소회』에는 그와 완전히 반대되는 말로 "우리나라는 반드시 검소함으로써 쇠약해질 것입니

경제를 궁리한 조선의 선비들

다"라는 주장이 실려 있다. 그러니 분명 『병오소회』는 충격적인 글이라고 할 만하다. 선비들 사이에 박제가는 너무 심한 주장을 하는 특이한 사람이라고 소문이 났을 수도 있다.

그날 『일성록』 기록을 보면, 정조가 "너의 식견과 뜻을 알 수 있구나"라고 짤막하게 답변했다고 한다. 임금도 박제가의 주장을 접하긴 했고, 그에 대해 아주 나쁜 생각을 품진 않은 것으로 보인다. 박제가의 주장은 대단히 강했기에, 그는 『병오소회』를 올리면서 임금이나 조정의 높은 사람들이 자신에게 큰 벌을 내릴 수도 있다고 각오했을 수 있겠다. 예를 들어 같은 날 "사치가 문제

6장 21세기에 가장 인기 있는 조선 시대 개혁 이론가: 박제가

다"라는 식의 글을 올린 이동형 등이 보면 박제가는 얄밉기 짝이 없어 보였을 것이다. 그런데 임금의 반응이 "너의 식견과 뜻을 알 수 있구나" 정도였다니, 그만하면 괜찮은 반응이었다. 박제가는 자신의 뜻이 곧 시행될 수 있다는 기대를 품었을지도 모르겠다.

박제가는 『북학의』를 내놓은 후, 청나라로 가는 사신단을 따라 몇 번 더 외국에 다녀온다. 그의 생각은 더 굳어졌고 더 깊어졌을 것으로 보인다. 후대의 개화기 사상가들에게 이어졌다고들 평가하는 북학파의 사상은 박제가의 이런 삶 덕택에 더 강해졌을 거라는 상상도 해 봄직하다.

세월이 흘러 1792년이 되자, 박제가는 시력이 나빠져 안경을 써도 글자를 잘 볼 수 없는 상태가 되고 만다. 그 때문에 그가 가장 행복하게 임했던 검서관 일을 더 이상 할 수 없게 되었다. 박제가의 인생에서 가장 아쉬운 순간이었을지도 모르겠다. 이후 박제가는 충청도 부여의 현감으로 발령난다.

궁궐에서 하는 일 대신 지방의 일을 하게 된 것이니, 조선 시대 관점에서 보면 벼슬이 나빠졌다고 볼 수도 있다. 그러나 보기에 따라선, 조정에서 "그래, 좋은 개혁 정책을 그렇게 많이 갖고 있다면 네가 직접 한 지역을 다스려 봐라"라고 박제가에게 기회를 준 것일 수도 있다. 그렇게 본다면, 조금 과장해서 지금의 충청남도 부여시는 박제가가 그 누구보다 먼저 미래를 내다보고 전혀 다른 조선을 상상한 꿈이 실제로 펼쳐진 장소라고 볼 수 있다. 지금 부여를 생각하면서 박제가를 떠올리는 사람은 많지 않

경제를 궁리한 조선의 선비들

겠지만, 이런 식으로 연결해 보면 부여는 새로운 경제사상, 상업과 공업과 해외 교류에 대한 사상이 자라나던 조선의 혁신적 도시였다고 말할 수도 있겠다.

하지만 부여 시절 박제가의 행적에 대한 자료는 많지 않다. 굳이 찾아 보자면, 박제가는 한참의 세월이 흐른 후 아들에게 보내는 편지에서 "나는 부여도 살기 좋은 곳이라고 생각한다"라고 고백한 적이 있다. 나는 박제가가 부여를 다스리던 시절을 좋은 기억으로 남겼다는 증거일 수 있다고 생각한다. 특히 그는 당시 부여에 흉년이 들자 굶주린 사람, 가난한 사람을 돕는 사업을 시행하며 많은 사람을 살리고자 노력했다. 그 과정에서 그는 아마도 큰 보람을 느꼈을 것이다.

벼슬길 막힌 개혁가의 역설

그렇다면 그의 개혁 정책이 부여에서 어느 정도는 좋은 성과를 거뒀을 가능성이 있지 않을까? 전국의 여타 다른 지역에서도 박제가의 개혁을 따라 하면서 조선의 경제가 완전히 새로운 방향으로 나아가는 길이 열릴 수도 있었을까?

그러나 일은 그렇게 풀리지 않았다. 박제가는 조선 조정의 벼슬자리 다툼과 정치 싸움이 심하다는 사실을 예전부터 알고 있었다. 그러나 그 정도를 절감하고 대비하진 못했던 것 같다. 박

6장 21세기에 가장 인기 있는 조선 시대 개혁 이론가: 박제가

제가는 부여 현감으로 부임한 지 1년도 지나지 않아 정치적 공세를 받는다. 그는 굶주린 사람을 구한 훌륭한 사또로 칭찬 받기는커녕, 도리어 부여를 다스리는 동안 범죄를 저질렀다는 혐의로 감옥에 갇혀 조사를 받는다.

박제가가 부여를 다스린 결과가 정말 나빴기 때문일까? 그럴 가능성도 있긴 하다. 이론에 밝고 말을 잘하는 사람이 막상 실전에 들어서면 그르치는 경우가 있기 때문이다. 그러나 나는 박제가가 큰 문제를 일으켰을 가능성은 낮다고 본다. 박제가를 공격하는 주장들을 보면 이상하게 조금씩 엇갈리는 내용이 보인다.

『일성록』의 1793년 음력 6월 13일 기록을 보면, 박제가는 당시 충청 지역을 맡은 암행어사로부터 흉년에 굶주린 사람을 돕는 과정에서 세금 관리가 정확하지 못했다는 지적을 받았다. 동시에 세금을 내지 않는 사람을 감옥에 가두는 등 너무 가혹한 정치를 펼쳤다는 지적도 받았다. 그러니까 박제가는 세금을 철저히 관리하지 못했다는 지적과 동시에 세금을 너무 철저히 걷었다는 지적도 받은 것이다. 과연 그럴 수가 있을까? 혹시 박제가가 지역을 다스리는 데 너무 서툴러 우왕좌왕하면서 일을 이도저도 아니게 엉망으로 처리한 것일까?

나는 그렇진 않았을 거라고 생각한다. 박제가는 이 사건에 대해 해명하면서, 부여라는 곳이 지난 7년간 현감이 아홉 번이나 바뀐 혼란스러운 지역이라는 점에 핵심이 있다고 설명했다. 모든 게 혼란스럽고 엉성한 와중에 그가 부임해 바로잡으려 하니 손

경제를 궁리한 조선의 선비들

해를 보는 사람들이 반발했다는 것이다. 그들 중에는 박제가 때문에 그동안 암암리에 해 오던 일이 불법으로 규정되어 범죄자로 몰리기도 해 그에게 원한을 품은 경우도 있었을 것이다.

특히 그는 환곡 업무를 보면서 곡식 재는 단위를 바로 잡은 일에 불만을 품은 사람들이 있었다고 말한다. 환곡은 백성들이 굶주릴 때 관청에서 쌀을 대출해 주고 얼마 후 이자를 얹혀 돌려받는 제도를 말한다. 그런데 18세기에는 미터법이 없었기에 곡식을 정확하게 재지 않아, 얼마를 빌려 주는지 또 얼마를 갚았는지 숫자가 잘 들어맞지 않을 때가 많았다. 박제가는 그 부분을 두고 한 가지 원칙으로 통일하려 했다. 그런데 그 때문에 손해를 본다고 생각한 사람이나 그동안 행한 방식이 불법으로 규정되었다는 사실에 불만을 품은 사람이 있었고, 그들이 원한을 품고 자신에게 누명을 씌우려 했다는 게 그의 주장이다.

굶주리는 게 사회적으로 큰 문제인 시대였던 만큼, 환곡은 매우 중요한 제도였다. 그런데 환곡 제도의 운영이 점점 복잡해지고 혼란스러워지면서 갖가지 문제가 발생했다. 나중에는 세간에서 나라가 망해가는 주요 이유라고 여길 정도였다. 그러니 박제가 또한 환곡 제도와 관련된 혼란에 휘말렸지 않나 싶다.

나는 이런 기록을 읽을 때마다 21세기 한국의 주택 대출금 제도, 주택 담보 대출 제도와 조선의 환곡 제도의 흐름이 닮았다는 느낌을 받는다. 풍요로운 21세기에 먹을 게 부족한 문제는 그렇게까지 심각하지 않다. 대신 집을 마련하는 문제가 굉장히 심

6장 21세기에 가장 인기 있는 조선 시대 개혁 이론가: 박제가

각하다. 그래서 주택과 관련한 각종 대출 정책이 정부의 주요하고 중요한 생활 지원 제도다. 조선 시대에 환곡이라는 대출 제도가 많은 문제를 일으켰던 것처럼, 21세기에는 주택 관련 대출 제도에 문제가 생길 경우 한국 전체가 흔들릴 수 있다.

개혁의 꿈이 좌절되지 않은 마지막 희망

결국 박제가는 죄를 지은 것으로 확정되었으나, 벌금을 내는 수준에서 풀려났다. 상대적으로 가벼운 처벌을 받았다고 볼 수 있다. 흉년처럼 누군가 고통받는 문제가 생기면 "이런 문제가 생긴 것은 누구 때문이다" "누가 잘못해서 이렇게 고생하고 있다"라는 식의 공격을 가하기 쉽다. 평소에 싫어한 사람에게 화살을 돌려 "그가 문제의 원인이다"라고 몰아붙이기 쉬운 것이다.

그나마 박제가에 대해선 "법령을 글자 그대로 해석하면 문제될 수야 있겠지만, 그가 위반했다는 법령으로 그동안 처벌받은 사람이 없었는데 그에게만 죄를 갖다 붙인 것 아니냐?"라는 지적이 있어 처벌이 약해졌다고 한다. 참고로 박제가를 공격한 암행어사의 경우 말년에 반대파의 공격을 받아 역적 모의 혐의로 멀리 흑산도로 귀양을 가고 말았다.

하지만 이후에도 박제가를 향한 공격은 이어졌다. 1797년에는 박제가가 무례한 짓을 했다면서 노론 세력에서 지체 높기로

경제를 궁리한 조선의 선비들

유명했던 심환지의 공격을 받기도 했다. 어느 행사에서 박제가가 의자에 앉았던 적이 있는데, 조선의 의전 예법으로 볼 때 그는 의자에 앉으면 안 되는 등급의 신하였으나 감히 의자에 앉았다는 것이었다. 의전을 잘못한 것이고 무례한 일이며, 그러므로 충성스럽지 못한 일이고 나라를 우습게 여기는 일이라는 식으로 공격했다. 사소한 의전이나 예절 차리는 일에 흠잡힐 일이 있으면 나쁜 평이 너무 심하게 뒤따랐기에, 업무보다 의전에 목숨 걸 때가 다반사인 현대 한국의 공무원 사회 모습과 비슷한 느낌이다.

그렇게 조금씩 공격에 시달리던 박제가는 1801년 결정적으로 '동남성문 흉서 사건'에 휘말린다. 이 사건으로 그는 역모 죄인과 친하다는 어마어마한 누명을 쓰고 멀리 함경도 종성으로 귀양을 떠난다.

어느 날 성문 한 편에 나라가 썩었다고 욕하는 글이 나붙었다. 그런데 욕의 정도가 심했기에 임금을 몰아내고 나라를 뒤엎을 정도의 생각을 품었다는 평가를 받았고, 곧 글을 쓴 사람은 역적 취급을 받는다. 조정에선 글을 써 붙인 사람을 임시발이라고 확신했고 그를 자주 도와준 이가 윤가기였기 때문에 둘을 붙잡아 엄하게 처벌하고자 했다.

하필 박제가의 딸이 윤가기의 며느리였고, 박제가의 딸에게 꾸중을 들었던 노비가 그 집안에서 일하고 있었다. 바로 그 노비가 원한을 품고 박제가의 딸을 비난한 것이다. 그 바람에 박제가도 윤가기와 작당 모의를 했다는 쪽으로 의견이 모아졌다. 박제

6장 21세기에 가장 인기 있는 조선 시대 개혁 이론가: 박제가

가는 서얼 출신으로 평소에도 신분 제도의 문제점을 지적했다. 그런 그가 딸이 거느리고 있던 노비와의 갈등으로 말년에 인생 최대의 고생을 했다고 생각하면, 인생 곡절은 참 알 수 없다.

당시는 범죄 조사 과정에서 고문은 일상적이었으므로 그 또한 몽둥이로 수십 대는 족히 맞았을 것이다. 그렇지만, 끝내 죄를 인정하지 않았다. 그나마 귀양살이 정도였던 것은 그 때문일 것이다.

그 무렵 조선의 임금은 정조의 아들 순조였다. 그런데 순조는 나이가 열 살을 갓 넘었을 정도로 어렸기 때문에, 순조의 증조 할머니뻘 되는 정순왕후가 수렴청정을 시행하고 있었다.

정순왕후는 박제가가 무죄일 가능성이 높거니와, 그가 특정 붕당에 소속되어 있다든가 당색으로 편을 갈라 상대방을 공격한 다든가 하는 일에 관심이 없다는 것을 알았던 듯하다. 하여 정순 왕후는 사건이 있고 얼마 지나지 않아 박제가를 풀어 주라고 명하지만, 신하들은 그 말을 따르지 않고 어영부영 일을 미뤘다. 그렇게 박제가는 오랜 기간 귀양살이를 면치 못했고 몇 년이나 지난 후에야 고향으로 돌아올 수 있었다.

이후 박제가의 행적은 점점 흐려진다. 언제 어떻게, 세상을 떠났는지도 명확하게 알지 못한다. 함경도 종성 귀양살이에서 돌아온 지 얼마 되지 않은 1805년, 50대 중반의 나이로 세상을 떠나지 않았나 추측할 뿐이다. 인생을 걸고 노력한 일이 거대한 실패로 돌아간 듯한 절망감을 느꼈을 만도 했던 귀양살이 시절, 그

경제를 궁리한 조선의 선비들

는 쓸쓸한 마음을 달래며 여러 편의 시를 남겼다. 그중 이런 내용
도 보인다.

北貨數端川　북쪽 지방의 물자는 단천을 꼽으니
出金玉名馬　금이 나고 옥이 나고 좋은 말도 나는데
銅錢限岡巒　동전 쓰는 동네는 산 아래까지뿐이지만
役車通里社　짐 싣는 수레는 이사까지 통하는구나

함경도 일부 지역에선 사람들이 마차를 사용하고, 상업과 유
통이 활발한 곳도 있다면서 희망을 노래했다. 역적 모의로 죄인
이 된 사람이 귀양살이를 올 정도로 외딴 지역인데, 그런 곳에서
상업 발전의 희망을 보고 그는 반가워했다.

나는 박제가가 끝까지 무너지지 않는 강한 열망을 품고 있었
던 까닭 또한 그 자신이 평생 품어온 개혁 사상이 소중하다는 것
을 잘 알았기 때문이라고 짐작해 본다.

6장 21세기에 가장 인기 있는 조선 시대 개혁 이론가: 박제가

7장

지식의 탑을 쌓아 올린 조선 과학기술의 거인

×

정약용

구도장원공 이이와 500권 저술가 정약용

조선 시대 선비들은 일평생 책을 읽으며 배우고 공부하는 일을 중요하게 여겼다. 그런 시대가 500년이나 이어졌다. 그러니 조선 시대에 '공부를 잘한다'라고 할 만한 사람들은 넘쳐났을 것이다. 그렇다면 그중 과연 누가 1등일까? 여전히 입시, 고시가 삶의 중요한 일부분인 나라에서 사는 한국인이라면 한 번쯤 궁금해할 만한 질문 아닐까?

일단 '성적'으로 꼽자면 율곡 이이가 단연 최고다. 그는 조선 조정으로부터 '글을 이뤘다'라는 뜻의 시호 '문성공'을 받았다. 학자로서 위대한 성취다. 그러나 이이를 수식하는 칭호는 따로 있다. '구도장원공'으로, 일생 아홉 번의 과거를 치렀는데 모두

7장 지식의 탑을 쌓아 올린 조선 과학기술의 거인: 정약용

장원 급제를 했다는 어마어마한 기록을 나타내는 별명이다. 나는 일전에 강릉 시내에서 '율곡 학원'이라는 간판을 본 적이 있는데, 입시 학원 치고 참 화끈한 이름인 것 같다고 생각했다.

과거도 국가의 고위 공무원을 뽑는 시험이니까 국가 고시라고 한다면, 이이와 비슷한 정도의 국가 고시 성적을 거둔 사람은 단군 이래로 단연코 아무도 없을 것이다.

그렇다면 이이야말로 공부 면에 가장 뛰어난 선비였을까? 조선 시대의 과거는 공무원이 될 만한 공부를 했는지 자격을 보는 시험이다. 그러니 학생으로서 뛰어났다는 뜻은 될 것이다. 하지만 학식을 본격적으로 쌓아간 수준을 나타내는 지표로는 부족하다. 어른이 되어 배운 지식을 바탕으로 자신만의 공부를 이어 나가는 한편, 그에 따라 더 많은 지식을 쌓고 또 만든 선비도 있을 것이다.

그렇게 볼 때 조선 시대 공부의 최고봉이라고 할 수 있는 선비로 정약용이야말로 강력한 후보라고 할 만하다. 적어도 그가 남겨 지금까지 전해지는 기록과 증거를 기준으로 한다면, 정약용에 버금갈 만한 지식 수준의 선비를 찾기란 쉽지 않다. 흔히 그가 500여 권의 저서를 남겼다고 하는데, 단순히 양으로만 따져도 굉장하다. 물론 과거의 책 한 권이 지금의 책 한 권보단 내용도 적고 얇긴 하지만, 그런 차이를 감안해도 정약용의 지식 수준은 분명 방대하다고 볼 수 있다.

경제를 궁리한 조선의 선비들

✿ 정약용 초상화

만 권의 책으로 한 나라를 경영하다

정약용이 남긴 저서들은 굉장히 다양한 분야에 걸쳐 있다. 정약용의 3대 걸작으로 보통 1표 2서, 즉『경세유표』『목민심서』『흠흠신서』를 꼽는데 그 외에도 그는 별별 분야에 걸쳐 글을 쓰고 책을 남겼다.

대충만 훑어봐도 다양한 과학 이론에 관한 글이 여럿 있고, 전염병과 관련된 의학 지식을 정리한『마과회통』이란 책도 있으며, 언어와 관련된 자료를 정리해 단어와 말을 연구한『아언각비』라는 책도 있고, 전국의 지리와 역사를 연구해 정리한『아방강역고』라는 책도 있다. 중국 고전 해설서도 잔뜩 썼다. 책을 써서 먹고사는 현대의 작가들의 경우, 글을 많이 쓰는 만큼 살림에 보탬이 되기 때문에 글을 아주 많이 쓰곤 하는데 정약용은 살림에 보태고자 그 많은 책을 쓴 것도 아니었다. 그런 와중에 그의 책들을 읽어 보면, 조선 시대를 연구하는 중요한 자료가 될 수 있을 정도로 내용의 질이 썩 좋은 편이다.

이른바 정약용의 3대 걸작을 보면, 그가 갖고 있던 생각의 범위가 어느 정도였는지 알 수 있다. 우선『경세유표』는 세상을 잘 경영하려면 어떤 제도를 채택하고 운영해야 하는지 제안한 책이다. 지금 식으로 말하면 '입법' 지침서다.『목민심서』는 목민관, 즉 지방을 다스리는 임무를 맡은 사람이 어떻게 일을 해야 하는지 안내하는 책이다. 지금 식으로 말하면 '행정' 지침서다.『흠흠

경제를 궁리한 조선의 선비들

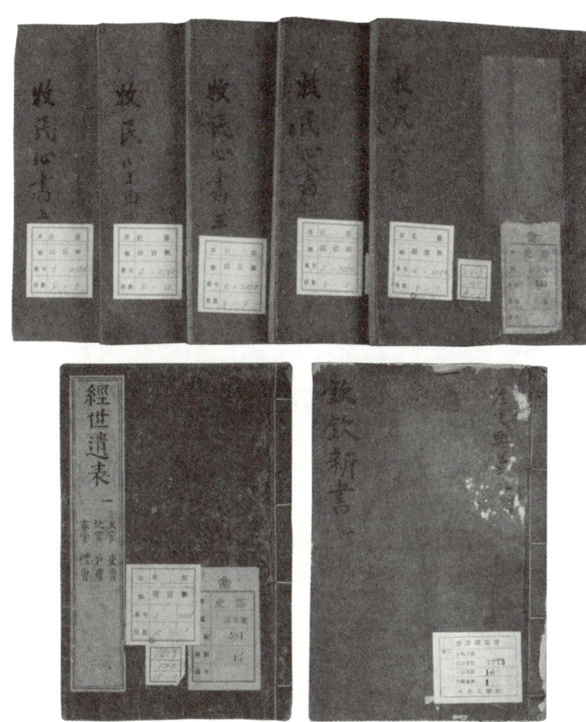

정약용의 3대 걸작 『목민심서』 『경세유표』 『흠흠신서』

신서』는 범죄를 수사하고 판결하는 방법을 방대하고 연구하고 정리한 책이다. 지금 식으로 말하면 '사법' 지침서다. 그러니 정약용의 3대 걸작은 현대 정부의 '삼권'이라고 하는 입법, 행정, 사법을 하나씩 깊게 살펴본 결과물이다. 정약용은 두뇌에 조선을 통째로 넣으려고 했던 것 같다는 느낌마저 든다.

그렇다면 정약용은 돈을 벌고 나라 경제를 풍족하게 하는 일

7장 지식의 탑을 쌓아 올린 조선 과학기술의 거인: 정약용

에 대해선 무슨 생각을 품었을까? 나는 그가 겪은 온갖 체험들이 돈 문제에 관한 그의 생각을 이리저리 바꿨을 수 있다고 본다.

정약용은 지금의 경기도 남양주에서 1762년에 태어났다. 아버지는 정재원으로 진주 목사를 역임했다. 지금의 진주 시장과 비슷한 직위라고 할 수 있을 테니, 정약용이 적어도 부유한 가문에서 태어났다는 정도는 말할 수 있을 것이다.

그렇다고 정약용의 인생이 쭉 뻗은 길처럼 쉽게만 풀린 것은 아니다. 정약용의 가문은 남인에 속했는데, 당시 조선 정치계의 주류는 서인의 노론이 차지하고 있었다. 그렇기에 남인 계열의 선비들은 높은 벼슬자리를 얻기 어려웠다. 조선 시대의 출세란 과거에 급제해 벼슬이 높아지는 것인데, 그 길이 어려웠다는 뜻이다. 즉 남인 가문의 일원으로 태어난 정약용은 출세길이 요원했다.

조선 시대의 붕당은 누구의 제자로 어떤 가르침을 따르는가 하는 사상, 정책 대립에서 시작되었지만, 18세기쯤 되면 선후배 관계의 학연이나 친인척 관계의 혈연으로 뭉치는 경우가 많았다. 그러니 젊은 두 선비가 함께 과거에 급제해 벼슬을 하려 할 때, 한 명이 노론 소속이라면 조정의 높은 자리를 차지하고 있는 누군가의 후배이자 친척일 가능성이 높아 굉장히 유리했을 것이다. 반대로 정약용 같이 남인에 소속된 선비라면 불리하기 짝이 없었을 것이다.

경제를 궁리한 조선의 선비들

다산 정약용의 '승부 DNA'

정약용의 어린 시절도 밝고 즐거운 기억으로만 가득 차 있지 않았다. 어머니는 정약용이 여덟 살 무렵 세상을 떠나셨기에 정약용은 어린 시절 큰 형님의 부인, 그러니까 큰 형수의 보살핌을 많이 받았던 것 같다.

정약용의 큰 형수는 이씨 부인으로, 정약용과 나이 차이가 많이 났다곤 해도 조선 후기에는 보통 10대 후반이면 결혼을 했으므로 형수가 시집을 왔을 때는 스무 살이 채 되지 않았을 것이다. 그런 나이로 조선 시대 양반 집안의 맏며느리가 되어 안살림을 오롯이 맡게 되었으니, 이씨 부인도 고생을 굉장히 많이 했을 듯싶다. 그런 큰 형수가 어린 막내 정약용과 재밌게 놀아주곤 했었는지, 큰 형수가 세상을 떠났을 때 정약용이 무척 안타까워하며 쓴 글 「구수공인이씨묘지명」이 전해진다.

「구수공인이씨묘지명」을 보면 눈에 띄는 점이 있는데, 큰 형수와 '저포樗蒲 놀이'를 하며 "3이야, 6이야"라고 했다고 한다. 저포는 보드게임의 일종으로, 주사위 놀이나 윷놀이와 비슷한 놀이로 보기도 하며 조선 후기에는 '쌍륙'이라고 부르기도 했다. 그러니까 어렸을 적 큰 형수와 함께 보드게임을 재밌게 했다는 기억이 아련히 생각나 글로 남긴 것인데, 요즘 아이들이 부모나 친구와 컴퓨터 게임을 했던 기억을 추억으로 남긴 것과 비슷하다.

조금 더 넘겨짚어 보면, 어린 시절 기억이 수학에 밝고 문제

7장 지식의 탑을 쌓아 올린 조선 과학기술의 거인: 정약용

에 논리적으로 접근하는 데 용이한 정약용의 기질과 연결되어 있지 않았나 싶다. 정약용은 이런 류의 보드게임을 상당히 좋아했고 또 무척 잘했던 듯싶다. 『다산시문집』 18권에 실려 있는 김 절도사라는 사람에게 보낸 편지를 보면, 정약용이 열여덟 살이었을 때 진주에서 김 절도사, 심 비장, 정약용이 저포로 도박에 나섰는데 3천 푼을 따서 술값으로 거하게 썼다고 한다.

그가 편지에서 언급한 저포가 쌍륙을 말하는 거라면, 정약용이 '백개면Backgammon 게임'을 잘했다는 뜻이다. 쌍륙은 고대 페르시아, 그러니까 지금의 이란에서 유래한 놀이로 전 세계에 퍼져 조선에선 쌍륙이라는 이름으로 자리 잡았고, 현대의 유럽과 미국에선 백개면이라는 이름으로 알려졌다. 연구 결과에 따르면, 백개면은 복잡한 전술과 상당한 두뇌 싸움이 필요한 놀이라고 한다. 그러니 정약용이 수학에 밝고 논리에 강한 두뇌를 갖고 있었다면 분명 승리하는 데 유리했을 것이다.

재미 삼아 말을 만들어 보자면, 정약용이 과학기술 분야에서 여러 업적을 남긴 것은 어린 시절 큰 형수와 함께 두뇌를 많이 쓰는 게임을 하다가 머리가 그쪽으로 발달했기 때문일까?

정약용은 나이가 좀 더 들어선 절에 들어가 과거 공부를 했다고 하는데, 1782년부턴 봉은사에서 머무르며 공부해 과거에 급제했다고 한다. 과거에 합격한 후 진사가 되어 '정 진사'라고 불린 정약용은 이후 성균관에서 공부를 시작한다. 한 번 더 과거에 합격하면 본격적으로 벼슬살이를 할 수 있을 터였다. 당시 임

경제를 궁리한 조선의 선비들

금은 똑똑한 걸로 유명한 정조였다. 정조는 중국 고전에 관한 지식이 대단히 풍부했을 뿐만 아니라 과거 시험에 관한 이해 또한 매우 깊었다. 그런 정조였기에, 성균관에 새로 들어온 젊은이 중에 누가 똑똑하고 또 공부를 잘하는지 관심이 많았을 것이다.

정약용은 환갑이 되어 세상을 떠나면 무덤과 함께 남기는 글로 사용하라고, 스스로 인생을 돌아본 글을 썼다. 「자찬묘지명」이라고 하는데, 정약용이 정조에게 얼마나 감사하는 마음을 갖고 있는지 잘 나타나 있다.

하루는 정조가 성균관에 나타나 중국 고전 『중용』을 해설하고 풀이하는 내용을 여든 개의 문제로 냈다. 정약용과 그의 친구 이벽이 답을 썼는데 내용이 좋았다고 한다. 어느 정도였냐면, 이벽의 글은 퇴계 이황의 글과 비슷하고 정약용의 글은 율곡 이이의 글과 비슷하다는 평이 돌았다고 한다. 조선 시대 선비들이 학문을 두고 할 수 있는 최고의 칭찬을 건넨 셈이다. 정조 또한 둘을 칭찬하며 눈여겨봤다고 한다. 그렇게 좋은 평가를 받으며 4년 정도 성장하다 1789년, 27세 무렵의 정약용은 더 높은 수준의 과거에 합격해 본격적으로 벼슬살이를 시작한다. 동시에 궁중에서 소장하고 있는 수많은 자료와 책들을 섭렵해 더욱 방대한 지식을 익히며 위대한 학자로 성장한다.

7장 지식의 탑을 쌓아 올린 조선 과학기술의 거인: 정약용

정약용은 어떻게 수원 화성을 지었나

그가 남긴 수많은 업적 중에서 요즘 자주 이야기하는 과학기술 분야를 들여다보면, 나는 크게 셋 정도로 나누고 싶다.

첫째로 정약용은 수원의 화성을 건설하는 데 필요한 과학기술을 연구하고 정리해 「성설」이라는 글을 남겼다.

정약용이 벼슬살이를 시작한 후, 정조에게 나랏일에 관련해 처음으로 큰 칭찬을 받은 일은 1789년 배다리 만드는 작업을 지휘했을 때다. 당시 정조는 아버지 사도세자의 무덤에 성묘하고자 종종 수원으로 행차를 떠났다. 그런데 당시 조선은 한강을 가로 지를 수 있을 만한 큰 다리를 건설하는 기술을 갖추지 못했기에, 한강에 여러 척의 배를 줄지어 띄워 놓고 그 위에 널빤지를 깔아 임시로 다리 역할을 하게끔 했다. 이것을 배다리, 한자어로 주교舟橋라고 불렀다. 문제는 수십 수백 척의 배를 구해 가지런히 줄 맞춰 세워 놓고 그 위를 편안하게 지나갈 수 있도록 고정하려면 상당한 기술이 필요했다는 점이었다. 누구에게 무슨 일을 시킬지, 배들을 어떻게 모아 배치할지 계산하고 관리하는 일머리가 필요했는데 정약용이 깔끔하게 잘 해내 정조의 믿음을 얻었다.

이후 정조는 수원에 '화성'이라는 커다란 성을 새로 쌓는 사업을 추진하면서 정약용에게 세부 업무 연구를 맡겼다. 그에 정약용은 성을 쌓고자 사람들을 어떻게 모아 무슨 일을 시켜야 하는가부터 재료는 어디에서 구해야 하는지, 어떤 재료를 사용해야

경제를 궁리한 조선의 선비들

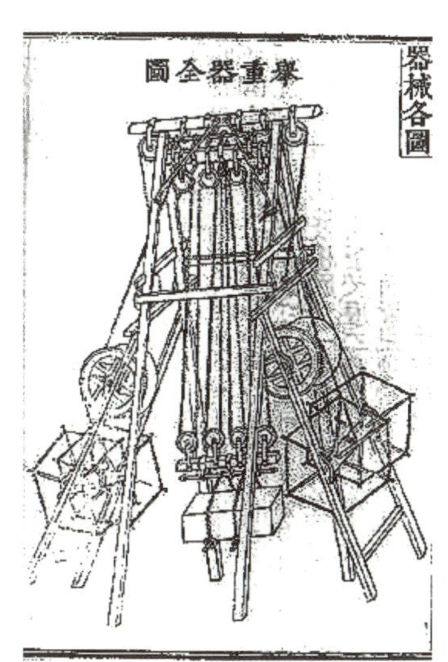

『화성성역의궤』에 실린 거중기

하는지, 어떤 모양으로 지어야 튼튼한지 등을 꼼꼼하게 따져 자료를 남겼다. 자료에는 정약용이 직접 계산한 것으로 보이는 여러 숫자와 치수들이 있다.

심지어 정약용은 토목, 건설 사업에 사용하는 각종 장비를 고안했고 그 구조와 설계를 남겼다. 21세기 한국의 사업계를 봐도, 건설업에 특화된 회사들이 중공업 회사를 따로 차려 건설업에 필요한 중장비를 개발하는 쪽으로 진출할 때가 있다. 나아가 중장비 개발 기술을 이용해 조선업까지 진출하기도 한다. 그와 잘 들어맞게 정약용은 배를 다루는 배다리, 성을 짓는 건설, 건설용 중장비 기술의 세 가지를 연달아 연구하며 경력을 쌓았다.

화성은 조선 후기의 성을 대표할 만한 아름다운 성이다. 바

7장 지식의 탑을 쌓아 올린 조선 과학기술의 거인: 정약용

『기기도설』에 실린
우물물 긷는 도르래 장치

로 그 화성을 만든 기술의 상당 부분이 정약용의 작품이라고 할 수 있겠다. 그중 특히 유명한 것으로, 무거운 물건을 편하게 들어 올릴 수 있는 장비인 거중기가 있다. 정약용이 중국에서 전해진 『기기도설』이라는 책에 나온 장비를 보고 개량해 만들었다고 알려져 있다. 그런데 『기기도설』은 스위스 출신 종교인으로 중국을 방문한 요한 슈렉이 쓴 것이니, 수원 화성은 슈렉이 전해준 기술로 만들었다고 할 수도 있을 것이다. 국립중앙과학관 자료를 보면, 슈렉의 장비에 비해 정약용의 거중기는 더 개선된 만큼 성능이 뛰어나 약 네 배 더 큰 힘을 낼 수 있었다고 한다.

경제를 궁리한 조선의 선비들

칠실에서 반도체 시대를 꿈꾼 까닭

두 번째로 정약용은 과학 현상들에 대해 소논문 비슷한 성격의 글을 여러 편 남겼다.

밀물과 썰물의 원리, 천동설의 사실 여부 등을 두고 탐구한 이야기들을 각각 한 편의 글로 썼다. 내가 특히 재미나게 읽은 글로는 「칠실관화설」이 있다. '칠실'이란 까맣게 칠한 방을 뜻하는데, 옛날 유럽에서 개발된 기술로 방 전체에 빛이 들어오지 않게끔 새까맣게 칠한 후 조그마한 구멍에 렌즈를 설치하면 방이 거대한 사진기와 같은 역할을 하도록 하는 것이다. 그러면 방 벽면에 바깥 풍경의 상이 맺혀 보인다. 이 장치를 발전시켜 사진 찍는 기계를 개발했기 때문에, '방'이라는 뜻을 가진 라틴어 '카메라 camera'가 곧 사진기를 뜻하게 된 것이다.

당시 청나라에는 마카오 등을 통해 유럽인들이 자주 드나들었는데, 청나라에 전해진 유럽의 기술을 청나라에 다녀간 조선 사람들이 접할 수 있었고 정약용이 조선에서 실험해 보기도 했던 것 같다. 정약용 이후 조선에서 과학기술이 빠르게 발전해 독자적으로 사진기를 개발했다면, 사진기를 카메라라고 부르지 않고 정약용이 썼던 용어대로 칠실이라고 불렀을지도 모를 일이다.

과학 기술에 관한 정약용의 여러 글 중에 지금 봐도 눈에 띌 만한 글은 「기예론」이 아닐까 싶다. 밀물과 썰물, 지구, 빛의 원리 등의 과학 지식을 두고 고민한 정약용의 글은 어쩔 수 없는 시대의 한계가 있어 과학적 사실과는 다른 내용이 여럿 보인다. 그에 비해 과학기술과 국가 발전의 관계를 다룬 「기예론」은 내용의 면면이 매우 깊어 시대를 초월하는 점도 있거니와 표현에 있어서도 파격적인 대목이 많다.

나는 과학 기술 분야의 지식을 넘어, 경제 발전에 대해 정약용이 품고 있던 생각의 가장 참신한 부분을 가장 쉽게 이해할 수 있는 글이 「기예론」이라고 생각한다. 나는 사실 '기예론'이라는 제목부터 썩 마음에 든다. 예술이라는 의미가 있는 '예藝' 자를 넣었는데, 예술이란 꼭 실용적인 의미가 없어도 그 자체로 아름다움을 즐길 수 있다. 그렇기에 기술보단 기예라는 말에 좀 더 흥이 느껴진다. 지금은 과학과 기술을 합해 '과학기술'이라고 하는데, 그 이상으로 '기예'라는 단어가 품고 있는 흥취가 좋아 보인다.

「기예론」의 핵심은 국가를 발전시키고자 과학기술이 중요하며 과학기술의 발전을 위해 적극적인 노력이 필요하다는 것이다. 정약용은 과학기술의 효과를 강조하고자, 기술이 발전하면 더 적은 땅에서 더 많은 곡식을 얻을 수 있을 테니 더 많은 사람을 굶주림으로부터 구할 수 있고 의학 기술이 발전하면 병을 더 잘 치료할 수 있으며 무기 제조 기술이 발전하면 전쟁에서 더 유리해질 거라는 점을 지적했다. 즉 생존은 물론이고 효도와 충성을 위한 일까지도 과학기술 발전으로 이룩할 수 있다고 봤다.

지금 보면 너무 뻔해 더 이상 말할 필요도 없는 상식 같지만, 조선 시대에는 그렇지 않았다. 조선 시대 사람들 대다수가 경제

경제를 궁리한 조선의 선비들

적 이득을 얻고자 과학기술 발전 아닌 다른 방법이 더 현실적이라고 생각했다. 다른 누군가의 돈을 몰수해 가져오는 것이다.

노론에 소속된 선비가 생각하길, 부유해지기 위해선 남인이나 소론 같은 다른 붕당의 선비들을 몰아내는 게 가장 중요하다고 믿었다. 그들이 쫓겨나면 노론 선비들은 더 쉽게 높은 벼슬자리를 차지할 수 있고, 자연스레 더 많은 돈을 벌 수 있다. 내가 부자가 되기 위해선 남의 돈을 빼앗는 길이 가장 간단해 보인다고 믿은 것이다. 그렇게 하기 위해선 물론 타인을 공격해야 한다. 조선 시대 방식이라면, 상대방이 무능하고 부패하다고 공격해 쫓겨나게 만들 수 있고, 사고나 사건이 터졌을 때 모든 게 다 상대방 때문이라고 몰아붙일 수도 있다. 더 험악하게 싸우는 분위기라면 상대방을 역적이라고 몰아붙여 몰살시킬 수도 있다.

지금 보면, 무척 잔인한 일이다. 그렇지만 조선 시대에는 이런 식의 다툼이 굉장히 자주 벌어졌다. 조선 시대 붕당 간 싸움의 잔인함을 보여주는 일화로는 1795년의 '정동준 사건'이 있다. 이 사건은 정약용과도 관련이 있다. 정동준은 관찰사까지 지낸 명망 있는 인물로, 당시 은퇴해 집에서 평화로이 지내고 있었다. 그런데 그의 집에 특정 정치인들이 모여 정치 이야기를 많이 나눈다는 소문이 돌았다. 정약용은 적절하지 못하다고 지적하는 글을 올리려고 준비했다. 패거리를 몰래 만들어 나랏일을 이리저리 처리하고자 구석에서 의논하면 안 된다고 지적한 글이었다.

당시 정동준은 돌아가는 분위기를 보고 자신의 일이 조사 대

7장 지식의 탑을 쌓아 올린 조선 과학기술의 거인: 정약용

상, 나아가 수사 대상이 될 거라고 직감했던 것 같다. 인권을 존중하는 민주 사회라는 21세기에도 강도 높은 수사를 받으면 수사받는 사람이 일상생활을 영위하지 못하고 괴로움에 빠져 고생하는 경우가 있다. 하물며 수사 방법의 일환으로 고문을 당연하게 생각했던 조선 시대에는 수사 대상이 되는 것만으로도 피해가 심각했다. 수사를 질질 끌기 시작하면, 긴 세월에 걸쳐 수사 대상 본인뿐만 아니라 가족들까지 붙잡아 괴롭힐 수 있고 가문이 통째로 박살 나는 것도 다반사였다. 결국 정동준은 일이 커져 많은 사람이 피해를 받을 것을 우려해 스스로 목숨을 끊는다.

정약용 역시 당대 비주류에 속했던 남인 출신으로 벼슬길에 나섰던 만큼, 여러 논란에 휘말리며 재판을 받은 적도 있다. 부정부패 논란에 시달리기도 했고 사악한 사상에 물들었다는 평으로 고생하기도 했다.

그런가 하면, 정조는 믿음직하고 똑똑한 신하인 정약용을 암행어사로 기용해 지방 벼슬아치들의 부정부패를 적발하게끔 하기도 했다. 하필 그를 암행어사로 임명했던 이유는 뭘까? 그가 비주류인 남인 출신이라는 이유도 주요했을 것이다. 주류 파벌인 노론끼린 서로 변호해 주고 도와줄 것이기 때문에, 부정부패를 저지르거나 무능하게 일하는 사람이 있는지 적발하기란 쉽지 않다. 반면 남인 출신의 정약용을 암행어사로 보내면 노론의 문제를 잘 찾아내 보고할 거라고 예상할 수 있다.

하지만 정약용이 암행어사로 활약하며 노론의 벼슬아치들을

경제를 궁리한 조선의 선비들

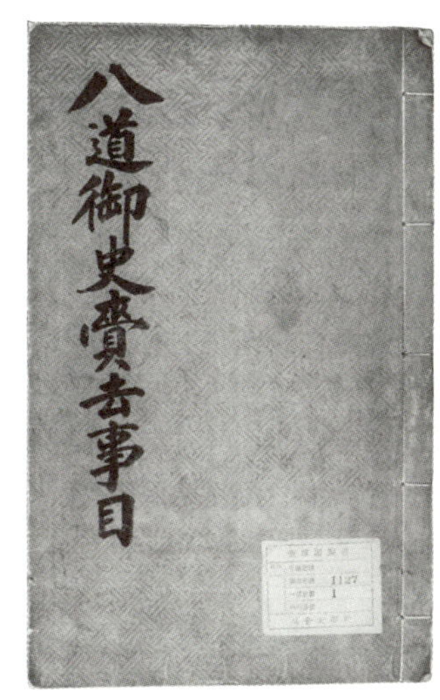

조선 시대 암행어사에게 지급되는
염문규찰의 직무 수행 사항이
8도 별로 조목조목 적힌 재거사목

공격하면 할수록, 정약용에게 원한을 품은 노론 선비들이 많을 것이다. 그다음에는 정약용의 죄를 지적해, 그뿐만 아니라 그가 속한 남인을 무너뜨리려 할 것이다.

이런 분위기가 감돌던 시대에 과학기술이야말로 발전의 진정한 동력이라고 지목하며 글로 상세히 설명한 것 자체가 파격적이다. 내가 돈이 없어 굶주리고 있다고 치자. 그런데 옆집 사람은 돈이 많은 것 같다. 그럴 때 누군가 경제적 곤란을 회복하는 방법으로 "기술을 개발해 더 적은 땅으로도 더 많은 곡식을 얻는 방법을 찾아야 한다"라고 하면 귀에 잘 들어올까? 그보단 누군가 "옆집 사람의 돈을 빼앗아 내 것으로 만들 수 있는 방법이 있다"라고 하면 훨씬 솔깃하게 들리지 않을까? 그게 더 현실적이고 또

7장 지식의 탑을 쌓아 올린 조선 과학기술의 거인: 정약용

빠르게 부자가 되는 길 같지 않을까? 나아가 "옆집의 돈 많은 사람은 사실 나쁜 놈이고 간신배 같은 놈이다. 그러니 그를 처벌해 그의 돈을 네가 가져야 한다"라고 주장하는 사람이 있다면 더욱 유혹적으로 들리지 않을까? 그런 분위기에서 정약용은 과학기술 개발이 가장 중요하며 가장 중요한 핵심이라고 짚은 것이다.

나는 정약용의 이런 관점이 기술 발전의 중요성과 그 관계에 대해 깊이 연구한 현대의 '내생 성장 이론endogenous growth theory' 과 닮은 점이 있다는 생각을 가끔 해 본다. 경제학 역사에선 수요와 공급이 맞아떨어지는 가격보다 저렴하게 물건을 생산하면 이익을 남길 수 있다는 이야기가 오래전부터 전해 내려오고 있다. 그에 따르면, 많은 재료를 갖고 있는 상태에서 일할 사람 또한 많으면 돈을 많이 벌 수 있다. 그보다 더 돈을 많이 벌 수 있는 방법은 별로 없다. 자원이 많은 나라가 더 많은 돈을 벌어 부유해지고, 그렇지 않은 나라는 가난해지는 법이다.

그러나 20세기 이후 학자들은 경제 성장 이론에 관심을 쏟으면서, 물건을 만들 수 있는 재료의 양 이외에 기술이야말로 정녕 중요하다는 점을 지적하기 시작했다. 기술이 발전하면 같은 재료로도 더 좋은 물건을 더 많이 만들 수 있다. 그 덕택에 경제가 성장할 수 있다. 꼭 누군가의 돈을 빼앗아 내 것으로 만들지 않아도, 내가 얻는 돈이 많아진다. 특히 1980년대 전후 로버트 루카스 등의 학자들이 열심히 설파한 내생 성장 이론으로 기술 발전을 위한 투자가 어떻게 이뤄지는가에 대해 다방면에서 연구

경제를 궁리한 조선의 선비들

를 진행해 큰 관심을 받았다.

정약용이 기예라는 말을 즐겨 사용했다면 루카스는 '인적 자본human capital'이라는 말을 즐겨 사용했다. 보통 어느 분야든 자본이 많은 사람, 즉 밑천이 두둑한 사람은 그 돈으로 더 많은 돈을 벌 수 있다. 1천만 원을 5% 이자로 빌려주면 1년에 50만 원을 벌 수 있지만, 1억 원을 5% 이자로 빌려주면 1년에 500만 원을 벌 수 있다. 루카스는 사람이 갖고 있는 기술, 재능, 지식, 일을 잘해낼 수 있는 문화들이 자본 같은 역할을 한다고 하여 인적 자본이라는 말을 썼다. 사람이 서로 잘 이해하고 도울 수 있는 문화를 갖추게끔, 또 사람이 더 좋은 기술을 갖추게끔 교육에 투자하면, 더 좋은 물건을 더 많이 만들어 낼 수 있을 것이다.

조선 시대 경기도 이천 땅에선 농부들이 대대로 전해 내려온 지식으로 쌀농사를 짓는 것 정도가 한계였다. 하지만 현대의 한국인들은 쌓은 지식을 활용하고 또 지식을 효율적으로 주고받으면서 같은 땅에서 반도체를 만들어 낸다.

더 많은 밑천이 더 많은 이자를 벌어들이는 것과 비슷해 보인다. 게다가 이런 류의 지식과 기술은 돈이 쌓이고 자본이 쌓이듯 사람들 사이에 꾸준히 쌓여 장차 더 큰 효과를 낼 것이다. 정약용은 「기예론」에서 기예의 이러한 특징도 중요하게 지적했다. 기예는 오랜 세월 쌓이면서 점점 더 좋아지기 때문에, 아무리 위대한 사람이라도 하루아침에 스스로 기예를 만들어 낼 수는 없다고 강조했다.

7장 지식의 탑을 쌓아 올린 조선 과학기술의 거인: 정약용

지식은 나눌수록 커진다

정약용이 국가 발전에서 기예가 핵심이라고 말한 것처럼, 내생 성장 이론을 주장한 현대의 경제학자들은 지식과 문화가 쌓여 나가는 인적 자본의 특징이 여러 나라의 경제 발전에 차이를 만들었다고 했다. 20세기 역사를 돌아보면, 빠르게 성장하면서 어느 정도의 경제 발전을 이룩한 개발도상국이 꽤 많았다. 그러나 그중 대다수가 선진국 반열에 도달하는 데는 실패했다. 빈곤과 혼란으로 되돌아간 나라들도 적지 않다. 그에 비해 한국이나 대만 같은 나라는 예외적으로 꾸준한 경제 성장에 성공했다. 내생 성장 이론에 따르면 한국, 대만 등이 여타 개발도상국들과 다른 점은 경제 성장 과정에서 사람의 기술, 지식, 문화를 발전시키는 데 꾸준히 투자했다는 것이다.

내생 성장 이론에서 인적 자본이 큰 힘을 갖는 이유는 기술, 지식, 문화라는 게 스필오버spillover, 즉 '넘쳐 흐름'이라고 하는 독특한 외부 효과external effect를 갖고 있기 때문이다. 그러니까 기술, 지식, 문화에 대한 투자는 애초에 의도했던 투자 효과 이외에 더 넓고 큰 영향을 끼쳐 더 큰 이득으로 이어질 수 있다는 이야기다. 기술은 처음 개발해 활용한 사람 말고도 주변에 금방 퍼져 타인에게도 도움이 될 수 있기 때문이다.

이런 현상이 생길 수 있는 이유는 기술, 지식, 문화의 경우 다른 누구에게 알려 준다고 내 것이 없어지지 않는다는 특징이 있

경제를 궁리한 조선의 선비들

기 때문이다. 사과 가지를 잘 꺾어 주면 사과가 더 잘 자라나는 기술을 개발했다고 치자. 이 기술 덕분에 나는 더 맛있는 사과를 더 많이 먹을 수 있다. 그런데 이 기술을 옆집에 알려 줬다고 해서, 내가 갖고 있던 기술이 없어진다거나 쓸 수 없어지지 않는다. 그럴 때는 옆집도 사과를 많이 얻고 나도 역시 사과를 많이 얻을 수 있다. 만약 내 기술이 전국에 퍼지면 전국의 모든 사람이 사과를 많이 얻을 수 있다. 나 혼자 개발한 기술이지만 기술의 넘쳐흐름으로 전국에 퍼져 나가면, 그 이익은 전국의 사과 생산 증가라는 막대한 크기로 나타난다.

이렇게 기술, 지식, 문화의 경우 나눠도 줄어들지 않는다는 특징을 '비경합성'과 '비배제성'이라고 한다. 기술, 지식, 문화가 아니라 다른 재료로 돈을 벌고 나라를 발전시키려 하면 이 정도의 큰 효과를 거둘 수 없다. 사과를 더 많이 얻고자 더 넓은 땅에 사과나무를 심으려 하면, 내가 그 땅에 사과나무를 심는 만큼 다른 누군가는 그 땅을 쓰지 못한다. 반면 기술 개발로 사과를 더 많이 얻을 수 있으면 다 같이 사과를 더 많이 얻을 수 있다.

이런 특징을 생각하면, 정부나 공공기관에서 연구한 기술이나 지식은 기밀로 꽁꽁 묶어 둘 것이 아니라 최대한으로 활용될 수 있도록 하면 좋을 것 같다. 당장 사업화나 이익화할 수 있는 자료라면 그대로 활용해도 좋겠지만, 그렇지 않은 연구 자료라면 누구나 활용할 수 있게 무제한으로 무료 개방하는 것도 매우 큰 의미가 있다고 생각한다. 미국 항공우주국의 경우 우주에서 촬영한 모든 사진을 무제한으로 저작권 없이 활용할 수 있도록 공개하고 있고, 랜드샛 위성이 지난 수십 년간 지구 곳곳을 조사한 자료 또한 무제한으로 무료 공개하는 이유도 그 때문일 것이다.

물론 기술을 개발하고 특허로 보호할 수도 있다. 영업 비밀로 숨겨 외부에 노출하지 않을 수도 있다. 한 회사에서 반도체 기술을 개발한 후 무료 배포하는 일은 없다. 그런 경우 이론에서 말하는 것처럼 비경합성과 비배제성이 선명히 나타나진 않는다.

그러나 인적 자본의 기술, 지식, 문화의 자잘한 것들 중에는 여전히 무료로 얼마든지 퍼져 나가면서 넘쳐 흐름을 만들어 낼 수 있는 것들이 많다. 반도체에 대한 기술 투자가 꾸준히 풍부하게 이뤄지면, 자연스레 반도체 전공자들이 많아지고 반도체 기술 관련 학과도 많아지며 대중을 위한 강좌나 책도 많아지기 마련이다. 하다못해 반도체 관련 사업을 할 때, 사업을 이해하고 도와주려는 사람도 많아질 것이다. 그러면 비록 여전히 최신 반도체 기술은 기밀이라고 해도, 다른 나라에 비해 반도체 산업을 키워 나가는 데 훨씬 유리하다. 반도체와 관련된 인적 자본이 많이 쌓였다고 봐도 좋다. 즉 기술, 지식, 문화에 대한 투자의 경우 어느 정도까진 비배제성과 비경합성을 갖고 퍼져 나가면서 모두를 도와준다는 뜻이다.

정약용은 기술의 비배제성과 비경합성이나 그로 인한 외부 효과에 대해 명확히 지적하진 않았다. 그렇지만 어렴풋하게나마 그 효과를 내다보긴 했던 것 같다. 「기예론」에서 정약용은 일본

경제를 궁리한 조선의 선비들

이 청나라와 교류하며 최신 기술을 배워간 사실과 당대 오키나와 지역의 몇몇 학자가 청나라에서 공부한 사실을 이야기했다. 그 덕분에 일본이 부유해졌다고 지적했다. 몇몇 사람만 외국에 나가 최신 기술을 배워 와도 온 나라에 널리 퍼뜨릴 수 있기 때문이다. 이를테면 청나라에 간 일본인이 도자기를 사왔다고 해도 그 도자기를 국민 모두에게 나눠 줄 수는 없다. 반면 도자기 만드는 방법을 배워 오면 국민 모두에게 알려 줄 수 있다. 비경합성과 비배제성 덕택에 지식은 사라지지 않는다. 기술, 지식, 문화, 기예는 온 나라에 퍼져 넘쳐 흐르며 곧 모두 활용할 수 있을 것이다.

『경세유표』에서 정약용은 '이용감'이라는 관청을 만들어 기술이 발달한 청나라의 지식을 배워 퍼뜨리는 일만 전문으로 해야 한다고 주장했다. 나아가 이용감의 담당 관리는 수학에 밝은 사람이어야 한다며 과학기술과 수학의 관계를 분명히 밝혔고, 이용감의 성과가 좋을 때는 담당자에게 벼슬을 내려야 한다고까지 말했다. 당시 양반들이 신기술을 도입하는 일에 관심을 갖게끔 하고자 벼슬을 미끼로 내거는 현실적 방법을 제안한 것이다.

말하자면, 정약용은 18세기에 국립과학기술연구소를 운영하면서 막강한 혜택을 주자는 계획을 제시한 셈이다. 『경세유표』 앞머리의 '방례초본인' 부분을 보면, 책에 실린 여러 제도와 운영 방안 중에 수정해도 좋을 것과 수정하지 말고 꼭 지켜야 할 것을 나눠 설명하고 있다. 그런 와중에 이용감의 경우 수정 없이 꼭 지켜야 한다면서 맨 마지막에 실었다.

7장 지식의 탑을 쌓아 올린 조선 과학기술의 거인: 정약용

공자를 뛰어넘은 다산의 통찰

정약용과 루카스 사이의 또 다른 닮은 점은 인적 자본을 잘 키워 나가는 방법으로 도시의 효과를 눈여겨봤다는 사실이다. 「기예론」에서 정약용은 좋은 기예를 얻는 방법의 대표로 더 번화한 지역에 가서 배우라고 했다. 시골 사람은 지역 중심지에 가서 새로운 지식을 배워야 하고, 지역 중심지에 있는 사람은 대도시에 가서 새로운 지식을 배워야 하며, 대도시에 있는 사람은 수도에 가서 새로운 지식을 배워야 한다. 결정적으로 청나라 북경에 가서 새로운 지식을 배우는 게 중요하다고 했다.

그런데 마침 루카스는 대도시에 많은 사람이 모여 산다는 이유로 서로가 서로에게 영향을 미치는 일이 인적 자본에 도움이 될 거라는 점을 임대료 연구로 살펴보려 했던 적이 있다. 큰 도시에 살면 수많은 사람의 다양한 삶의 모습을 가까이에서 보며 더 많은 생각을 할 수 있고, 무엇이 유행하는지 또 무엇이 더 좋은 기술인지 보고 느낄 기회 역시 더 많아진다. 무슨 일을 벌이려 하든 그 일을 잘 아는 사람을 만날 기회 또한 높아진다. 하다못해 새로운 것을 배우려 가는 학교, 학원, 강연회 장소 같은 곳도 더 많을 수밖에 없다. 사람들은 새로운 지식을 더 쉽게 배울 수 있을 것이고 자신만의 새로운 지식을 만들어 낼 수도 있을 것이다.

근래 널리 알려진 것처럼 정약용은 자식들에게 보내는 편지에서 "서울에 사는 게 중요하다"라고 솔직히 말하고 있다. 편지의

경제를 궁리한 조선의 선비들

앞부분을 보면 고전에 나오는 도덕적 삶이 중요하다는 고상한 이야기를 하고 있는데, 중간에 이르면 자식들에게 서울에서 살아야 한다고 강하게 충고하는 대목이 있다. 정약용은 "뒷날의 계획은 오직 서울의 10리 안에 거처하는 것이다"라고까지 말했다.

정약용과 루카스의 의견에 따른다면, 서울의 쏠림 문제를 풀기 위해 어떤 방법을 택해야 할까? 서울에 있는 기관을 지방 이곳저곳에 하나둘 내려보내면서 서울을 조금씩 축소시키는 방법은 정약용의 구미에 맞지 않는다. 루카스는 지식이 넘쳐 흐를 수 있는 기회를 깎아 내는 일이니 손해라고 지적할 것이다.

그럴 때 정약용이라면 서울을 흩어서 줄이는 것이 아니라 지방 곳곳에 중심지를 만들어야 한다고 주장할 것이다. 그렇게 해야 사람들이 모여 더 많은 기예를 만들어 낼 수 있는 공간이 하나라도 더 생긴다고 말할 것이다. 물론 현대는 교통과 통신이 발달하면서 비대면 업무의 비중이 높아졌으니, 18세기와는 완전히 다르다. 정약용의 사고방식을 지금 그대로 적용할 수야 없을 것이다. 그렇지만 사람들 사이의 교류가 많이 이뤄질 수 있게끔 하는 것이 인적 자본을 키우는 데 중요하며, 그것이 곧 국가 발전으로 이어질 거라는 생각의 뼈대는 여전히 인상적이다.

나는 「기예론」을 읽으면서 정약용이 이런 글을 쓸 수 있었던 이유가 무엇인지 고민해 봤다. 막연히 짐작해 보면, 비주류 남인으로 붕당 간의 격렬한 싸움을 겪으면서 벼슬자리 다툼에만 매달리는 양반들의 삶에 신물이 났던 것도 이유가 될 듯싶다.

7장 지식의 탑을 쌓아 올린 조선 과학기술의 거인: 정약용

지방을 다스리는 동안 정약용은 양반들의 벼슬자리 다툼과 별 상관이 없어 보이는 백성들의 생활 면면을 보며 이런저런 생각에 빠질 만한 때가 있었다. 또한 임금의 신임으로 화성을 건설하는 동안 직접 숫자를 계산하고 기계를 만지면서 기술의 가치에 대해 깊이 생각할 기회가 있었다. 그러며 벼슬자리 다툼을 떠나 백성의 삶에 진정 중요한 가치가 있는 일은 '기예'에 있다는 발상에 이끌렸던 것 아닐까?

벼슬자리같이 인원에 한정이 있는 기회를 놓고 다투면 "네가 망해야 내가 잘된다"라는 생각에 빠지기 쉽다. 다들 이런 류의 다툼만 궁리하면 잘못된 문제를 발견해도 개선하는 일에 집중하기 어렵다. 누군가 돌부리에 걸려 자빠졌다면 얼른 돌부리부터 뽑아야 맞겠지만, "애초에 누가 돌부리를 잘 관리하지 않았느냐? 누구 잘못이냐?"를 묻고 따지며 처벌하는 데 집중하게 된다는 이야기다. 문제를 개선하는 게 아니라 사람을 찾아 그에게 죄를 물어 자리에서 내쫓을 뿐만 아니라 그의 친구와 선후배들까지 처벌하려 한다. 그래야 내 자리가 생긴다. 세상을 이런 식으로만 보면 '남이 잘되는 만큼 나한테 손해'라는 생각에 물들기 쉽다.

그러나 기술, 지식, 문화의 세계는 그렇지 않다. 기술은 양쪽 모두에 도움을 줄 수 있다. 노론 세력의 누군가 성벽을 튼튼히 쌓는 기술을 개발하면 전쟁이 벌어졌을 때 적에게 쉽게 침략당하지 않을 수 있고, 결국 노론이든 남인이든 다 목숨을 건질 수 있다. 남인 세력의 누군가 개발한 대포가 적을 몰아내면 역시 남인

경제를 궁리한 조선의 선비들

이든 노론이든 모두에게 이득이다. 과학기술의 발전으로 더 좋은 전염병 백신이 개발되면, 모든 사람이 건강해질 수 있다.

그래서 정약용은 기예야말로 붕당, 파벌의 극심한 대결을 뛰어넘는 새로운 길이라는 것을 느끼지 않았을까? 마침 그가 「기예론」에서 언급한 청나라의 더 발전된 도시에서 새로운 기예를 배우자는 의견은 소위 북학파의 주장과 흡사하다. 동시대 박지원처럼 노론 계열의 사람들도 많은 관심을 갖고 있던 이야기다.

다른 방향에서 정약용의 생각을 따라가 보면, 그가 한때 천주교에 심취했었다는 사실도 짚어볼 만하다고 생각한다. 정약용은 성균관에서 공부하던 20대 시절을 전후로 청나라에서 전해온 천주교 서적들을 열심히 읽었다. 마침 남인 계열의 선비들 중에 천주교에 관심을 갖는 이들이 여럿 있었는데, 정약용의 친구와 가족들도 상당수 속해 있었다. 조선 선비 중 처음으로 천주교 영세를 받은 이승훈은 정약용의 매형이었다.

붕당의 틀에서 보면, 정치판에서 밀려난 남인 양반들의 좌절이 이런 분위기와 관련이 있을 수 있다. 그러니까 노론들이 차지하고 있는 세상에 절망한 남인들이 새로운 사상을 고민하고 있던 찰나, 마침 유럽에서 건너온 사상에 관심을 갖게 되었다는 것이다. 한국 천주교에선 그들 중 여럿이 지금의 명동 일대에 모여 '명례방공동체'라는 천주교 모임을 결성했다는 이야기를 종종 언급하기도 한다.

그러나 그 시절 천주교는 조선 선비들이 목숨 만큼 중요시하

7장 지식의 탑을 쌓아 올린 조선 과학기술의 거인: 정약용

🌿 명례방공동체가 시작된 김범우의 집 터(장악원 터) ⓒHappyMidnight

던 제사에 대한 상이한 생각으로 심각한 갈등을 일으켰고, 그 외에도 몇 가지 위험한 문제를 품은 사상으로 취급되었다. 주류였던 노론은 남인을 공격하려는 빌미로 남인에 천주교라는 위험한 종교를 믿는 사람들이 많으니 모조리 처벌해야 한다고 주장했다. 나아가 남인의 많은 선비들이 천주교 신자들의 선배, 후배, 친구, 친척이므로 모두 위험한 사람들이라고 공격했다. 그렇게 여러 차례에 걸쳐 크고 작은 종교 박해 사건이 벌어졌다. 그나마 정약용은 조사를 받고 처벌도 받던 중 잘못을 비는 글을 써서 임금께 바치며 목숨을 구했고 벼슬자리도 다시 얻을 수 있었다. 그러나 그의 형제와 친인척, 친구 중에는 천주교를 빌미로 무거운 처벌

경제를 궁리한 조선의 선비들

을 당한 사람들도 많았다.

정약용이 얼마나 깊게 천주교를 믿었는지에 대해, 나는 아는 것이 적다. 그러나 나는 정약용이 이런 일을 겪으며, 철썩같이 옳다고 믿었던 사상을 초월하는 무엇이 있을 수도 있겠구나 하는 깨달음을 얻었을 거라고 생각한다.

예전에는 세상이 참 순박하고 아름다웠고 정이 많았는데 지금은 살기 어렵고 각박하고 비정하며 곧 망할 것 같다는 이야기는 21세기에도 인기 있다. 조선 시대에는 한술 더 떠 그와 비슷한 생각이 선비들의 기본 상식처럼 널리 퍼져 굳게 자리 잡고 있었다. 고대 중국의 공자, 맹자 같이 위대한 사람들의 가르침만 따르면 세상이 완벽하게 좋아질 것이고, 고대 중국의 하나라, 은나라, 주나라 삼대야말로 아름다운 때였다는 발상이 굉장히 두껍고 무겁게 깔려 있었다. 그렇기에 『조선왕조실록』을 보다 보면, 조선 선비들이 나라를 더 좋은 곳으로 만들고자 3천 년 전 주나라 제도로 되돌아가야 한다고 주장하는 기록도 보이고 전쟁, 가뭄, 홍수 등의 재난을 극복하기 위해선 임금께서 공자, 맹자의 글에 따라 더 착하고 도덕적으로 살고자 노력해야 한다고 말하는 기록도 쉽게 찾아볼 수 있다.

그러나 정약용은 「기예론」에서 "아무리 성스러운 사람이더라도 1천 명이나 1만 명이 함께 의논한 바를 당해낼 수는 없다"라고 했다. 여기서 성스러운 사람, 곧 성인聖人이란 조선 시대 선비들이 우러러 마지않는 공자, 맹자 등을 포함한 말일 것이다.

7장 지식의 탑을 쌓아 올린 조선 과학기술의 거인: 정약용

그 말에는 옛날 위대한 사상가의 말이 무조건 맞고 그의 주장만 따르면 다들 잘살 수 있을 거라는 맹목적 믿음의 수준에서 벗어나, 과학기술의 발전에 따라 변화해 온 현재 모습을 제대로 알아야 한다는 생각이 들어 있다.

공자와 맹자의 사상을 기본으로 배우는 조선 선비들의 사고 방식과 천주교 사상은 출발부터 다르다. 정약용은 천주교 사상과 함께 유럽의 여러 과학기술 지식에 관심을 가졌다. 그 경험 덕택에 그의 세상을 보는 시각이 확연히 넓어졌던 것 아닐까? 그 덕분에 먼 옛날의 특정 사상에 무작정 매달리거나 옛날로 돌아가면 무조건 좋을 거라는 생각에 갇히는 대신, 지금 여기의 현실과 기예의 발전이 가져오는 미래를 더 적극적으로 볼 수 있었다고 생각해 보면 어떨까?

귀양지에서 찾은 현실의 해답

마지막 세 번째로 이야기해 볼 만한 것은 『흠흠신서』다. 『흠흠신서』는 정약용이 벼슬을 살며 화려하게 활동하던 시절이 끝나고, 정적으로부터 추방당해 멀리 바닷가 시골 마을로 가서 귀양살이를 경험한 후 써낸 책이다. 수사와 재판을 다룬 이 책에는 과학 수사라고 할 만한 지식이 심심찮게 실려 있어, 지금 보면 더 큰 가치가 있다.

경제를 궁리한 조선의 선비들

정약용이 귀양살이를 하게 된 가장 큰 이유는 1800년 정조가 세상을 떠나면서 정약용를 비롯한 남인 세력을 보호해 줄 가장 강력한 사람이 없어졌기 때문이다. 이후 노론은 본격적으로 남인을 공격하기 시작했는데, 특히 암행어사 활동으로 노론을 공격했던 적이 적지 않은 정약용 역시 복수를 당할 수 밖에 없었다. 노론은 다시 한번 남인과 천주교의 연결 고리를 빌미 삼아 공격을 퍼부었다.

정작 「자찬묘지명」을 보면, 정약용은 자신과 동문들이 망한 이유로 천주교를 꼽지 않는다. 그는 천주교 아닌 금등지사 문제, 즉 정조의 아버지인 사도세자를 둘러싼 논쟁이 그 이유라고 보고 있다. 사도세자 논쟁으로 비주류 남인에게 크게 공격당할 것 같다는 위기를 느낀 주류 노론이 남인을 몰아내고자 빌미로 천주교를 가져 왔다는 말이었다.

정약용은 이미 10년 앞서서 천주교 문제로 조사를 받고 처벌도 받았다. 하지만 정조가 죽고 노론이 다시 그 일을 끄집어내자 "그때는 너무 솜방망이 처벌이었다"라는 식의 의견이 나왔다. 정약용은 또다시 처벌을 받았고, 처음에는 지금의 경상북도 포항 인근으로 나중에는 전라남도 강진 인근으로 추방당했다. 정약용은 그곳에서 18년이라는 긴 세월 동안 귀양살이를 해야 했다.

세상사 알 수 없는 것이, 정약용은 바로 그 18년의 귀양살이 시절에 수많은 글을 썼다. 세상사에서 한 발 물러나 시골 생활을 해야 하는 가운데, 생각을 정리하고 글을 쓰고 또 쓰며 오직 학문

7장 지식의 탑을 쌓아 올린 조선 과학기술의 거인: 정약용

에만 몰두할 수 있었던 것이다. 그의 인생에서 행복만 따지면, 그 시절은 괴롭고 외롭고 지루한 시간이었을지도 모르겠다. 그러나 만약 그에게 18년의 귀양살이 시절이 없었다면, 그 방대한 학문의 성과도 없었을 것이다.

지역에서 해결하기 어려운 범죄 사건이 발생하면 지역 관리가 정약용을 찾기도 했다. 그때 정약용은 암행어사로 활동한 경력과 문제 풀이 능력을 살려 사건 수사와 판결에 도움을 주기도 했다. 그런 경험을 비롯해, 과거 공무원 생활을 활발하게 했던 시절 경험한 수사와 재판 이야기를 모두 모아 정리한 결과가 바로 『흠흠신서』다. 그렇기에 『흠흠신서』에는 18세기 조선의 각계각층 사람들이 실제로 겪은 범죄 사건 이야기도 생생하게 담겨 있다. 하여 18세기 보통 사람들의 생활이 어땠는지 살펴볼 수 있는 귀중한 자료로 활용되기도 하다.

『흠흠신서』에서 '흠欽'은 삼가고 조심한다는 뜻이다. 즉 이 책의 제목은 '조심하고 또 조심해야 한다는 새로운 책'이라는 뜻이다. 그리고 이 뜻이 이 책에서 정약용이 범죄 수사와 판결을 대할 때 가장 중요하게 여긴 태도다. 그는 악당들을 싹 쓸어버려야 한다거나 철저히 응징해야 한다는 식으로 이야기하지 않는다. 대신 억울하게 희생당하는 사람은 없는지, 국가 기관이 나쁜 사람을 벌한다고 나서는 바람에 지나치게 시달리는 사람이 없는지 살피고 또 살펴야 한다고 이야기하고 있다. 사람에게 잔혹하게 죄를 묻는 것보다 국가 기관의 실수로 자칫 수사 받는 당사자가 지나

경제를 궁리한 조선의 선비들

친 벌을 받진 않는지 유의해야 한다는 것이다.

나는 이것이 스스로 수사하는 입장이 되기도 하고 수사 받는 입장이 되기도 했던 정약용이 정부 기관의 역할에 대해 깊이 고민한 끝에 내린 결론이라고 생각한다. 붕당 간의 다툼이 치열했던 그 무렵 조선에서 단숨에 우위에 서는 방법은 상대방을 죄인으로 몰아 수사하고 처벌하는 것이었다. 그러므로 국가 기관과 법의 힘을 사용해 상대방을 몰아붙이고 철저히 처벌하라는 주장이 자연히 많은 인기를 얻었다. 그 때문에 생긴 문제를 잘 알았던 정약용은 반대로 수사와 범죄를 함부로 다뤄선 안 된다고 본 것 같다.

아닌 게 아니라 정약용이 좀 더 나이가 들어 남긴 글들을 보면, 어쩔 수 없는 현실을 인정하고 그 테두리 안에서나마 노력해 보자는 태도가 확연히 보인다. 젊었을 적에 비해 타협적으로 변했다고 볼 수도 있겠다. 귀양살이로 고생하면서 세상을 보는 방식이 좀 더 평범하고 현실적으로 변했을 수도 있다고 나는 짐작해 본다.

젊은 시절 정약용은 가난한 사람들을 구하고자 '여전제'를 실시해야 한다고 주장한 적이 있다. '여閭'라는 마을 단위 조직을 만들어 그 조직의 사람들이 다같이 함께 마을 땅에서 농사를 짓고 농산물을 나누자는 것이었다. 그러나 『경세유표』를 보면, 더 이상 여전제를 주장하지 않는다. 모든 땅에는 이미 주인이 있고 또 각자 농사를 짓고 있으니 정부가 나서 하루아침에 다 바꾼다는 것은 너무나도 어려운 일이라는 사실을 받아들인 것이다.

대신 정약용은 정부가 땅을 조금씩 사들여 가난한 사람들, 재산이 적은 사람들을 위해 농사짓는 곳으로 쓸 것을 제안하고 있다. 더 빨리 실행할 수 있거니와 사람들을 더 빨리 도울 수 있는 제도라고 본 것이다. 나라를 단숨에 뒤엎자는 발상과는 완전히 다르다.

정약용은 환갑이 가까워 오던 1818년, 마침내 유배에서 풀려났다. 서울에서 좋은 기예를 얻을 수 있고 또 성공할 수 있다고 주장한 그였지만, 정작 그는 남양주로 돌아갔다. 또한 그는 파격적인 주장들을 내세운 것으로 유명하지만 동시에 조선 선비들이 숭배해 마지않은 중국 고전 해설 글을 쓰는 데 많은 노력을 기울였다. 지금이야 정약용의 신선한 주장과 놀라운 생각이 많은 관심을 받고 있지만, 막상 그가 쓴 글을 모두 모아 보면 오히려 예스러운 선비로서 쓴 글이 굉장히 많다. 이런 복잡한 태도 또한 복잡한 시대에 복잡한 곡절이 있는 삶을 살면서 많은 글을 남긴 그만의 모습인 듯하다.

정약용은 1836년, 70대 중반의 나이가 되어 세상을 떠났다. 한평생 그를 처형해야 한다고 주장한 사람이 많았던 삶을 산 사람치고 상당히 장수한 셈이다. 1836년이면, 그의 인생을 뒤흔들어 놓았던 그 골치 아픈 붕당 정치는 이미 무너진 후 세도 정치라는 더욱 알 수 없는 세태가 한창 절정으로 흘러 가며 조선이라는 나라의 운명도 서서히 최후를 맞이하던 무렵이었다.

경제를 궁리한 조선의 선비들

1. 정도전

국사편찬위원회. 『조선왕조실록』. 한국사 데이터베이스. https://sillok.history.go.kr

국사편찬위원회. 『고려사』. 한국사 데이터베이스. https://db.history.go.kr/goryeo

국사편찬위원회. 『고려사절요』. 한국사 데이터베이스. https://db.history.go.kr/
　　goryeo

김형수. 「14세기말 사전혁파론자의 전제관 – 정도전과 조준을 중심으로」. 복현사림(경
　　북사학) 25(2002): 87-113.

박수경. 「조선조 토지개혁사상과 토지제도에 대한 연구」. 행정사학지 33(2013): 213-
　　241.

박홍규. 「정도전의 경제사상」. 아세아연구 50, no. 3(2007): 149-174.

소순규. 「여말선초 전제개혁의 역사적 성격에 대한 재검토 – '사전개혁'에 대한 비판적
　　관점에서」. 한국사연구 190(2020): 83-116.

이병렬, 이종수. 「정도전의 민본(民本) 행정사상 연구」. 한국행정사학지 35(2014):
　　121-146.

정도전. 『경제문감』. 한국고전종합DB, 한국고전번역원, https://db.itkc.or.kr

정도전. 『조선경국전』. 한국고전종합DB, 한국고전번역원, https://db.itkc.or.kr

정도전. 「자조」. 『삼봉집』. 한국고전종합DB, 한국고전번역원, https://db.itkc.or.kr

한국고전번역원. 『국조보감』. 누리미디어 KRpia. https://www.krpia.co.kr/knowledge/itkc/detail?artClass=MK&artId=kc_mk_a006

Cowling, Keith, and Dennis C. Mueller. "The social costs of monopoly power." The Economic Journal 88.352(1978): 727-748.

Harberger, Arnold C. "Monopoly and Resource Allocation." American Economic Review 44, no. 2(May 1954): 77-87.

Persky, Joseph. "Retrospectives: Adam Smith's Invisible Hands." Journal of Economic Perspectives 3, no. 4(1989): 195-201.

Posner, Richard A. "The Social Costs of Monopoly and Regulation." Journal of Political Economy 83, no. 4(August 1975): 807-827.

2. 하륜

국사편찬위원회. 『조선왕조실록』. 한국사 데이터베이스. https://sillok.history.go.kr

국사편찬위원회. 『고려사』. 한국사 데이터베이스. https://db.history.go.kr/goryeo

국사편찬위원회. 『고려사절요』. 한국사 데이터베이스. https://db.history.go.kr/goryeo

김준태. 「浩亭 河崙의 政治思想 研究」. 유교사상문화연구 제35집(2009): 5-30.

서긍. 『고려도경』. 한국고전종합DB, 한국고전번역원, https://db.itkc.or.kr

소순규. 「조선 태종대 저화 발행 배경에 대한 재검토 - '화폐정책'이 아닌 '재정정책'의 맥락에서 -」. 역사와 담론 92(2019): 111-159.

유주희. 「하륜의 생애와 정치활동」. 사학연구 제55·56합집(1998): 163-184.

유현재. 「조선 초기 화폐 유통의 과정과 그 성격 - 저화 유통을 중심으로 -」. 조선시대 사학보 49(2009): 65-97.

이긍익. "연려실기술." 한국고전종합DB, 한국고전번역원, https://db.itkc.or.kr

이육. 『청파극담』. 한국고전종합DB, 한국고전번역원, https://db.itkc.or.kr

이익. 『성호사설』. 한국고전종합DB, 한국고전번역원, https://db.itkc.or.kr

이정. 『장인과 닥나무가 함께 만든 역사: 조선의 과학기술사』. 눌민, 2018.

지종학. 「하륜의 풍수와 신도안 입지의 비판적 검토」. 한국민족문화 53(2014): 181-204.

Bomberger, William A., and Gail E. Makinen. "The Hungarian Hyperinflation and Stabilization of 1945-1946." Journal of Political Economy, vol. 91, no. 5, 1983, pp. 801-824. DOI: 10.1086/261182.

Cooper, Richard N., Rudiger Dornbusch, and Robert E. Hall. "The Gold Standard: Historical Facts and Future Prospects." Brookings Papers on Economic Activity, no. 1, 1982, pp. 1-56.

de Boyer des Roches, Jérôme. "Bank Liquidity Risk: From John Law(1705) to Walter Bagehot(1873)." The European Journal of the History of Economic Thought, vol. 20, no. 4, 2013, pp. 547-571.

Engsted, Tom. "Money Demand during Hyperinflation: Cointegration, Rational Expectations, and the Importance of Money Demand Shocks." Journal of Macroeconomics, vol. 20, no. 3, 1998, pp. 533-552.

Fischer, Stanley, et al. "Modern Hyper- and High Inflations." Journal of Economic Literature, vol. 40, no. 3, 2002, pp. 837-880.

Humphrey, Thomas M. "The Real Bills Doctrine." Economic Review, vol. 68, no. 5, Federal Reserve Bank of Richmond, 1982, pp. 3-13.

Wasserman, Max J., and Frank H. Beach. "Some Neglected Monetary Theories of John Law." The American Economic Review, vol. 24, no. 4, 1934, pp. 646-657.

3. 이지함

곽재식. 「이지함 설화 속의 경제 관련 소재와 교육적 활용」. 실천민속학연구 제45집, 2025, 9-30.

국사편찬위원회. 『조선왕조실록』. 한국사 데이터베이스. https://sillok.history.go.kr

규장각. 『일성록』. 한국고전종합DB, 한국고전번역원, https://db.itkc.or.kr

김성준. 「토정 이지함의 유통경제관과 그 영향」. 해운물류연구 제26권 제3호, 2010, 633-649.

김창경. 「토정 이지함의 도학사상(道學思想) 연구」. 율곡학연구 제35권, 2017, 397-424.

경제를 궁리한 조선의 선비들

노혜경, 노태협. 「경상(京商)과 송상(松商)의 상거래 유통망에 관한 비교 연구」. 경영사
연구 제25권, 제2호, 2010, 5-41.

박성래. 「역사속 과학인물-토정비결의 창안자 이지함」. 과학과 기술 제28권 제3호,
1995, 36-37.

박종덕. 「土亭 李之菡의 사상과 『土亭秘訣』」. 역사와 세계 제38집, 2010, 179-206.

유슬기, 김경민. 「조선시대 한양도성 안동부 지역의 상업도시화 과정」. 서울학연구 제
67집, 2017, 239-264.

이지함. "莅抱川時上疏." 土亭先生遺稿, 한국고전종합DB, 한국고전번역원, https://
db.itkc.or.k

조영준. 「조선후기 旅客主人 및 旅客主人權 재론: 경기·충청 庄土文績의 재구성을 통
하여」. 한국문화 제57집, 2012, 3-24.

주병기. 「규범경제학의 최근 동향: 공정배분과 사회선택이론」. 경제논집 제56권 제1호,
2017, 61-87. 서울대학교 경제연구소.

Arrow, Kenneth J., et al. "Capital-Labor Substitution and Economic
Efficiency." The Review of Economics and Statistics, vol. 43, no. 3, 1961,
pp. 225-250.

Arrow, Kenneth J., and Gérard Debreu. "Existence of an Equilibrium for a
Competitive Economy." Econometrica, vol. 22, no. 3, 1954, pp. 265-290.

Peaucelle, Jean-Louis. "Adam Smith's Use of Multiple References for His Pin
Making Example." The European Journal of the History of Economic
Thought, vol. 13, no. 4, 2006, pp. 489-512.

Shaw, Eric H. "An Historical Analysis of the Four Utilities Concept and Its
Relationship to Marketing Theory." Proceedings of the Conference on
Historical Analysis and Research in Marketing (P-CHaRM), vol. 5, 1991.

Wang, Min, et al. "Effectiveness of Gamification Interventions to Improve
Physical Activity and Sedentary Behavior in Children and Adolescents:
Systematic Review and Meta-Analysis." JMIR Serious Games, vol. 13,
2025, e68151.

참고문헌

4. 유형원

곽재식. 「『반계수록』에 보이는 재산권 보호 요소」. 경영사연구, vol. 40, no. 3, 2025, pp. 59-80.

국사편찬위원회. 『조선왕조실록』. 한국사 데이터베이스. https://sillok.history.go.kr

송양섭. 「반계 유형원의 공전제론(公田制論)과 그 이념적 지향」. 민족문화연구 제58집, 2013, 445-478.

안재순. 「반계 유형원의 실학사상」. 사상(계간) 제32호, 1997, 293-311.

유형원. 『반계수록』. 북한사회과학원 고전연구소 역 여강출판사, 누리미디어 KRpia

이산(정조) 등. 『심리록』. 한국고전종합DB, 한국고전번역원, https://db.itkc.or.kr

이정철. 「반계 유형원의 전제개혁론(田制改革論)과 그 함의」. 역사와 현실 제74호, 2009, 453-486.

최윤오. 「반계 유형원의 정전법과 공전제」. 역사와 현실 제42호, 2001, 143-178.

Day, John P., "Locke on property", The Philosophical Quarterly, 16 no. 64, 1966.

Di Robilant, Anna, "Property: a bundle of sticks or a tree", Vand. L. Rev., 66, 2013.

Henry, John F., "John Locke, property rights, and economic theory", Journal of Economic Issues, 33 no. 3, 1999, pp. 609-624.

North, Douglass C., "Institutions and economic growth: An historical introduction", World development, 17 no. 9, 1989.

North, Douglass C. and Thomas, Robert Paul, "An economic theory of the growth of the western world", The economic history review, 23 no. 1, 1970.

5. 유수원

국사편찬위원회. 『조선왕조실록』. 한국사 데이터베이스. https://sillok.history.go.kr

김인규. 「柳壽垣의 職分主義 신분제 개혁론 - '四民分業'과 '四民一致'를 중심으로」. 동방학 16(2009): 287-315.

김태희. 「조선후기 상업진흥론과 실학담론의 재구성」. 한국동양정치사상사연구

경제를 궁리한 조선의 선비들

16.1(2017): 183-218.

박세무. 『동몽선습』. 디지털장서각, 한국학중앙연구원, https://jsg.aks.ac.kr/dir/view?dataId=LIB_164889.

안대회. 「18세기 새로운 부(富)의 인식과 이재론(理財論)—이재운의 『해동화식전』 연구」. 역사비평, 제128호, 역사비평사, 2019, 436-469.

우홍준. 「조선 후기 유수원의 경세론」. 한국행정사학지 24(2009): 167-192.

유수원. 『우서』. 한국고전종합DB, 한국고전번역원, https://db.itkc.or.kr

이강선. 「조선 후기 중상학파의 개혁정책에 관한 연구 - 농암 유수원의 개혁사상을 중심으로 -」. 한국행정사학지 11(2002): 53-75.

이재운. 『해동화식전』. 안대회 옮김, 휴머니스트, 2019.

조윤선. 「聾巖 柳壽垣의 생애와 司法制度 개혁론」. 한국인물사연구 10(2008): 289-326.

Hart, Neil. "Marshall's Theory of Value: The Role of External Economies." Cambridge Journal of Economics, vol. 20, no. 3, 1996, pp. 353-369.

Belussi, Fiorenza, and Katia Caldari. "At the Origin of the Industrial District: Alfred Marshall and the Cambridge School." Cambridge Journal of Economics, vol. 33, no. 2, 2009, pp. 335-355.

Hudik, Marek. "The Marshallian Demand Curve Revisited." The European Journal of the History of Economic Thought, vol. 27, no. 1, 2020, pp. 108-130.

Humphrey, Thomas M. "Marshallian Cross Diagrams and Their Uses before Alfred Marshall: The Origins of Supply and Demand Geometry." Economic Review, Federal Reserve Bank of Richmond, vol. 78, no. 2, Mar. 1992, pp. 3-23.

6. 박제가

곽재식. 『곽재식의 역설 사전』. 북트리거, 2023.

국사편찬위원회. 『조선왕조실록』. 한국사 데이터베이스. https://sillok.history.go.kr

규장각. 『일성록』. 한국고전종합DB, 한국고전번역원, https://db.itkc.or.kr

김인규. 「楚亭 朴齊家의 北學思想과 近代性」. 동양고전연구 제23집(2005): 39-72.

박제가. 『궁핍한 날의 벗 – 박제가 산문』. 태학사, 2022.

박제가. 「丙午正月二十二日朝參時 典設署別提朴齊家所懷」. 『貞蕤閣文集』. 한국고전종합DB, 한국고전번역원, https://db.itkc.or.kr

박제가. 『북학의』. 돌베개, 2003.

성대중. 『청성잡기』. 한국고전종합DB, 한국고전번역원, https://db.itkc.or.kr

신창호. 「楚亭 朴齊家의 人間指向과 教育精神 –『北學議』을 중심으로 –」. 동양고전연구 제23집(2005): 73-98.

조성을. 「북학의 형성 요인과 그 전개 양상 – 박제가를 중심으로」. 서울과 역사 제72집(2008): 273-298.

차중곤. 「조선후기 북학파의 상업관과 통상론」. 퇴계학논총 제24집(2014): 145-172.

Ahiakpor, James C. W. "On the Mythology of the Keynesian Multiplier." The American Journal of Economics and Sociology, vol. 60, no. 4, 2001.

Keynes, John Maynard. The General Theory of Employment, Interest and Money. Palgrave Macmillan, 1936.

Musgrave, Richard A. "U.S. Fiscal Policy, Keynes, and Keynesian Economics." Journal of Post Keynesian Economics, vol. 10, no. 2, Winter 1987-1988, pp. 171-182.

7. 정약용

국사편찬위원회. 『조선왕조실록』. 한국사 데이터베이스. https://sillok.history.go.kr

김상규. 「정약용의 『기예론』의 현대 경제학적 의미 고찰」. 경제교육연구 16.2(2009): 143-170.

김성준. 「茶山 정약용의 유통물류·상업관 연구 –『經世遺表』를 중심으로」. 해운물류연구 28.4(2012): 683-707.

김영식. 「기독교와 서양 과학에 대한 정약용의 태도 재검토」. 다산학 20(2012): 255-305.

김영식. 「정약용 사상과 학문의 '실용주의적' 성격」. 다산학 21(2012): 65-116.

김평원. 「정약용이 설계한 거중기學重機와 녹로轆轤의 용도」. 다산학, 제30집, 2017,

235-272.

정약용.『경세유표』. 한국고전종합DB, 한국고전번역원, https://db.itkc.or.kr

정약용.「丘嫂恭人李氏墓誌銘」.『여유당전서』. 한국고전종합DB, 한국고전번역원, https://db.itkc.or.kr

정약용.「기예론(技藝論)」.『다산시문집』. 한국고전종합DB, 한국고전번역원, https://db.itkc.or.kr

정약용.「김 절도사(金節度使) 후(㷞)에게 보냄 곡산(谷山)에서」.『다산시문집』. 한국고전종합DB, 한국고전번역원, db.itkc.or.kr

정약용.「성설(城說)」.『다산시문집』. 한국고전종합DB, 한국고전번역원, https://db.itkc.or.kr

정약용.『역주 흠흠신서』. 한국인문고전연구소, 2019.

정약용.「자찬 묘지명(自撰墓誌銘) 광중본(壙中本)」.『다산시문집』. 한국고전종합DB, 한국고전번역원, https://db.itkc.or.kr

정형민.「『기기도설(奇器圖說)』의 기술도 분석」. 한국과학사학회지 제29권 제1호, 2007, 99-132.

Barro, Robert J. "Human Capital and Growth." The American Economic Review, vol. 91, no. 2, 2001, pp. 12-17.

Lucas, Robert E. Jr., "On the Mechanics of Economic Development." Journal of Monetary Economics, vol. 22, no. 1, 1988, pp. 3-42.

Lucas, Robert E. Jr., and Richard Rossi-Hansberg. "On the Internal Structure of Cities." Econometrica 70.4(2002): 1445-1476.

Mankiw, N. Gregory, David Romer, and David N. Weil. "A Contribution to the Empirics of Economic Growth." The Quarterly Journal of Economics, vol. 107, no. 2, 1992, pp. 407-437.

Temple, Jonathan. "The New Growth Evidence." Journal of Economic Literature, vol. 37, no. 1, 1999, pp. 112-156.

경제를 궁리한 조선의 선비들

초판 1쇄 발행 2025년 12월 30일

지은이 | 곽재식
펴낸곳 | 믹스커피
펴낸이 | 오운영
경영총괄 | 박종명
기획편집 | 김형욱 최윤정 이광민
기획마케팅 | 문준영 박미애
디자인 | 윤지예 이영재
디지털콘텐츠 | 안태정
등록번호 | 제2018-000146호(2018년 1월 23일)
주소 | 04091 서울시 마포구 토정로 222 한국출판콘텐츠센터 319호(신수동)
전화 | (02)719-7735   팩스 | (02)719-7736
이메일 | onobooks2018@naver.com   블로그 | blog.naver.com/onobooks2018

값 | 22,000원
ISBN 979-11-7043-704-8   03910